普通高等教育经济管理类"十四五"规划教材

市场营销管理
——理论与应用（慕课版）

主　编　王　艳
副主编　王慧梅　李　琼　陈俊颖

华中科技大学出版社
http://www.hustp.com
中国·武汉

内 容 提 要

本书较全面、系统地阐述了现代营销的基本理论和方法,并结合案例分析来说明理论与方法的应用,同时,吸收了国内外市场营销领域研究的新成果和新经验。内容强调实战性、可操作性、本土化、创新性,以培养学生的市场营销实践能力为目的。全书共分为11章,主要内容包括:市场营销与营销管理;市场营销环境与市场机会分析;市场营销战略与计划;市场调研;消费者购买行为分析;市场竞争分析;市场细分与目标市场选择;产品策略;价格策略;分销渠道策略;促销策略。

本书提供课件、习题库,需要的读者可发送邮件至1129112545@qq.com索取。

本书既可作为高等院校相关专业的教科书,也可作为企业管理等在职人员的专业培训教材。

图书在版编目(CIP)数据

市场营销管理:理论与应用:慕课版 /王艳主编. —武汉:华中科技大学出版社,2020.5(2022.7 重印)
ISBN 978-7-5680-6154-4

Ⅰ.①市… Ⅱ.①王… Ⅲ.①市场营销学 Ⅳ.①F713.50

中国版本图书馆 CIP 数据核字(2020)第 066216 号

市场营销管理——理论与应用(慕课版)   王 艳 主编
Shichang Yingxiao Guanli——Lilun yu Yingyong(Muke Ban)

策划编辑:聂亚文	
责任编辑:段亚萍	
封面设计:孢 子	
责任监印:朱 玢	
出版发行:华中科技大学出版社(中国·武汉)	电话:(027)81321913
武汉市东湖新技术开发区华工科技园	邮编:430223
录 排:华中科技大学惠友文印中心	
印 刷:武汉科源印刷设计有限公司	
开 本:787mm×1092mm 1/16	
印 张:14.75	
字 数:378 千字	
版 次:2022 年 7 月第 1 版第 2 次印刷	
定 价:45.00 元	

本书若有印装质量问题,请向出版社营销中心调换
全国免费服务热线:400-6679-118 竭诚为您服务
版权所有 侵权必究

前言
PREFACE

  21世纪是全球经济一体化的新时代,"国内市场国际化、国际市场全球化"的趋势正在形成,市场竞争更为残酷,企业迫切需要现代市场营销理论的指导,实现企业的经营目标。

  营销学是一门建立在经济科学、行为科学、管理科学和现代管理技术基础之上的应用科学,属于管理学的范畴。其研究对象是以满足消费者需求为中心的企业市场营销活动过程,即在特定的市场营销环境中,为满足现实和潜在的市场需求,所实施的以产品、定价、渠道、促销为主要决策内容的市场营销管理过程及其客观规律。目前,国内关于营销学的优秀著作和教材为数不少,但定位于应用型和具有操作性、指导作用的教材并不多见。随着中国国际化步伐的加大,与之相匹配的营销应用型人才的培育已成为学术界和企业界共同关注的问题。

  本书定位于应用型教材,在系统性的基础上,强调了实战性、可操作性、本土化、创新性四大特色。

  (1)实战性。每章都配有丰富的案例。既有成功的,也有失败的;既有中国的,也有外国的,供读者综合运用市场营销学知识分析其中的成败得失,便于读者从中探求市场营销的真谛,打开成功之门。

  (2)可操作性。学习营销学必须面向实践应用,只有这样才会有深刻的理解与感悟。本书有意加强了营销管理基本框架的教学与训练,重点关注市场导向和竞争导向的分析思路,倡导使用营销调研方法,对消费者行为进行调查研究。本书的许多思考题、实训练习、案例分析均来自这一思路,以强化对营销实操能力的培养,希望借此启发读者去发现问题、分析问题和解决问题。

  (3)本土化。营销学是一个不折不扣的"舶来品",它在中国经历了引进、消化、吸收、提高及本土化的过程。我国工商企业数十年的营销实践积累了极为丰富的案例。本书的写作原则是尽可能从本土企业营销实践中提取素材,以避免引用缺乏情境感觉的外国企业营销案例带来的诸多不便。但突出本土化特色并非完全排斥国外的经典案例。

  (4)创新性。本书在力求编写体系系统完整的基础上,特别注意吸收近年来国内外市场营销学研究方面最新的成果与最新的营销模式,充分考虑到21世纪市场营销环境的新变化,以及网络经济时代和信息化社会给营销带来的新要求、新机会和新挑战。

  本书每章的体系分为六个部分:一是学习目的及要求;二是引例;三是正文内容;四是本章小结;五是关键概念;六是复习思考题(包括实训练习及案例分析)。

  本书采用深入浅出的编写方式,结合大量本土化案例,有利于激发读者的学习兴趣,开阔其视野,启发其思维,帮助读者理解营销的基本理论,提高读者应用市场营销理论分析和解决实际问题的能力。

  为方便读者学习和教师授课,本书准备了课件、习题库,需要的读者可发送邮件至1129112545@qq.com索取。

  本书在撰写上力图兼顾不同层次的读者,既可作为高等院校相关专业的教科书,也可作为企业管理等在职人员的专业培训教材。

本书由王艳任主编,负责全书的结构设计、总纂、统稿和定稿;王慧梅、李琼、陈俊颖任副主编,负责编写及沟通协调工作。具体分工如下:李琼编写第一、三章;王艳编写第二、四、八、九章;王慧梅编写第五、六、七章;陈俊颖编写第十、十一章。

在本书的编写过程中,我们吸收了相关教材及论著的研究成果,在此,谨向市场营销学界的师友、同人及作者表示衷心的感谢!

本书的编写得到了武汉华夏理工学院各位领导和教师的指导与帮助,同时得到了华中科技大学出版社给予的大力支持,在此一并表示感谢。

限于编者的水平,书中难免有不妥或疏漏之处,敬请广大读者批评指正。

编者

目录
CONTENTS

第一章　市场营销与营销管理 ································· 1
　第一节　市场营销及其相关概念 ································· 3
　第二节　营销哲学演进 ································· 7
　第三节　市场营销过程与管理 ································· 11
第二章　市场营销环境与市场机会分析 ································· 19
　第一节　营销环境分析 ································· 20
　第二节　市场机会分析 ································· 24
第三章　市场营销战略与计划 ································· 37
　第一节　市场营销战略 ································· 39
　第二节　市场营销计划 ································· 47
第四章　市场调研 ································· 57
　第一节　市场调研概述 ································· 58
　第二节　市场调研方法与工具 ································· 62
　第三节　市场调研报告的撰写 ································· 68
第五章　消费者购买行为分析 ································· 77
　第一节　市场特性分析 ································· 79
　第二节　消费者市场购买行为分析 ································· 82
　第三节　生产者市场购买行为分析 ································· 90
　第四节　中间商市场与政府市场购买行为分析 ································· 93
第六章　市场竞争分析 ································· 99
　第一节　竞争者分析 ································· 101
　第二节　市场领导者战略 ································· 107
　第三节　市场挑战者战略 ································· 109
　第四节　市场跟随者战略与市场利基者战略 ································· 110
第七章　市场细分与目标市场选择 ································· 117
　第一节　市场细分的层次与模式 ································· 118

第二节　目标市场选择 124
　第三节　市场定位 128
第八章　产品策略 135
　第一节　产品与产品组合 136
　第二节　产品生命周期 141
　第三节　新产品开发 145
　第四节　品牌策略 149
第九章　价格策略 159
　第一节　定价的目标与影响因素 160
　第二节　定价方法 165
　第三节　企业定价策略 170
　第四节　价格调整 174
第十章　分销渠道策略 183
　第一节　分销渠道概述 185
　第二节　中间商 191
　第三节　分销渠道的设计与管理 195
第十一章　促销策略 207
　第一节　促销组合 209
　第二节　人员推销 211
　第三节　广告策略 216
　第四节　营业推广 221
　第五节　公共关系 224

第一章
市场营销与营销管理

学习目的及要求

通过本章的学习,主要掌握市场的定义和构成要素,理解市场营销的定义及相关概念,了解营销哲学的演进过程,掌握营销管理的内容以及任务,了解市场营销过程相关内容。

【引例】

李佳琦营销案例:高段位营销手段的杀手锏

最火的主播莫过于直播界战胜马云的口红一哥李佳琦,只要他开口,所有男生都害怕地捂住了钱包。据了解,那几句"Oh! My god! 这个颜色也太好看了吧!""买它!买它!买它!"真的能让女生为之疯狂。一次直播能试380支口红,涂口红世界纪录保持者,战胜马云的口红一哥,坐拥2000多万抖音粉丝的李佳琦,五个半小时的淘宝直播能卖23 000单,完成353万元的成交额,主要得益于三个方面。

1. 垂直领域的超强专业技能

李佳琦在还没做直播前是欧莱雅专柜的BA(美容顾问),每天都要面对许许多多的顾客讲解护肤美妆的知识,并且根据不同顾客进行分析与推荐,积累了非常专业的护肤美妆知识,培养了非常强的推荐能力。直到开始做直播,才爆发了一直积累下来的专业技能和直播带货能力。直播只是成功的平台,而垂直领域的专业技能则是杀手锏。李佳琦在推荐口红的时候,会站在用户的角度上说"这支口红会让你干练、复古、彰显气质……",而不是"这支口红很好看"。

2. 直戳人心的内容营销

为什么相信男人推荐口红?因为李佳琦熟谙内容营销。来看看他直播中的经典文案吧!"虽然是亚光质地,但是完全不拔干啊!""黄皮涂上也不老气!""有一种初恋的感觉。""贵妇必买!""重要场合涂上它无压力。""完完全全女主人气质。""上嘴气场全开。""初恋的感觉!少女感满满。""高级又复古!雾霾妆效。"……可以从文案中看到舒服又诱惑的文字。每一个词都容易打动女人,洞察用户的需求。一个精致的猪猪女孩,一位干练的职场女神,一位复古的韵味贵妇……产品已经超出了产品本身的意义,李佳琦将产品赋予了个人或生活特色。买一支口红,就能变成你心目中最美的样子,这也是每个人内心最渴望的需求,所以李佳琦的内容营销真的直戳人心。

3. 持续稳定输出原创内容

一天不更新会怎样?会少一天的浏览量和粉丝增长量。如果一个礼拜不更新,可想而知这个数字该有多庞大。一个月之后呢?可能就再也没机会了。内容一直都是以推荐商品为主,李佳琦的账号一直都在更新,偶尔加上一些其他元素的内容,比如说看李佳琦的仓库、邀请明星一起拍视频,等等。更新就是让自己更有存在感。

资料来源:每日财经网,https://www.mrcjcn.com/n/300658.html,有改动.

> 课外视野　李佳琦直播营销成功案例
> 视频来源　优酷网

第一节 市场营销及其相关概念

一、市场的定义

市场起源于古时人类对于固定时段或地点进行交易的场所的称呼。当城市成长并且繁荣起来后,住在城市邻近区域的农夫、工匠、技工们就会开始互相交易并且对城市的经济产生贡献。最好的交易方式就是在城市中有一个集中的地方,让人们在此提供货物以及买卖服务,方便人们寻找货物及接洽生意。当一个城市的市场变得庞大而且更开放时,城市的经济活力也相对会增长起来。

今日的市场是商品经济运行的载体或现实表现,它有三层含义:

一是商品交换场所和领域;

二是所有卖方和买方构成的商品交换关系的总和;

三是某种产品的现实购买者和潜在购买者所组成的群体。

劳动分工使人们各自的产品互相成为商品,互相成为等价物,使人们互相成为市场;社会分工越细,商品经济越发达,市场的范围和容量就越扩大。

总的来说,市场包含三个主要因素,即有某种需要的人、为满足这种需要的购买能力和购买欲望,用公式来表示就是:

$$市场＝人口＋购买力＋购买欲望$$

即市场由一切有特定需求或欲求并且愿意和可能从事交换来使需求和欲望得到满足的潜在顾客所组成。

市场是商品交换顺利进行的条件,是商品流通领域一切商品交换活动的总和。市场体系是由各类专业市场,如商品服务市场、金融市场、劳务市场、技术市场、信息市场、房地产市场、文化市场、旅游市场等组成的完整体系。同时,在市场体系中的各专业市场均有其特殊功能,它们互相依存、相互制约,共同作用于社会经济。

随着市场经济的发展,各类市场都在发展。那么,哪一类市场同我们的生活联系最紧密呢?从现实生活中,我们可以直接感受到,商品服务市场与我们的关系最为密切。商品服务市场遍及我们生活的每一个角落,我们常见的大、小商场,各种各样的理发店、家具店、农贸市场、宾馆饭店等,这些都属于商品服务市场。

随着社会交往的网络虚拟化,市场不一定是真实的场所和地点,当今许多买卖都是通过计算机网络来实现的,中国最大的电子商务网站淘宝网就是提供交易的虚拟市场。淘宝网,亚洲第一大网络零售商圈,致力于创造全球首选网络零售商圈,由阿里巴巴集团于2003年5月10日投资创办。淘宝网目前业务跨越C2C(消费者间)、B2C(商家对个人)两大部分。每年的11月11日即"双十一",又被称为光棍节。从2009年开始,每年的11月11号,以天猫、京东为代表的大型电子商务网站一般会利用这一天来进行一些大规模的打折促销活动,以提高销售额。该活动已经成为中国互联网最大规模的商业活动。2019年"双十一"天猫淘宝全天成交金额达到2684亿元。

> 课外视野 "双十一"已走出国门,超过美国"黑色星期五"
> 视频来源 优酷网

二、市场营销的定义与内涵

西方市场营销学者从不同角度及发展的观点对市场营销下了不同的定义。有些学者从宏观角度对市场营销下定义。

如麦卡锡(E. J. McCarthy)把市场营销定义为一种社会经济活动过程,其目的在于满足社会或人类需要,实现社会目标。又如,菲利普·科特勒(Philip Kotler)指出,"市场营销是与市场有关的人类活动。市场营销意味着和市场打交道,为了满足人类需要和欲望,去实现潜在的交换"。

美国市场营销协会认为:市场营销是创造、沟通与传送价值给顾客,以及经营顾客关系以便让组织与其利益关系人受益的一种组织功能与程序。

菲利普·科特勒下的定义强调了营销的价值导向:市场营销是个人和集体通过创造并同他人交换产品和价值以满足需求和欲望的一种社会和管理过程。菲利普·科特勒于1984年对市场营销再次下了定义:市场营销是指企业的这种职能——认识目前未满足的需要和欲望,估量和确定需求量大小,选择和决定企业能最好地为其服务的目标市场,并决定适当的产品、劳务和计划(或方案),以便为目标市场服务。

另外有些学者从微观角度给市场营销下定义。

麦卡锡认为:市场营销是企业经营活动的职责,它将产品及劳务从生产者直接引向消费者或使用者以便满足顾客需求及实现公司利润,同时也是一种社会经济活动过程,其目的在于满足社会或人类需要,实现社会目标。这一定义虽比美国市场营销协会的定义前进了一步,指出了满足顾客需求及实现企业赢利成为公司的经营目标,但这两种定义都说明,市场营销活动是在产品生产活动结束时开始的,中间经过一系列经营销售活动,当商品转到用户手中就结束了,因而把企业营销活动仅局限于流通领域的狭窄范围,而不是视为企业整个经营销售的全过程,即包括市场营销调研、产品开发、定价、分销广告、宣传报道、销售促进、人员推销、售后服务等。而格隆罗斯给的定义强调了营销的目的:营销是在一种利益之下,通过相互交换和承诺,建立、维持、巩固与消费者及其他参与者的关系,实现各方的目的。

台湾的江亘松在《你的行销行不行》中强调营销的变动性,利用营销的英文 marketing 作了下面的定义:就字面上来说,"营销"的英文是 marketing,若把 marketing 这个字拆成 market(市场)与 ing(英文的现在进行时表示方法)这两个部分,那营销可以用"市场的现在进行时"来表达产品、价格、促销、渠道的变动性导致供需双方的微妙关系。

我们认为市场营销就是个人或者群体通过创造和交换产品和价值,从而使个人或群体满足欲望和需求的社会和管理过程,如图 1.1 所示。

它包含两种含义:一种是动词理解,指企业的具体活动或行为,这时称为市场营销或市场经营;另一种是名词理解,指研究企业的市场营销活动或行为的学科,称为市场营销学、营销学或

图1.1 市场营销的定义表示图

市场学等。

市场营销的内涵包括：
- 营销活动的起点是买方的需要、需求和欲望。
- 交换是营销活动的核心。
- 买卖双方交换的不仅包括产品和劳务，还可以包括思想、服务、创意、空间。

情境模拟

如果你是这位副经理，你将如何处理？

吴先生和朋友于4月参加了上海某旅行社组织的普吉岛5日休闲游。由于旅行社的不合理安排和飞机故障晚点，全团20多人在新加坡机场滞留了近10个小时。在这期间，旅行社也没有提供饮食和休息场所，游客们只能在机场里瞎逛，又冷又饿。而接下来的普吉岛5日游也因时间紧张使游览时间被压缩在2天内，多处景点未游，如走马观花一样结束了游览。全团游客觉得整个旅游行程与自己所支付的高额费用不相符，因此与带队导游交涉，要求旅行社给予每人1500元的赔偿，否则就拒绝返程。旅行社派出一名副经理与旅游团成员进行沟通，但双方的分歧却一时难以消除，谈判陷入了僵局。

根据班上同学的数量，将大家分成两个类别，分别扮演旅行社副经理（1名）和旅游团代表（3名）。

规则一：选择扮演旅行社副经理的同学认真思考谈判思路，并写在纸上。

规则二：选择扮演旅游团代表的同学认真思考谈判思路，并写在纸上。

规则三：讨论10分钟后，选择两组成员实际演示谈判过程，老师从同学的演示效果分析其对市场营销概念的理解。

想一想：这位副经理如何处理才是最好的？

三、市场营销的相关概念

1. 需要、需求与欲望

很多学习和研究营销的人经常对需要与需求两个词的使用发生概念上的混淆。事实上，需要是心理学的名词，而需求则是市场营销的术语。但这两个词之间有紧密的联系，后者是通过另外一个心理学名词——"欲望"由前者过渡来的。

需要（need）是指人们对某种东西感到缺失的一种心理状态，即尚未满足的最基本要求。

美国心理学家马斯洛(Abraham H. Maslow,1908—1970年)认为,人类需要的层次有高低的不同,低层次的需要是生理需要,向上依次是安全、社交、尊重和自我实现的需要。当人类的较低需要得到满足时,就会开始追求更高一个层次的需要的满足。

欲望(want,desire)是指人们想要得到某种东西来满足需要的愿望。与需要不同的是,欲望具有明确的指向性和选择性。例如,当人们饥渴时,就产生了想要得到可以满足这种缺失的东西——水和食物的欲望。而水和食物的存在形态是多种多样的,人们可以选择喝茶,也可以选择喝咖啡,也可以选择喝饮料;人们可以选择吃面包,也可以选择吃烧烤,等等。恰恰是由于欲望的这种指向性和选择性特点,给人们不断开发新的产品提供了广阔和无限的空间。

需求(demand)是指对特定产品的欲望,即对某一特定产品或服务的市场需求。在市场经济中,当人们对某种产品有了欲望就会产生购买动机,但这并不足以构成市场的有效需求,因为虽然人们有了购买动机,但当他发现他"囊中羞涩"时,这种购买动机就会黯然消退。因此,市场的有效需求应该是人们有支付能力且愿意购买。

2. 产品

人们通常理解的产品是指具有某种特定物质形状和用途的物品,是看得见、摸得着的东西。这是一种狭义的定义。而市场营销学认为,广义的产品是指人们通过购买而获得的能够满足某种需求和欲望的物品的总和,它既包括具有物质形态的产品实体,又包括非物质形态的利益,这就是"产品的整体概念"。简单来说,产品是指能够提供给市场,被人们使用和消费,并能满足人们某种需求的任何东西,包括有形的物品,也包含无形的服务、组织、观念或它们的组合。

3. 交换与交易

交换是营销的核心概念,也是营销产生的前提,是指从他人处取得所需之物,而以自己的某种东西作为回报的行为。交易就是买卖双方对某一样产品或商业信息进行磋商谈判的一单生意。交易(transaction)是指双方以货币为媒介的价值的交换。它是以货币为媒介的,物物交换不能算在内。

4. 价值和满意

价值是顾客拥有和使用某种产品所获利益与获得这种产品所需成本之间的差价。顾客常常根据产品和服务对其提供的价值的感知做出购买决策,而顾客的满意度取决于产品的感知使用效果,由于质量对产品使用效果有直接影响,因而也就对顾客的满意度有直接影响。

顾客满意是指一个人通过对一个产品的可感知效果(或结果)与他的期望值相比较后,所形成的愉悦或失望的感觉状态。当商品的实际消费效果达到消费者的预期时,就导致了满意,否则,则会导致顾客不满意。顾客满意是一种期望(或者说预期)与可感知效果比较的结果,它是一种顾客心理反应,而不是一种行为。

一个顾客将会经历三种主要的满意水平状态中的一种。如果绩效不及期望,顾客会不满意;如果绩效与期望水平相称,顾客会满意;如果绩效超过了期望,顾客会十分满意、高兴或喜悦。顾客是如何形成期望的呢?期望的形成是基于买方以往的购买经验、朋友和同事的影响,以及营销者和竞争者的信息与承诺。如果一个营销者使顾客的期望过高,假如公司食言,就极易使购买者失望。但是,如果公司把期望定得过低,虽然它能使买方感到满意,却难以吸引大量的购买者。

第二节 营销哲学演进

一、营销哲学演进过程

企业的营销活动总是受一定的营销观念支配。营销哲学,即营销观念,所谓营销观念是企业开展营销活动的基本指导思想,是企业对市场的根本态度和看法,即营销主体开展营销活动的价值观和信念,西方称之为"经商"。企业的市场营销活动是在特定的营销观念指导下进行的。营销观念是企业营销活动的出发点,对营销的成败具有决定性的影响。一定的营销观念是一定的社会运行的产物,它不是一成不变的,会随着经济的发展而不断演变。市场营销观念的演变与发展,可归纳为六种,即生产观念、产品观念、推销观念、市场营销观念、客户营销观念和社会市场营销观念(见表1.1)。

表1.1 营销哲学的演进过程

	营销观念	出发点	方法	终点(目的)
传统营销观念	生产观念	产品	提高生产效率	增加产量、降低成本、取得利润
	产品观念	产品	提高产品质量	生产优质产品、扩大销量、取得利润
	推销观念	产品	加强产品推销	扩大销量、取得利润
现代营销观念	市场营销观念	市场需求	整体营销活动	满足需求、取得利润
	客户营销观念	客户需求	一对一营销活动	发挥优势、满足需求、取得利润
	社会市场营销观念	市场需求	多层次整体营销活动	满足社会需求、增进社会利益、企业赢利

1. 生产观念

生产观念是指导销售者行为的最古老的观念之一。这种观念产生于20世纪20年代前。企业经营哲学不是从消费者需求出发,而是从企业生产出发。其主要表现是"我生产什么,就卖什么"。生产观念认为,消费者喜欢那些可以随处买得到而且价格低廉的产品,企业应致力于提高生产效率和分销效率,扩大生产,降低成本以扩展市场。生产观念是在卖方市场条件下产生的。在资本主义工业化初期以及第二次世界大战末期和战后一段时期内,由于物资短缺,市场产品供不应求,生产观念在企业经营管理中颇为流行。具体表现为:工业企业集中力量发展生产,轻视市场营销,实行以产定销。除了物资短缺、产品供不应求的情况之外,有些企业在产品成本高的条件下,其市场营销管理也受产品观念支配。例如,亨利·福特在20世纪初期曾倾全力于汽车的大规模生产,努力降低成本,使消费者购买得起,借以提高福特汽车的市场占有率。

2. 产品观念

产品观念也是一种较早的企业经营观念。产品观念认为,消费者最喜欢高质量、多功能和具有某种特色的产品,企业应致力于生产高值产品,并不断加以改进。它产生于市场产品供不应求的卖方市场形势下。最容易产生产品观念的场合,莫过于当企业发明一项新产品时。此时,企业容易导致"市场营销近视",即不适当地把注意力放在产品上,而不是放在市场需要上,在市场营销管理中缺乏远见,只看到自己的产品质量好,看不到市场需求在变化,致使企业经营陷入困境。

3. 推销观念

推销观念(或称销售观念)产生于20世纪20年代末至50年代前,是为许多企业所采用的另一种观念,表现为"我卖什么,顾客就买什么"。它认为,消费者通常表现出一种购买惰性或抗衡心理,如果听其自然的话,消费者一般不会足量购买某一企业的产品,因此,企业必须积极推销和大力促销,以刺激消费者大量购买本企业产品。推销观念在现代市场经济条件下大量用于推销那些非渴求物品,即购买者一般不会想到要去购买的产品或服务。许多企业在产品过剩时,也常常奉行推销观念。

推销观念产生于资本主义国家由卖方市场向买方市场过渡的阶段。在1920—1945年,由于科学技术的进步、科学管理和大规模生产的推广,产品产量迅速增加,逐渐出现了市场产品供过于求、卖主之间竞争激烈的新形势。尤其在1929—1933年的特大经济危机期间,大量产品销售不出去,因而迫使企业重视采用广告术与推销术去推销产品。许多企业家感到:即使有物美价廉的产品,也未必能卖得出去;企业要在日益激烈的市场竞争中求得生存和发展,就必须重视推销。

4. 市场营销观念

市场营销观念是作为对上述诸观念的挑战而出现的一种新型的企业经营哲学。这种观念是以满足顾客需求为出发点的,即"顾客需要什么,就生产什么"。尽管这种思想由来已久,但其核心原则直到20世纪50年代中期才基本定型。当时,社会生产力迅速发展,市场趋势表现为供过于求的买方市场,同时广大居民个人收入迅速提高,有可能对产品进行选择,企业之间为实现产品利润的竞争加剧,许多企业开始认识到,必须转变经营观念,才能求得生存和发展。市场营销观念认为,实现企业各项目标的关键,在于正确确定目标市场的需要和欲望,并且比竞争者更有效地传送目标市场所期望的物品或服务,进而比竞争者更有效地满足目标市场的需要和欲望。

> **案 例**
>
> **是时代造就营销观念,还是营销观念成就时代?**
>
> 20世纪20年代以前,福特汽车公司凭借生产观念创造了世界汽车市场中的奇迹。20世纪20年代后期,老福特说:"不管顾客需要什么,我的车就是黑色的。"结果,T型车在竞争中日益失利,通用汽车公司抓住了这个机会,生产出时髦高档、外形和颜色好看的汽车,取代了福特汽车公司的主导地位。到了20世纪50年代,消费者开始喜好外形小巧的汽车,大众汽车公司和日本企业留意并抢先占领了这个新的市场。
>
> 想一想:为什么20世纪30年代以后福特的生产观念就不再适用了?

市场营销观念的出现,使企业经营观念发生了根本性变化,也使市场营销学发生了一次革命。市场营销观念同推销观念相比具有重大的差别。西奥多·莱维特曾对推销观念和市场营销观念做过深刻的比较,他指出:推销观念注重卖方需要;市场营销观念则注重买方需要。推销观念以卖主需要为出发点,考虑如何把产品变成现金;而市场营销观念则考虑如何通过制造、传送产品以及与最终消费产品有关的所有事物,来满足顾客的需要。可见,市场营销观念的4个支柱是:市场中心、顾客导向、协调的市场营销和利润。推销观念的4个支柱是:工厂、产品导向、推销、赢利(见图1.2)。从本质上说,市场营销观念是一种以顾客需要和欲望为导向的哲学,是消费者主权论在企业市场营销管理中的体现。

图1.2 推销与市场营销的差别

5. 客户营销观念

随着现代营销战略由产品导向转变为客户导向,客户需求及满意度逐渐成为营销战略成功的关键所在。各个行业都试图通过卓有成效的方式,准确地了解和满足客户需求,进而实现企业目标。实践证明,不同子市场的客户存在着不同的需求,甚至同属一个子市场的客户的个别需求也会经常变化。为了适应不断变化的市场需求,企业的营销战略必须及时调整。在此营销背景下,越来越多的企业开始由奉行市场营销观念转变为客户营销观念或顾客营销观念。

所谓客户营销观念,是指企业注重收集每一个客户以往的交易信息、人口统计信息、心理活动信息、媒体习惯信息以及分销偏好信息等,根据由此确认的不同客户终生价值,分别为每个客户提供各自不同的产品或服务,传播不同的信息,通过提高客户忠诚度,增加每一个客户的购买量,从而确保企业的利润增长。市场营销观念与之不同,它增强的是满足一个子市场的需求,而客户营销观念则强调满足每一个客户的特殊需求。所以,客户营销观念又称为"一对一营销观念"。

需要注意的是,客户营销观念并不是适用于所有企业。一对一营销需要以工厂定制化、运营电脑化、沟通网络化为前提条件,因此,贯彻客户营销观念要求企业在信息收集、数据库建设、电脑软件和硬件购置等方面进行大量投资,而这并不是每一个企业都能够做到的。有些企业即使舍得花钱,也难免会出现投资大于由此带来的收益的局面。客户营销观念最适用于那些善于收集单个客户信息的企业,这些企业所营销的产品能够借助客户数据库的运用实现交叉销售,或产品需要周期性地重购或升级,或产品价值很高。客户营销观念往往会给这类企业带来异乎寻常的效益。

6. 社会市场营销观念

社会市场营销观念是对市场营销观念的修改和补充。它产生于20世纪70年代西方资本主义出现能源短缺、通货膨胀、失业增加、环境污染严重、消费者保护运动盛行的新形势下。因为市场营销观念回避了消费者需要、消费者利益和长期社会福利之间隐含着冲突的现实。社会市场营销观念认为,企业的任务是确定各个目标市场的需要、欲望和利益,并以保护或提高消费者和社会福利的方式,比竞争者更有效、更有利地向目标市场提供能够满足其需要、欲望和利益的物品或服务。社会市场营销观念要求市场营销者在制定市场营销政策时,要统筹兼顾三方面的利益,即企业利润、消费者需要的满足和社会利益。

上述六种企业经营观,其产生和存在都有其历史背景和必然性,都是与一定的条件相联系、相适应的。当前,很多企业正在从生产型向经营型或经营服务型转变,企业为了求得生存和发展,必须树立具有现代意识的市场营销观念、社会市场营销观念。但是,必须指出的是,由于诸多因素的制约,当今企业并不是都树立了市场营销观念或社会市场营销观念。事实上,还有许多企业仍然以产品观念或推销观念为导向。

二、营销哲学演进原因

从上述六种观念的变化,可以看出工商企业在社会中逐渐从小发展壮大的成长历程,同时其观念也在不断进步,由以企业为中心逐渐转变成兼顾企业、消费者和社会三方利益,这也是历史发展的必然结果。

工业革命初期,原先以家庭为单位的作坊式生产开始向工厂生产过渡,企业相对比较弱小,主要任务是自身的生存,关注的重心在于内部的生产,注重提高产品数量。

当生产同类产品的企业增多,有了竞争,企业发现同等价位的产品质量好的销售得快,这样产品观念的产生成了必然。该阶段比生产观念有一定的进步,不仅注重产品数量,还注重了产品质量的提高,但是管理重心仍然停留在企业内部。

在市场从卖方向买方过渡过程中,由于许多产品相对过剩,一些企业的产品不像过去好卖了,销售环节出现了问题,这时企业从内部生产开始关注到商品的流通领域。同时,过去的积累使企业内部的生产管理日趋成熟,这样就出现了推销观念。这个阶段的进步在于企业开始关注生产和消费之间的流通环节,重心开始从内部向外部过渡,不足之处是仍然站在自身的立场上。

买方市场形成后,市场竞争越来越激烈,优胜劣汰,适者生存,许多成功的企业意识到要想生存和发展,必须改变观念,首先确定目标市场消费者的需要和欲望,并且比竞争者更有效地提供满足顾客需要的产品或服务。推销观念注重企业自身利益,而市场营销观念开始注重消费者的需要,也就是交易对方的利益;推销观念仍然以企业为出发点,考虑的是如何把产品变成现金,而市场营销观念开始站在顾客的立场上考虑如何生产出满足顾客需求的产品和服务。企业突破了自身的局限性,明白要想实现自身价值,必须能给对方提供其需要的东西。因此,市场营销观念是新旧观念的分水岭,是一场营销革命,标志着企业总体营销管理水平已走向成熟,经商哲学发生了质的飞跃。

企业在成长过程中,首先解决自身的生存,然后是发展,当企业逐渐强大起来后,在社会上的地位和作用也越来越重要,也开始承担一些社会责任。因此,大企业在行业当中起领导作用,同时又是市场秩序的重要维护者。从担负社会责任的多少也可以看出一个企业的成熟水平。

三、营销哲学演进展望

随着知识经济时代的到来、生产力的进一步提高,社会需求趋向多元化,作为企业营销活动指导思想的营销观念也呈现多样化的发展趋势。

1. 数据营销

数据营销目前尚未有统一的定义,但无论对于个人还是企业而言,数据营销带来的最直接的结果就是在发挥资源最大化利用价值的前提下,精准地定义客户的需求或者发掘客户自身尚未意识到的需求。传统营销是面向大众,以同样的营销手段、同样的营销策略,面向数以亿万计的不同客户。数据营销是通过海量数据的深度挖掘,找出每个个体的各种"隐私",然后针对每一个个体,量身定制出一套营销手段,对消费者的分析精确到个人。

2. 内容营销

内容营销是不需要做广告或做推销就能使客户获得信息、了解信息并促进信息交流的营销方式。它通过印刷品、数字、音视频或活动提供目标市场所需要的信息,而不是依靠推销行为。内容营销适用于所有的媒介渠道和平台。内容营销要转化成为用户提供一种有价值的服务,能吸引用户、打动用户、影响用户和品牌/产品间的正面关系,最终能产生盈利行为。内容营销需要重点解决的共性问题就是内容的创建以及借助的平台。

3. 社群营销

社群营销是基于相同或相似的兴趣爱好,通过某种载体聚集人气,通过产品或服务满足群体需求而产生的商业形态。社群营销的载体不局限于微信,各种平台都可以做社群营销,包括论坛、微博、QQ群,甚至线下的社区。做社群营销的关键是有一个意见领袖,也就是某一领域的专家或者权威,树立信任感和传递价值。通过社群营销可以提供实体的产品,也可以提供某种服务,满足社群个体的需求。

4. 体验营销

随着消费者更加注重接受产品时的感受,更愿意主动参与产品的设计制造,体验营销产生了。实施这一营销观念的企业自始至终都把为顾客营造难忘的、值得回忆的体验作为其工作重点,通过满足消费者的体验需求来实现其利润目标,而传统营销最为重视的产品只是它的一个载体。

> **课外视野**
>
> 在沃尔玛超市会发现一个很有趣的现象:货架上啤酒与尿布竟然放在一起售卖。这两种看似毫不相关的东西,为什么会放在一起售卖呢?原来,在美国,妇女们经常会嘱咐她们的丈夫下班以后给孩子买一点尿布回来,而丈夫在买完尿布后,大都会顺手买回一瓶自己爱喝的啤酒。商家通过对一年多的原始交易记录进行详细的分析,发现了这对神奇的组合。于是就毫不犹豫地将尿布与啤酒摆放在一起售卖,通过它们的关联性,互相促进销售。
>
> 商家是如何发现啤酒与尿布两者之间的关联性的呢?这里就需要用到数据挖掘技术,准确地说是数据挖掘中的关联规则挖掘,大致意思就是从大量数据中找出两个对象的联系。

第三节 市场营销过程与管理

一、市场营销过程分析

市场营销过程,也就是企业为实现企业任务和目标而发现、分析、选择和利用市场机会的管理过程。更具体地说,市场营销过程包括如下步骤:①市场营销环境分析;②寻找市场机会;③

细分市场和选择目标市场；④市场定位；⑤制定市场营销组合策略；⑥组织、执行和控制市场营销计划(见图1.3)。

图1.3 市场营销过程

(一)市场营销环境分析

企业与外部环境共同形成一个大系统。企业内部与外部环境是这一大系统中的两个子系统，两者必须相互配合，才能产生系统效应。从企业角度来看，外部环境这一子系统是企业不能控制的客观条件，时刻处于变动之中。因此，企业必须经常对自身系统进行调整，才能适应外部环境的变化。这正像生态学中生物体与外界环境关系一样，也遵循"适者生存，优胜劣汰"的原则。

外部环境变化对任何一个企业产生的影响，都可以从三个方面进行分析。一是对企业市场营销有利的因素，即它对企业市场营销来说是环境机会；二是对企业市场营销不利的因素，它是对企业市场营销的环境威胁；三是对该企业市场营销无影响的因素，企业可以把它视为中性因素。对于机会和威胁，企业必须采取适当的对应措施，才能在环境变化中生存下来。

(二)发现和评价市场机会

所谓市场机会，是指对企业经营富有吸引力的领域，能给企业营销活动带来良好机遇与赢利的可能性。市场机会来源于营销环境的变化，表现为市场上尚未满足或尚未完全满足的需求。从不同的角度去考察分析，就有不同的市场机会。

市场机会是客观存在的，关键是企业经营者是否善于寻找和发现。发现机会是利用机会的前提。寻找市场机会的方法和途径多种多样，市场机会往往在市场营销环境变化中出现，这是机会出现的一般规律。企业可以建立适当的营销信息系统，采取适当的措施，经常监视和预测企业营销环境的变化，从中寻找有利于企业发展的市场机会。

企业的市场营销环境包括宏观环境和微观环境。宏观环境是指那些影响企业运营的主要社会力量，包括人口环境、经济环境、自然环境、技术环境、政治和法律环境以及社会和文化环境。微观环境是指那些直接影响企业为其目标市场服务能力的各种力量，包括企业本身、企业的供应商、营销中间人、顾客、竞争对手以及社会公众。微观环境也会受宏观环境的影响。企业面对的上述诸多环境力量经常处于变动之中。环境的变化，既可以给企业营销带来市场机会，也可以形成某种环境威胁。企业进行环境监测，就是为了从中发现并抓住有利于企业发展的机会，避开或减轻不利于企业发展的威胁，在一定条件下还可以因势利导、化害为利，将威胁转化成机会。

市场机会不能等同于企业机会。对某一具体企业而言，并非所有的市场机会都是可以利用的。企业在寻找到市场机会后，必须对所发现的市场机会进行选择和评价，然后才能做出决策，加以利用。

在现代市场经济条件下，某种市场机会能否成为某企业的企业机会，不仅要看这种市场机会是否与该企业的任务和目标相一致，而且取决于该企业是否具备利用这种市场机会的条件，取决于该企业是否在利用这种市场机会上比其潜在的竞争者有更大的优势，是否能享有更大的差别利益。

企业在利用市场机会时应注意以下几点：

(1)抢先。市场机会的均等性和时效性决定了企业在利用机会的过程中必须抢先一步，争取主动。谁能抢先，谁就赢得了时间和空间，就赢得了主动，赢得了胜利。而后来者要利用同一市场机会，往往要付出几倍乃至几十倍的努力。

(2)创新。市场机会的均等性决定了企业利用机会的均等，自己觉察到的这些机会别人也能觉察到。这就要求企业在利用市场机会时一定要大胆创新，通过创新制造差别，形成竞争优势。

(3)应变。市场机会的时效性和不确定性决定了企业不可能一劳永逸地利用同一市场机会。当企业和竞争者先后利用了同一市场机会之后，这一市场机会就有可能转变成环境威胁。因此，企业在利用市场机会之初，就必须主动考虑应变对策，并不断地设法寻求和利用新的市场机会。

(三)市场细分与目标市场选择

市场细分是指营销者通过市场调研，依据消费者的需要和欲望、购买行为和购买习惯等方面的差异，把某一产品的市场整体划分为若干消费者群的市场分类过程。每一个消费者群就是一个细分市场，每一个细分市场都是具有类似需求倾向的消费者构成的群体。企业在划分好细分市场之后，可以进入既定市场中的一个或多个细分市场。目标市场选择是指估计每个细分市场的吸引力程度，并选择进入一个或多个细分市场。

(四)市场定位

市场定位是指企业根据所选定目标市场的竞争状况和自身条件，确定企业和产品在目标市场上的特色、形象和位置的过程。

(1)市场定位就是根据所选定目标市场上的竞争者产品所处的位置和企业自身条件，从各方面为企业和产品创造一定的特色，塑造并树立一定的市场形象，以求在目标顾客心目中形成一种特殊的偏好。这种特色和形象可以通过产品实体方面体现出来，如形状、构造、成分等；也可以从消费者心理上反映出来，如舒服、典雅、豪华、朴素、时髦等；或者由两个方面共同作用而表现出来，如价廉、优质、服务周到、技术先进等。

(2)市场定位实际上是在已有市场细分和目标市场选择的基础上深一层次的细分和选择，即从产品特征出发对目标市场进行进一步细分，进而在按消费者需求确定的目标市场内再选择企业的目标市场。

(3)市场定位主要指本企业产品在目标市场的地位，研究的是以怎样的姿态进入目标市场，所以又叫产品定位。同时，定位就是要设法建立一种竞争优势，所以，市场定位又叫竞争定位。

(五)市场营销组合策略

市场营销组合(marketing mix)是企业市场营销战略的一个重要组成部分，是指将企业可控的基本营销措施组成一个整体性活动。市场营销的主要目的是满足消费者的需要。市场营销组合这一概念是由美国哈佛大学教授尼尔·鲍顿于1964年最早采用的。它是制定企业营销战略的基础，做好市场营销组合工作可以保证企业从整体上满足消费者的需求。此外，它也是企业对付竞争者强有力的手段，是合理分配企业营销预算费用的依据。

所谓市场营销组合是指企业针对目标市场的需要，综合考虑环境、能力、竞争状况，对自己可控制的各种营销因素(产品、价格、分销、促销等)进行优化组合和综合运用,使之协调配合,扬长避短,发挥优势,以取得更好的经济效益和社会效益。在 20 世纪 50 年代初,根据需求中心论的营销观念,麦卡锡教授把企业开展营销活动的可控因素归纳为 4 类,即产品、价格、销售渠道和促销,因此,提出了市场营销的 4P 组合。到 80 年代,随着大市场营销观念的提出,人们又提出了应把政治力量(political power)和公共关系(public relation)也作为企业开展营销活动的可控因素加以运用,为企业创造良好的国际市场营销环境,因此,就形成了市场营销的 6P 组合。到 90 年代,又有人认为,包括产品、价格、销售渠道、促销、政治力量和公共关系的 6P 组合是战术性组合,企业要有效地开展营销活动,首先要有为人们(people)服务的正确的指导思想,又要有正确的战略性营销组合(市场调研 probing、市场细分 partitioning、市场择优 prioritizing、市场定位 positioning)的指导,即 11P 组合。

20 世纪 90 年代,美国市场学家罗伯特·劳特伯恩提出了以"4C"为主要内容的作为企业营销策略的市场营销组合,即 4C 理论,即针对产品策略,提出应更关注顾客(customers)的需求与欲望;针对价格策略,提出应重点考虑顾客为得到某项商品或服务所愿意付出的代价(cost);并强调促销过程应是一个与顾客保持双向沟通(communication)并且考虑到顾客便利性(convenience)的过程。

(六)市场营销组织、执行与控制

市场营销组织、执行与控制是市场营销管理过程的一个重要步骤。市场营销计划需要借助一定的组织系统来实施,需要执行部门将企业资源投入到市场营销活动中去,需要控制系统考察计划执行情况,诊断产生问题的原因,进而采取改正措施,或改善执行过程,或调整计划本身使之更切合实际。因此,在现代市场经济条件下,企业必须高度重视市场营销的组织、执行与控制。

二、营销管理定义及内容

营销管理的本质是需求管理,即为实现组织目标而设计的各种分析、计划、实施和控制活动,以便建立和维持与目标顾客的互惠交换关系。市场营销管理是一个过程,包括分析、规划、执行和控制。其管理的对象包含理念、产品和服务。市场营销管理的基础是交换,目的是满足各方需要。

市场营销的出发点是通过交换满足需求。也就是说,市场营销是企业通过交换满足自身需求的过程。企业存在的价值,在于企业提供的产品能满足别人的需求,双方愿意交换,如此而已。所以,需求是营销的基础,交换是满足需求的手段,两者缺一不可。在营销中,企业制定营销政策,要充分考虑营销政策推行的各个方面,其中主要是企业、消费者、经销商、终端、销售队伍这 5 个方面。营销管理要满足企业的需求、满足消费者的需求、满足经销商的需求、满足终端的需求、满足销售队伍的需求,在不断满足需求的过程中企业得到了发展。

1. 满足企业的需求

企业追求可持续发展。企业可以短期不赢利,去扩张,去追求发展,但最终目的是赢利。所有的人员、资金、管理等都是企业实现可持续发展的手段。按照营销理论,企业要坚持"4C"原则,以消费者为中心,但实际上"以消费者为中心"是企业思考问题的方式,企业要按照自己的利益来行动。市场发展的不同阶段,企业有不同的需求。

市场孕育期,企业开发了创新产品。企业面临两个问题,一是要迅速完成资金的原始积累,二是要迅速打开市场。所以,此时企业可能采取急功近利的操作手法,怎么来钱就怎么来,怎么出销量就怎么来。可能采取的政策是高提成、高返利、做大户等。

市场成长期,企业飞速发展,出现了竞争对手。因此,企业要用比对手快的速度,扩大市场份额,占领市场制高点。可能采取的措施是开发多品种、完善渠道规划、激励经销商等。

市场成熟期,企业需要延续产品的生命周期。企业要追求稳定的现金流量,同时还要开发其他产品。这时企业要不断推出花样翻新的促销政策。

市场衰退期,企业要尽快回收投资、变现。

从上面简单的生命周期描述中,我们看到,不同阶段企业有不同需求,满足企业需求是第一位的。营销管理是对企业需求的管理,以满足企业的需求为根本。所以,作为营销决策者首先要考虑"我的老板要求我做什么?公司现在需要我做什么?股东需要我做什么?",然后在具体落实企业需求的过程中,考虑下面的4个需求。

2. 满足消费者的需求

由于实行市场经济的时间尚不算太长,中国的消费者是不成熟的,所以才容易被企业误导。策划人搞得概念满天飞,如各种特色的主题餐厅仅能风光三五年。真实的、理性的消费者需求是什么呢?消费者对好的产品质量有需求,消费者对合理的价格有需求,消费者对良好的售后服务有需求。消费者的需求多种多样,对企业来说是最重要、最长久的。如果企业仅仅只能满足短期利益,忽略消费者需求,消费者会选择离开。

3. 满足经销商的需求

经销商的需求是经常变动的,但归根结底是以下三个方面。

(1)经销商需要销量。如果你的产品是畅销产品,不愁卖,这个时候经销商可能只需要销量。因为他知道,你的货可以带动其他货走,这样他可以从其他货中赢利。

(2)经销商需要利润率。如果你的产品是新产品,这时经销商期望比较高的毛利。你的货可以走得慢,但是很赚钱,这样他也满意。

(3)经销商需要稳定的下家。如果你的货物实在紧俏,零售店非有不可,你给经销商货,经销商就可以用这个产品建立渠道,维护自己渠道的忠诚度。当然,如果你可以帮助他做管理,管理渠道、管理终端,这样你也满足了他的需求。

所以,企业在制定营销政策时要知道经销商的需求是什么,经销商是要长远发展,还是要短期赢利。企业制定政策时,要考虑到经销商的发展,而不是仅仅从企业自身出发,也不是仅仅从消费者的角度出发。毕竟在有些行业,经销商是不可或缺的。经销商也有发展阶段,他在创业阶段需要你给他指点,需要你给他支持;当他的网络已经形成,管理基本规范时,他最需要的就是利润。不同发展阶段,他的需求是不同的。因此,企业要针对经销商的实际需要不断制定出符合经销商需求的销售政策、产品政策、促销政策。

4. 满足终端的需求

很多企业强调"终端为王",终端也确实成了"王"。某些特殊地位的"超级终端"索取进场费、陈列费、店庆费等就不说了,十分恼火的是,有些中小终端,如超市,动不动就倒闭。做终端的风险和成本都很大,企业到底做不做终端成了老板两难的选择。按照目前的渠道发展趋势,终端是不做也得做,做也得做,关键是怎么做。所以很多企业都有终端策略,制定区别于经销商的终端政策,满足终端的需求。

终端的需求越来越多,尤其是连锁商家,更是"难缠"。因为国美等家电连锁企业而导致创维这样的彩电巨头都要采取"第三条道路";手机行业的连锁巨头也很"可怕",上百家连锁店迫使厂家对其出台倾斜政策。终端和经销商同为渠道的组成部分,如果让厂家做出选择,宁肯选择终端,而不是选择经销商。做终端的办法,很多企业不一样,宝洁公司的市场人员就只做终端的维护和支持,而不管窜货、不管价格。在宝洁公司眼中,终端比经销商更重要,毕竟是终端的三尺柜台决定了厂家的最终成败。

5. 满足销售队伍的需求

销售队伍是最容易被忽略的,因为是自己人,所以先满足外人的利益,这是很多老板的做法。表面上看销售队伍不是很重要,但一个销售代表的背叛可能导致一个地区业务的失控。任何营销政策,最终都靠销售队伍来贯彻,销售代表执行力度的大小,可能比政策本身的好坏更重要。营销竞争是靠团队的,所有的经销商、终端、消费者的需求,都要通过销售队伍来满足。销售队伍的需求有哪些呢?无外乎生存和发展。销售队伍对合理的待遇有需求,对培训机会有需求,对发展空间有需求。因此,企业要在不同阶段发掘销售队伍的需求,尽量来满足他们。

在上面说的五个需求中,企业需求是根本,是营销管理的出发点。消费者的需求、营销商的需求、终端的需求是串联的,一个环节没满足,就会使营销政策的执行出现偏差。作为营销管理者,要从这五个方面出发,来考虑营销问题。如果营销出了问题,就一定是这五方面出了问题。优秀的营销管理者,要善于分析这五个方面,善于平衡这五个方面的资源投入,取得营销的最佳效果。

本 章 小 结

市场由一切有特定需求或欲求并且愿意和可能从事交换来使需求和欲望得到满足的潜在顾客所组成。市场营销就是个人或者群体通过创造和交换产品和价值,从而使个人或群体满足欲望和需求的社会和管理过程。

市场营销观念的演变与发展,可归纳为六种,即生产观念、产品观念、推销观念、市场营销观念、客户营销观念和社会市场营销观念。它是企业营销活动的出发点,对营销的成败具有决定性的影响。

市场营销过程,也就是企业为实现企业任务和目标而发现、分析、选择和利用市场机会的管理过程,包括发现和评价市场机会,细分市场和选择目标市场,制定市场营销组合策略,组织、执行和控制市场营销计划。

营销管理是为实现组织目标而设计的各种分析、计划、实施和控制活动。其管理的对象包含理念、产品和服务。市场营销管理的基础是交换,目的是满足各方需要。

关 键 概 念

市场(market)　　　　　　　　　市场营销(marketing)
生产观念(production concept)　　　产品观念(product concept)
推销观念(selling concept)　　　　　市场营销观念(marketing concept)

社会市场营销观念(social marketing concept)

产品(product)　　　　　　　　　　分销(place)

定价(price)　　　　　　　　　　　促销(promotion)

顾客满意(customer satisfaction,CS)

复习思考题

一、问答题

1. 如何理解市场营销学中"市场"的含义？
2. 市场营销在企业中的具体工作内容包括哪些？
3. 简述需要、欲望和需求的区别与联系。
4. 文化营销的核心内涵是什么？
5. 市场营销管理过程包括哪几个步骤？
6. 市场营销管理中如何体现企业竞争优势？

二、不定项选择题

1. 从市场营销的角度看，市场就是（　　）。
   A. 买卖的场所　　　　　　　　　B. 商品交换关系的总和
   C. 交换过程本身　　　　　　　　D. 具有购买欲望和支付能力的消费者
2. 在20世纪30年代以前，市场营销的研究领域还主要局限于（　　），真正的市场营销观念尚未形成。
   A. 生产领域　　　B. 流通领域　　　C. 交换领域　　　D. 消费领域
3. 消费者未能得到满足的感受状态称为（　　）。
   A. 欲望　　　　　B. 需要　　　　　C. 需求　　　　　D. 愿望
4. 市场营销的出发点是（　　）。
   A. 市场需求　　　B. 顾客　　　　　C. 企业　　　　　D. 产品
5. 通过满足顾客需求达到（　　），最终实现包括利润在内的企业目标，是现代市场营销的基本精神。
   A. 顾客价值　　　B. 顾客满意　　　C. 顾客偏好　　　D. 顾客购买

三、实训练习

1. 作为一名消费者，选择两次购物的经历，从产品和销售人员两个角度分析这两家企业和销售人员所持有的营销观念。
2. 作为一名消费者，结合具体的购物经历，分析目前传统营销观念是否还适用。

四、案例分析

付费自习室的兴起，共享经济的新风口？

付费自习室兴起于日韩，已经有40余年的历史。在国内，台湾、上海、苏州、南京等地的付费自习室行业兴起较早，在北京的"爆发式增长"则是从2019年下半年才开始的。目前，北京的付费自习室超过30家，集中分布在中关村、五道口、大望路、朝阳门等地。

安静、专注的学习环境，是年轻人选择付费自习室的主要诉求。"我是没办法在家学习的，因为家里很舒服,什么都干不了。"还有一些年轻人在学习时需要"仪式感",或是在某种程度上感受来自同侪的压力。"在学习时,你其实希望能看到旁边的人也在学习,这样心里感觉更'燃'一些。很享受一群人陪自己学习的'压力',自己买的'就是学习的氛围'。"

多数付费自习室位于写字楼或商住两用的楼房内,也有少数店家选择租用底层商铺。在自习室里,除了偶尔传来的翻书声,一切都仿佛静止一般。有的自习室会设置静音阅读区和键鼠阅读区,以满足不同顾客需求;不少店家还会提供打印机、微波炉、饮品、零食、文具、储物柜等,有的还会提供毛毯、暖宝宝、按摩椅。可以说,这是一个"麻雀虽小,五脏俱全"的行业。

付费自习室是一个季节性很强的行业。在各类考试密集的下半年,尤其是某个重大考试的前一个月,自习室的上座率会明显高于考试淡季。根据多家店主观察,使用付费自习室的大多是在校学生和上班白领,以复习备考者居多,也有来办公、看书、学习充电的。同顾客群体一样,许多付费自习室的店主也是20岁到40岁之间的青年。

作为一个主要是年轻人经营也主要服务于年轻人的行业,付费自习室的人性化和智能化特点尤为突出。首先,要为用户选择一把舒适的椅子。桌面不能太大或太小,小了空间局促,大了则会摆放一些杂物,影响注意力。桌子两侧的隔板要长度适中,使顾客既能在学习时将目光集中在桌面上,又能在放松后靠时看到周围学习的人,以此激励自己。许多自习室还选择使用线上预约系统,甚至用上了物联网技术:顾客可以自助扫码开门,座位的电源与预约系统联通。

关于付费自习室的前景,店主们的看法不一。虽然自习室在国内作为新兴事物前景可观,但绝不是一个挣快钱的行业。在北京仍有很多人不知道付费自习室的存在,同行们都在做着同一件事:"让市场、大众认识我们"。此外,付费自习室对顾客的经济水平有一定要求,并且"收入的天花板很低",因为空间和服务内容有限,服务范围也很难扩展。所以,经营付费自习室的同行都处于一个初始尝试的阶段,大家都在摸索。

资料来源:快资讯网站,有改动.

课外视野　共享自习室出现,花钱自习您怎么看?
视频来源　优酷网

1. 付费自习室吸引顾客的"卖点"是什么?
2. 付费自习室和咖啡厅、图书馆相比,优势体现在哪些方面?
3. 你觉得付费自习室可复制性强吗?如果你要开设一家付费自习室,要考虑哪些因素?

本章习题库

第二章
市场营销环境与市场机会分析

> **学习目的及要求**

了解市场营销环境的概念与分类,掌握宏观环境与微观环境的组成要素。明确市场机会识别标准,掌握机会发掘的方法以及市场机会把握的三大要素:产品创新设计、产品定位、产品营销传播等相关内容。

【引例】

异业合作的赢利模式

有一家人想去找保洁阿姨,然后物业推荐了一个,但物业说这个阿姨只做高收入家庭的服务,家里有老人、小孩都没有问题,但是,一不做全职,只做钟点工;二不做中低收入家庭。她说话干脆利落,做事细心,人也爽快,建议用这位阿姨。

结果试用了一周以后,发现这个阿姨果然特别优秀,并且这位阿姨根本不能叫阿姨,才30多岁而已,不仅年轻,而且有钱,还是开车来做家政的。突然有一天,这位阿姨给雇主带来了一些自己家种的有机蔬菜,并且成功说服雇主加入了一个"××有机蔬菜"合作项目,以月费的方式收取费用,每两周送三次新鲜蔬菜,由这位阿姨亲自送上门。

后来大家关系更熟了,这位阿姨还给雇主留了名片:××果蔬有限公司销售总监。她还说:"大姐,你放心,我所有的雇主都吃我们家的菜,没有说不好的,我们村所有的女人都在外面给人当保洁,不靠这个赚钱,而是靠卖菜赚钱,但是活肯定不会给你干差的,毕竟干差了,你就不会订我们家的菜了。"

分析一下这个案例,有机蔬菜一般是供应给政府、学校这样的地方,散户很难获客引流。保洁和有机蔬菜原本是八竿子打不着的两个行业,但是这位阿姨特别聪明,用保洁来引流,建立信任来卖菜。长时间积累下来,有机蔬菜的客户数还是挺可观的,这就是一个典型靠异业合作来实现赢利的案例。

另外一个案例,"脑细胞"社群里有一位同学是做美容美甲的,其实人工成本不便宜,但是她对外美甲只收5元钱。从表面上看肯定会亏死,结果深聊之后,才知道她根本不靠美甲来赚钱,而仅仅是把美甲作为引流款产品,通过在美甲过程中的话术引导,将顾客引流给合作的整形美容医院。因为整形美容是暴利行业,每成交一单,美甲店就可以提成数千元,比单纯的美甲店赢利多。

总之,"洒洒水式"的异业合作是很难成功的,一定要谈钱、讲利益,而且最好是大利益,给自己的项目找到一个可以赢利的方式。重赏之下必有勇夫,异业合作不讲感情、不讲关系,就只讲利益,最简单,最高效。

资料来源:高臻臻.90%的异业合作都是坑?销售与市场网,2019-11-18,有改动。

第一节 营销环境分析

一、营销环境的概念与分类

市场营销环境泛指一切影响和制约企业市场营销决策和实施的内部条件和外部环境的总

和,即指企业在其中开展营销活动并受之影响和冲击的不可控行动因素与社会力量,如供应商、顾客、文化与法律环境等。企业作为国民经济的细胞,它的生存和发展与其所面临的内外环境休戚相关。内外环境是一把"双刃剑",一方面为企业的发展带来了机遇,另一方面也为企业的发展带来风险与威胁。外部环境包括宏观环境和微观环境。宏观环境是企业不可抗力的不可控因素,分析研究它,能捕捉到环境变动带来的营销机会,也能避免环境变动造成的危机和威胁;微观环境是直接影响制约企业营销活动的力量,分析研究它,能协调企业的相关利益群体,促进企业营销目标的实现。内部环境又称企业内部条件,是企业内部资源、能力和文化因素的总和,如图2.1所示。

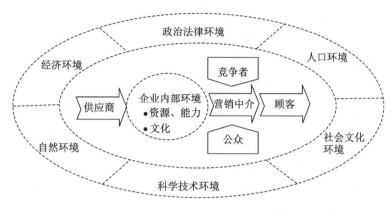

图 2.1　市场营销环境

二、宏观环境

宏观环境是指企业无法直接控制的因素,是通过影响微观环境来影响企业营销能力和效率的一系列巨大的社会力量,它包括人口、经济、政治法律、社会文化、科学技术及自然生态等因素,如图2.2所示。由于这些环境因素对企业的营销活动起着间接的影响,所以又称间接营销环境。宏观环境与微观环境之间不是并列关系,而是主从关系。微观市场营销环境受制于宏观市场营销环境,微观市场营销环境中的所有因素均受到宏观市场营销环境中的各种力量和因素的影响。

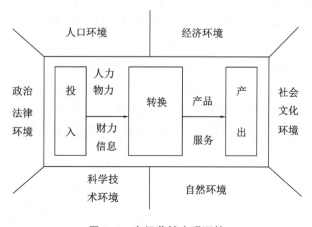

图 2.2　市场营销宏观环境

1. 人口环境

人口是市场的第一要素。人口数量直接决定市场规模和潜在容量,人口的性别、年龄、民族、婚姻状况、职业、居住分布等也对市场格局产生着深刻影响,从而影响着企业的营销活动。企业应重视对人口环境的研究,密切关注人口特性及其发展动向,及时地调整营销策略以适应人口环境的变化。

2. 经济环境

经济环境因素是指一个组织在开展活动时,所在的整个经济系统的运行情况。它既包括一个国家的人口数量及其增长趋势、国民收入、汇率、利率、通货膨胀、政府财政和税收政策等宏观经济环境,又包括企业所在地区或所需服务地区消费者的收入水平、市场运作的规范程度、消费偏好、储蓄情况、劳动力的供求状况等微观经济环境。

3. 政治法律环境

政治法律环境因素,是指一个组织所在国家的政治总体稳定性、宏观管理手段及政策的连续性、政府对组织发展及其作用所持的态度,以及由此制定的相关法律文件。它一般包括政治环境和法律环境两方面的内容。政治环境是国内与国际的政治环境的统称。在国内主要指党和政府的路线、方针、政策的制定和调整。国际政治环境是指两国关系、和平环境等。法律环境则包括国际和本国主管部门及各地区颁布的各项法规、法令、条例等。政治环境引导着企业营销活动的方向,法律环境保障企业经营活动的顺利进行。政治与法律相互联系,共同对企业的市场营销活动产生影响和发挥作用。

4. 社会文化环境

社会文化环境是指在一种社会形态下已经形成的价值观念、宗教信仰、消费习俗、教育水平、道德规范、审美态度等的总和。任何企业都处于一定的社会文化环境中,企业营销活动必然受到所在社会文化环境的影响和制约。为此,企业应了解和分析社会文化环境,针对不同的文化环境制定不同的营销策略,组织不同的营销活动。

5. 科学技术环境

科学技术环境的含义很广,它既包括生产技术(如劳动手段、工艺流程的改进、发展与完善,特别是新技术、新设备、新工艺、新材料、新能源的生产与制造等),也包括管理技术(如管理方法、计划决策方法、组织方法的改进与更新,以及科技产品与科技人才供给状况,国家科技政策、科技管理体制的创新和适应性等),还包括生活技术、服务技术等内容。

6. 自然环境

一个国家、一个地区的自然环境包括该地的自然资源、地形地貌和气候条件,这些因素都会不同程度地影响企业的营销活动,有时这种影响对企业的生存和发展起决定性的作用。企业要避免由自然环境带来的威胁,最大限度地利用环境变化可能带来的市场营销机会,就应不断地认识和分析自然环境变化的趋势,根据不同的环境情况来设计、生产和销售产品。

三、微观环境

微观环境是指与企业紧密相连、直接影响企业营销能力和效率的各种力量和因素的总和,主要包括企业自身、供应商、营销中介、顾客、竞争者及社会公众。由于这些环境因素对企业的营销活动有着直接的影响,所以又称直接营销环境。

1. 企业

面临相同的外部环境,不同的企业的营销活动所取得的效果往往不一样,这是因为它们有着不同的内部环境要素。市场营销部是由营销和销售两大职能主导,由品牌经理、营销研究人员、市场分析人员、广告及促销专家、销售经理及销售代表等组成。市场营销部负责制定现有各个产品、各个品牌及新产品、新品牌的研究开发的营销计划。

在内部各环境要素中,起到关键作用的主要是资源、能力及企业文化。

资源是指企业所拥有的各种要素,包括有形资源(如设备、厂房、人员、土地和资金等)及无形资源(如公司形象和文化等)。企业之所以赢利,是因为企业内部有形资源、无形资源以及积累的知识在企业间存在差异,资源优势会产生企业竞争优势,企业具有的有价值性、稀缺性、知识性和不可复制性以及以低于价值的价格获取的资源,可以产生成本低或差异化高的产品,是企业获得持续竞争优势以及成功的关键因素,企业竞争力就是这些特殊的资源。

能力泛指企业在日常经营管理活动中满足企业生存、成长和发展的系统方法和综合过程表现水平。从企业经营的宏观方面来说,它包括企业发展战略规划能力、品牌运作及企业定位能力、资源获取能力、资源整合能力、价值链管理能力、关键核心竞争优势和能力等;从企业内部管理微观角度来看,它包括企业组织运作能力、指挥控制能力、战略分解与执行能力、综合管理能力等;从企业职能分配来看,它包括企业产品开发与设计能力、市场与客户服务能力、产品与服务提供能力、生产与品质保障能力、供应与物流管理能力、人力资源开发与利用能力、成本管控能力、品牌策划与运作能力、后勤保障支撑能力等基础能力。

企业文化是指企业的管理人员与职工共同拥有的一系列思想观念和企业的管理风貌,包括价值标准、经营哲学、管理制度、思想教育、行为准则、典礼仪式以及企业形象等。企业文化在调动企业员工的积极性,发挥员工的主动创造力,提高企业的凝聚力等方面有重要的作用。良好的企业文化状况可以促使企业员工努力工作以取得更高的绩效,从而更好地实现企业的目标。

2. 供应商

企业作为组织的一种形式存在于社会之中,组织是一个开放的系统,与外界之间存在物质、信息的交换。交换主要表现为投入和产出。供应商是组织从外部获取投入的来源,对于一个企业来说,供应商可能是组织也可能是个人,企业从供应商那里获得原材料、劳动力、信息、资金、服务等。供应商供应的数量、供应产品或服务的质量和价格、供应的及时性直接影响到企业产品和服务的质量及成本水平,因此,许多企业对供应商有许多要求,同时也给予稳定的供应商一定的支持。

3. 营销中介

营销中介是指帮助企业促销、销售和分销其产品给最终购买者的企业或个人,包括中间商、实体分配机构、营销服务机构和金融中介机构。这些都是市场营销不可缺少的环节,大多数企业的营销活动,都必须通过它们的协助才能顺利进行。

4. 顾客

企业与供应商和中间商保持密切关系,是为了有效地向目标顾客市场提供商品和服务。顾客是那些购买企业产品或服务的个人或组织。一个组织的产品或服务只有转化为商品并且被顾客消费之后才能给企业带来效益,因此,顾客是一个企业生存的基础并使它能继续存在。

顾客是企业服务的对象,是营销活动的出发点和归宿点。顾客的获取和保留是企业利润的来源。一个企业可能要面对多种顾客,如个人和组织,批发商、零售商和最终消费者,国内和国外顾客等。企业的顾客会因受教育水平、收入水平、生活方式、地理条件等众多方面的不同而对企业的产品和服务提出不同的要求,企业在市场营销、质量管理、产品设计、战略决策等方面必须充分关注顾客的差异。

5. 竞争者

与本企业竞争资源的其他组织就是竞争者。这些资源,既包括组织从外部环境中获取的投入,如资金、人才、原材料等;也包括外部环境中接受组织输出的组织和个人,比如顾客。组织在研究竞争者时,主要从现有竞争者的状况、潜在竞争者的状况和替代品的提供者三个方面进行研究。

6. 公众

公众就是对一个组织完成其目标的能力有着实际或潜在兴趣或影响的群体。公众可能有助于增强一个企业实现自己目标的能力,也可能妨碍这种能力。鉴于公众会对企业的命运产生巨大的影响,精明的企业就会采取具体的措施,成功地处理与主要公众的关系,而不是不采取行动和等待。大多数企业都建立了公共关系部门,专门筹划与各类公众的建设性关系。公共关系部门负责收集与企业有关的公众的意见和态度,发布消息、沟通信息,以建立信誉。如果出现不利于公司的反面宣传,公共关系部门就会成为排解纠纷者。

案 例

一个多世纪前的"禽流感"

1875年,美国罐头大王亚默尔在报纸上看到一条"豆腐块新闻",说墨西哥畜群中发现了病疫,有些专家怀疑是一种传染性很强的瘟疫。亚默尔立即联想到,毗邻墨西哥的美国加利福尼亚、德克萨斯州是全国肉类供应基地,如果瘟疫传染至此,政府必定会禁止那里的牲畜及肉类进入其他地区,造成全国的供应紧张、价格上涨。于是,亚默尔马上派他的家庭医生调查,并证实了此消息,然后果断决策:倾其所有,从加、德两州采购活畜和牛肉,迅速运至东部地区,结果一下子赚了900万美元。

想一想:环境变化对生意有何影响?

第二节 市场机会分析

菲利普·科特勒认为市场机会是"一个公司通过满足购买者需求而实现赢利的某一领域",这个概念也一直被许多学者所沿用;另一种观点将市场机会定义为"未被满足的需求"。长期以来,营销学者对市场机会的概念并没有一个清晰的认识。综合来看,市场机会是市场上存在的尚未满足或尚未完全满足的显性或隐性的需求,以此作为赢利的某一领域。

市场机会在企业选择目标市场、制定营销战略和策略时起着十分重要的作用,因此寻找或识别市场机会是营销人员必不可少的工作。要进行市场机会分析,首先必须明确市场营销的构成。市场营销是由营销对象——顾客、营销目标——取得利润、营销手段——市场营销组合三部分组成。其中,营销对象和营销手段是识别市场机会的途径,营销目标是评估市场机会的主要指标之一。作为营销对象的顾客是营销市场的基本要素,作为基本的营销手段的是产品策略。因此,市场机会分析的途径就由较抽象的营销对象和营销手段的分析,转化为市场与产品的分析,也就是所谓产品市场机会的分析与识别。其实,一切营销活动及其管理都是围绕"产品适应市场"而进行的。产品市场机会是市场机会的基本机会。

一、市场机会的识别

1. 取得市场份额机会的识别

企业以现有产品进入既定的目标市场,取得一定的市场份额往往不是一件轻而易举的事情,要遇到许多障碍或壁垒。企业必须通过市场调查与研究,找出这些壁垒的薄弱之处,以此作为清除这些壁垒的切入点,进入目标市场。一般来说,应从如下几方面去调查和识别。

一是专利技术。在现有目标市场内,如果有竞争者存在,他们往往将产品以专利技术设置进入市场障碍,从法律的角度、从知识产权的角度来保护他们自己。对于技术含量高的行业和产品尤其如此。

二是价格策略。那些产品差异性小的竞争者,往往以较低价格的策略设置进入障碍。因为某一市场之所以会吸引大批的企业进入,一般是由"暴利"引起。但谋求"暴利"对于企业来说有时等于自杀,这就是竞争者采取"自律"的价格策略的原因。

三是地理优势。如果目标市场的地理形势对竞争者有利,如原材料的就近供应,竞争者就会以原材料优势控制"供应链",形成垄断,那么,地理优势就是竞争者设置的进入障碍,那些材料紧缺或运输费用高或时间性强的行业和产品更是如此。

四是品牌忠诚度。竞争者用加强管理和市场知识来提高自己品牌的用户信赖程度,也是市场进入者的障碍,那些优秀的企业竞争者更是如此。

五是销售渠道。竞争者通过销售渠道的管理和控制,阻止市场进入者借鉴和利用自己的销售渠道,这是进入者的又一障碍。

六是进入成本。企业进入目标市场必须进行渠道网络建设、促销广告工作等,这些工作都要花去费用,如果这些费用过高,加大了进入成本,也是企业进入市场的又一客观障碍。

七是法律法规。在国际市场上,政府往往用个税、关税、进口限额等限制条件来限制外国产品进入本国市场。在国内各地区也存在不同程度的地方保护主义,使产品流通遇到种种障碍。

企业以现有产品进入既定的目标市场除了会遇到上述那些由竞争者设置的客观障碍以外,也可能会遇到企业本身所具有的障碍,如企业产品质量低劣、定价过高、财务困难以及缺乏一套打进市场的特殊技巧(如大市场营销)等。

2. 扩大市场份额机会的识别

对于已经进入目标市场的产品,市场渗透的主要目标是扩大市场份额。而企业产品市场份额的主要来源是市场潜量的剩余(市场潜量剩余=市场饱和点-市场销售量总和)和抢占竞争对手的市场份额。因此,企业必须对市场潜量剩余和竞争对手的市场份额有个基本的判断和识别,以便明确市场渗透的方向,即明确是向市场潜量剩余渗透还是向竞争对手的市场份额渗透。无论从哪个方向渗透,均要对市场结构要素,即顾客、竞争对手和市场法律法规进行分析,以便找出有效的市场渗透手段,识别提高渗透速度的机会。

当整个目标市场的产品销售量达到最大并开始或继续下降的时候,我们就说该产品在目标市场的销售量达到了饱和点,也就是产品处于它生命周期的成熟阶段或衰退阶段了。确定市场饱和点,才能估计市场潜量剩余,明确渗透方向。

二、市场机会的挖掘

挖掘市场机会一直是一个令企业家兴奋的话题。无论是多元化发展,希望进入其他行业把企业做大,还是想集中资源把企业做强,抓住了市场机会都将事半功倍。尤其是中小企业,受到资源有限性的制约,也经不起大的失败,更需要选择一个好的市场机会来切入市场。

(1)如果一个行业里只有一种商业模式或者产品,则必然有机会。

没有一种模式或产品是适合于所有人的。如果一个行业里只有一种商业模式或者产品,则必然有机会。这种情况下,探索新模式或设计新产品一定会获得成功,这可以从图 2.3 所示的主要思路着手。

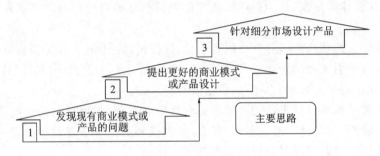

图 2.3　探索新模式、设计新产品的主要思路

(2)经常审视市场大趋势的反面所对应的需求。

一位著名的营销学者曾说过:市场的波动就像姑娘的情绪一样变化莫测。的确,市场的动向是由人们的主观意识驱动的,这种主观性决定了市场有时是理性的,有时又是非理性的。这也是为什么科学详尽的市场调查并不一定就能够准确地得出消费者的真实需求。20 世纪五六十年代美国的汽车市场,流行大而气派的车型。消费者的市场调查显示,人们希望车要大,要能装很多东西,才够气派,他们认为低价的小车有碍体面。但是,当克莱斯勒汽车公司设计并推出了又小又短的金龟车时,却出乎意料地受到了市场的追捧。正是因为市场有非理性的因素影响,所以时常审视市场大趋势的反面所对应的需求,往往会有意想不到的发现。

(3)任何一种产品、任何一种模式必有其固有的、与生俱来的、不可被剥离的缺陷。

在一个竞争激烈的时代,企业决策者发现摆在案头的不光是如何探究消费者的需要并开发产品来实现其需要的问题,还有如何与竞争者争夺顾客的问题。于是,找到并攻击竞争者的软肋也成了一种重要的手段。任何事物都是一个辩证统一的实体,这意味着任何事物都有正的积极的一面,也有反的消极的一面。因此,任何一种产品、任何一种模式必有其固有的、与生俱来的、不可被剥离的缺陷。如一个超市面积很大、货物很多,消费者一次可以购全他所需要的所有货物,但这种大型超市也有它与生俱来的缺点:顾客将耗费很多时间来找寻与取得商品。

(4)不完美的因果关系,往往预示着机会。

日本一位著名营销学者曾这样说过:"作为一个营销高手,他的大脑必须时刻高度运转,善于观察,能够体察到事物间细微的差别而发现机会。"在美国对伊拉克的战争胜利后,为尽快抓住躲藏的伊拉克原政府高官,美国国防部委托一家印刷厂印刷几十万份通缉令,但印刷厂的一个小工想,通缉令虽然有一定作用,但要让十几万美军和几百万伊拉克百姓记住几十位高级官员的样子却很难。于是,他将通缉令做成了一副扑克牌,每张牌上印一个高官的照片,美军在玩牌中就不知不觉记住了几十位高官的模样。

如果我们深入细节去观察与思考许多事情,会发现很多平时觉得很平常的"常识"其实都有可以改进之处。一家商店低价处理商品的时候,往往打出"全市最低"的牌子,但问题是顾客并不这样认为。如果打出"比其他店卖得高,差价双倍返还",虽然表达的意思没有变,但效果却大不一样。

课外视野

在四川,经常坐飞机的人都有这个困惑:由于机场距离市区较远,去机场或者回家,打车的话,几乎都要花费100元以上。如果机场能够免费接送,那该多好。然而现实情况是:一没钱,二没车,三没司机。但四川航空整合各类资源,"空手套白狼",赚到了1320万元。

首先,四川航空对购买5折以上机票的人,从机票中抽出25元服务费,来换取乘客的免费接送。第二,联系风行汽车公司,挑了一款14.8万元的车,告诉他们,需要购买150辆。批量购买,价格要便宜。而且这是机场接送乘客的,每接到一个乘客,司机在路上会做免费宣传。因为能坐飞机的人,同时也是车企的目标客户。所以车还可以再便宜一点。风行最终同意以9万元的价格出售。第三,发布消息,找来本地需要买车的人。跟他们说,卖给他们一辆车,是川航免费接送乘客的车。每接送一个乘客,川航会支付25元的服务费,当然一辆车一次可以接送好几个乘客,而且客源多、竞争小。不过,车会卖得比市场价贵一点,17.8万元。但相比出租车来说,还是便宜多了。司机们很开心,很乐意,甚至还有些激动。因为本来就要买车的,现在不仅有车,还有工作,收入还很不错。

仅限报名的前150个司机,先到先得!

收到司机:150×17.8万元＝2670万元。

付给风行:150×9万元＝1350万元。

账上还剩:2670万元－1350万元＝1320万元。

一分钱没花,1320万元已经到账。

不知道你发现没有,在这番眼花缭乱的操作之后,除了赚到的1320万元,还有4大好处:

(1)川航多售了机票,当然也增加了利润;

(2)司机找到了工作,当然也增加了收入;

(3)风行多卖了汽车,当然还得到了广告;

(4)对乘客来说,有了免费的专车。

从四川航空的案例不难看出:商业模式就是打造一个平台,让你在上面既能做好人,又能做好事;最大化企业的价值,让"利益相关者"共赢,提供连带服务,从而使其为企业带来业务。这个过程所形成的交易结构,就是四川航空的商业模式。

课外视野　商业模式创新——四川航空转瞬获利一千万的秘密
视频来源　优酷网

三、市场机会的把握

(一)产品创新设计

现有的营销理论在涉及产品设计时只是提到营销人员要进行消费者调研,配合研发部门共同进行产品设计,但对营销人员到底该如何参与产品设计却没有涉及。营销人员在产品设计中绝不应该只是做一些侧重于定性研究方面的市场调研,而应该主要参与产品的创新性设计。因为信息流只有在营销人员这里才是最原始的、最完整的,只有营销人员才能够掌握有关消费者的消费心理、需求特点及竞争者产品信息等第一手资料,以及对产品上市后的营销传播问题的初步思考。

1. 价值增值思想

按照营销大师菲利普·科特勒的定义,价值就是顾客所得到与付出之比较,顾客选择哪一家公司的产品依据谁能给他带来更大的价值。因此,产品创新性设计的一条重要思路就是让顾客在购买产品时获得一种物超所值的感觉。

提供超值价值可以从以下三方面着手:

(1)功能增值。

从产品的功能入手,比竞争对手提供更多的功能。如果能够提供比竞争对手更多的功能,而这种功能所带来的利益又是消费者所关注的,并且能够使消费者信服,同时价格又控制在适当的范围内,这种产品将提供给消费者比竞争对手的产品更多的价值,自然更能得到消费者的偏爱。光明牛奶推出的光明麦风,在豆奶中加入大麦的香味,使得消费者可以同时获得牛奶的营养和膳食纤维素的益处,这种增值价值使得光明麦风大受消费者欢迎。

(2)顾客体验增值。

顾客体验增值的思路是通过对事件和情境的安排及特定体验过程的设计,使顾客在购买或消费产品的同时获得特定的能达成精神满足的消费体验,从而完成价值增值过程。美国未来学家托夫勒,在中央电视台《对话》节目现场曾预言:"服务经济的下一步是走向体验经济,人们会创造越来越多的跟体验有关的经济活动,商家将靠提供体验服务取胜。"

(3)情感增值。

情感增值的思路是通过在产品创新性设计、包装设计、促销活动或广告等与消费者沟通的媒介中加入一些情感性的元素,直接切中消费者的情感需求,使产品在精神上引发消费者的情感共鸣。如风行多年不衰的芭比娃娃,购买一个芭比娃娃,更像是领养一个婴儿,从出生日期、出生医院到姓名、父母情况等一整套个人档案齐全,模拟出了真实的人间亲情,满足了人们"母性"的体验,深受人们喜爱。

2. 理想需要分析

理想需要分析法借用了奥斯本的"头脑风暴法"中的一些原理,它是从消费者的心理需要出发,不考虑现实的种种约束条件,而探寻在目标顾客的潜在思维里什么样的产品是最理想的。这其实也就是对消费者的潜在需要的探寻。几百年的商品发展史已经证明,潜在需要无穷无尽并且会随着环境的变化而不断产生。潜在需要与显性需要最大的不同在于,后者要考虑的问题是如何设计产品来满足需要,而前者要考虑的问题是如何发现它们。

潜在需要往往并不能通过定量的市场调研方法和工具来发现,更多的是依靠营销者的一种个人素质:对微小的问题的敏感程度,洞悉事物本质的能力,对目标对象需要的把握程度。有时甚至需要换位思考,假设自己处在顾客的环境中有些什么样的想法,有些什么样的希望。因为很多时候消费者也不知道自己要什么,只有当你把产品拿出来了,消费者才会眼前一亮。潜在需要及对应产品举例如表 2.1 所示。

表 2.1 潜在需要及对应产品举例

基本状态	理想与希望	潜在需要	对应产品
在汽车里	要是能看到天上的星星就好了	车顶有个洞	车顶天窗
在动物园里	能更近些看这些动物就好了,而且它们怎么都不动呢	动物没有笼子限制	开放式动物园
买水果探望病人	买一种水果太单调了,每样都买又太多了	每种水果都来一点	果篮
职业妇女	我的孩子在幼儿园也不知道怎么样了	我要随时看到他们	I see you 监视系统

注:I see you 监视系统是一套以职业妇女为目标顾客的安装在幼儿园中的监视系统,可以使妈妈们随时看到她们的孩子。

3. 信息导向分析

产品处在由人、产品、作用对象和它们所处的时空环境所组成的一个系统中,这个系统中的要素发生变化都将对产品产生影响,而这种影响会体现在产品的设计上。因此,要监视产品所处的系统中的相关元素所处的环境,注意环境的变化和发生的事件,作为产品改进的方向。信息导向的产品创新设计举例如表 2.2 所示。

表 2.2 信息导向的产品创新设计举例

企业	信息	产品创新设计
小家电企业	现代中国家庭模式将由几代同堂向小家庭过渡	研发容量小的电饭煲
洗发水厂商	烫发、染发已成为时尚,广为女性接受	针对烫染者的洗发水
牛奶生产商	奶牛刚开始产的奶营养价值是最高的	生产牛初乳
地毯工厂	阿拉伯人每天三次跪在地毯上,朝着圣城麦加的方位做祈祷	指向麦加的"指南针"定位地毯
空调生产商	人们在空调房里面待的时间长了都会有不适症状	换气式空调

(二)产品定位

1. 由产品(或服务)设计支撑的产品差异化定位

产品的差异化定位要以市场调研为基础,并且要体现在产品的设计上。如果产品本身和竞争品牌相比没有特别之处,差异化定位只是体现在宣传的文字概念上或者感性诉求上的差异化,这种产品定位往往很难在市场上取得成功,即使依靠强大的广告宣传,能在短时间内获得顾客的青睐,但建立的顾客忠诚度也非常脆弱,对潜在竞争者的市场防御也非常薄弱。

产品创新性设计上的差异最好能够看得见或者能让消费者确实感受到,让消费者能够体验到产品所带来的特性价值,即消费是营销者带给消费者的特定价值体验。特别是在竞争激烈的市场环境下,产品创新性设计的方便、独特与创新已经成为影响顾客购买的主要因素。产品创新性设计应该由研发部门和营销部门共同完成。

> 课外视野　脑洞大开的日本人把笔做成这样,学渣分分钟变学霸
> 视频来源　优酷网

2. 提供顾客关注的利益

营销就是为顾客创造价值,不能给消费者提供利益的产品是缺乏市场吸引力的。同样,如果一个产品不能给消费者提供相关利益,那么这个产品无论怎样推广与宣传,都必然会陷入营销困境。另一方面,一些企业却陷入了另一种误区:随着市场竞争的加剧,大量品牌涌进一个行业,产品同质化现象严重。于是许多产品为了追求定位的差异化,在进行定位的过程当中,不断地追求奇特,有时甚至是别出心裁,而忽视了消费者对这种差异的敏感程度。如某品牌为了追求与众不同,增加冰箱发音功能,并大量宣传"会说话"的冰箱,但其在市场上的销量和以前并无不同。因为消费者关注的并不是冰箱能否说话,而是冰箱在食品保鲜、冷藏等方面带给消费者的利益。

3. 用适当的概念来传播

有了顾客关注的利益、差异化的产品定位并不足够,还需要选择合适的概念来将产品定位传播给顾客。这里所说的概念是指在营销传播诸多环节中能彰显产品(品牌)核心利益,具有高度传播价值的信息。概念是表现产品"卖点"的一种形式,概念营销在产品销售、品牌传播及推广中也是一种有效的定位和传播手段。如乐百氏纯净水"27层净化"的概念、碧桂园小区"五星级的家"的概念,都堪称经典。

(三)产品营销传播

产品按照消费者对其主观需求不同可以分为功能主导性产品和情感主导性产品。功能主导性产品指那些人们购买主要是为了获得它的功能的产品。情感主导性产品指那些人们购买主要是为了获得附加在产品上的一种精神价值的产品。

1. 功能主导性产品传播的四种途径

对于情感主导性产品的营销传播一般是根据实际情况具体分析,并没有过多的规律性的东西。功能主导性产品,如果能让人们认可、信服产品的核心利益,那么传播的目的就达到了。传播的媒介可以是广告语、平面广告、公关活动等。核心利益是指消费者认为产品最重要的价值属性,换言之,也就是消费者购买的理由。一般而言,可以将核心利益分为显性与隐性两类:显性是指产品的核心利益可以被量化、形象化,可以直接被人感知,被看到、听到、触到或闻到。反之,就是隐性。对核心利益显性的功能主导性产品的传播比较容易,只要选择合适的方式将核心利益表现出来,就能使人们认可、信服。但对核心利益隐性的功能主导性产品的传播就困难得多,往往需要借助一些方法将隐性核心利益显性化。这里归纳了将隐性核心利益显性化的四种方法。

(1) 基于传播目的的产品创新性设计。

产品创新性设计与营销传播二者是辩证统一的整体。产品的设计决定了营销传播的内容，同时营销传播也反过来指导产品创新性设计。为了更好地传播核心利益隐性的产品，可以在原产品的设计上做些能够被消费者感知的改变，这些改变对实现产品的功能意义不大，但可以给消费者一个直观的印象，从而有效地将产品的核心利益传递给消费者。

(2) 用等代思想将隐性概念转换为显性概念。

等代思想就是用一种表达相同意思的不同表述来等量代换原先的表述。隐性的核心利益可以通过此种方法转换成显性的核心利益。如我们要让消费者认可我们所生产的手表"质量好"该如何做呢？西铁城公司当年面临相同的问题，它将"质量好"等代为"不怕摔"这样一个可传播的概念，接着，西铁城公司租用了一架飞机将数千块手表从天上洒下来，捡到的人们发现手表竟然还可以正常工作，于是口碑相传。经此一役，西铁城也成了日本的知名手表品牌。

(3) 用迂回思想将隐性概念转换为显性概念。

迂回思想有点类似于等代思想，它通过强调隐性利益产生的原因或必然的结果而将之显性化。有一届戛纳广告节中的获奖作品是关于外卖递送公司的，那家公司并没有强调"我们一定会准时送到"，而是将广告画面拉到了一个类似健身房的大厅里，里面有公司的员工在接受各种送外卖的训练，有端着外卖在跑步机上跑步的，有练习不断按门铃的，有练习上下自行车的，等等。这则广告让顾客觉得，经过了这么严格的训练，外卖准时送到也是理所当然。

(4) 用类比思想将隐性概念转换为显性概念。

类比思想是用得非常广的一种思想，它通过寻找某种与待传播隐性核心利益有共同特点的又为人们所熟悉的事物，在二者之间建立某种联系，帮助消费者理解传播的核心利益，达到借势传播的效果。如伊利"用培养孩子的观念养育奶牛"，让人们对其奶源更为信任。海尔推出的一款新品空调，通过在普通空调上加上一种特殊的富氧膜，使通过这层膜的氧气浓度提高到30%，然后用气泵将含有30%氧气的空气导入室内。这种空调的核心利益就在于"可以保证室内空气氧气充足，既使人们有活力，又避免了'空调病'的发生"，解决了室内因封闭而导致氧气不足的问题。但这样一个近乎科普般的概念如何让消费者更容易记住呢？想想这种由氧气带来的好处还有什么呢？氧气机、氧吧人们都知道，于是空调最后被定名为"氧吧空调"。

2. 功能主导性产品传播的两个误区

误区一：有一种观点认为，消费者大体上总是分成两种，一种人习惯于购买领导品牌，另一种人恰恰相反。一个后进品牌的正确做法，是找出领先者的强势，然后在领先者强势的反面建立定位，即实施对立定位才能给领先者以有力的打击。

其实这并不完全正确，因为领导品牌的定位往往是以目标客户群最关注的核心利益为基础制定的，如果在对立面建立定位，无疑限制了产品的潜在客户群。因此，一个后进品牌的正确做法应该是在分析竞争者特点和目标客户群的特点之后，权衡"在核心利益显性化上比竞争者更好"和"在领先者反面建立定位"这两种选择，取最有利的。特别是对核心利益隐性的产品，选择一个更好的显性化方式代替领导者在消费者心中的位置并不是不可能的事情。如南孚电池，通过设计一个"聚能环"，将"不漏电"这个隐性利益显性化，一举成为电池行业知名品牌。同样，对于洗衣机行业，消费者最关注的核心利益是"洗干净"，但这也是一个隐性利益。领先者通常强调产品的免检、企业的雄厚实力,在核心利益的显性化上做得不够。而松下新开发的"泡沫净"洗衣机,新增了一个"魔术箱",在洗涤时能够产生数百万泡泡。于是,"洗涤更干净"这样一个核心利益就可以被消费者"看见"了。至于泡泡是否有那么多、泡泡多是否就洗得干净并不重要,只要消费者觉得泡泡多洗得更干净就够了。

误区二:一些营销者往往偏爱用情感性广告来宣传功能主导性产品,情感性广告无疑会给消费者留下深刻的印象,但消费者是很理性的,好印象并不代表消费者对广告所传达的观念有所认同,也不一定就会导致顾客的购买行为。就像白沙香烟,将其"飞翔手势"解释为象征吸烟时飞一般的快感,又体现了自由、不羁、洒脱、从容的品牌个性,同时给白沙品牌注入了年轻、时尚的气息。但问题是消费者看到时会像设计者那样想那么多吗?答案当然是否定的。

四、市场机会的评价法则

为了在千变万化的营销环境中,找出对本企业最有价值的市场机会,企业需要对市场机会进行具体分析和评价。在这个过程中需要解决的问题就是"我的企业能不能利用这个机会",这个问题可以被等价为这样两个问题:"是否值得我去做"和"我是否能够做"。前一个问题是对机会市场潜力和增长率方面的评价;后一个问题是企业对自身条件是否适合的评价。后一个问题相对来说属于一个结构性的问题,涉及的不确定性因素很少,有固定的模式可以遵循,解决比较容易。管理和营销专家在这方面已经做了很多工作,列出了许多评价因素和指标。这里给出些指标(见表2.3),企业可以依据自己的具体经营环境结合这些指标评价企业的业务能力并打分,根据分值给出结论。评价方法可以是理性分析法(评价者分析企业在这些指标上的情况,依据主观评价最后给出结论)或者是权重分析法(根据企业实际情况,给每个指标赋予不同的权重)。

表2.3 市场机会的评价指标

技术指标	生产指标	营销指标	…	权重	打分
•技术人员素质 •技术团队实力 •技术研发能力 •技术改进能力 •产品开发难度 •技术要求 •开发研究绩效 •环境因素	•生产计划 •生产组织 •生产实施 •生产效率 •产品损耗 •产品质量 •单位成本 •生产能力 •生产规模	•营销人员素质 •营销团队管理 •市场开拓能力 •信息搜集能力 •渠道建设 •促销能力 •售后服务能力 •客户关系管理 •品牌建设	…		

而"是否值得我去做"的问题,也包含两种情况,一种是对成熟业务的机会评价,另一种是对处于导入期或成长期的新业务或根本就还没有人做过的新业务的机会评价。对前一种情况,波士顿咨询公司的成长/份额矩阵、AOL战略业务单位模型、通用电气公司的市场吸引力/业务优势模型等工具都能很好地解决机会评价问题。而后一种情况则是一个更复杂的问题,涉及很多因素。现有模型对于新兴业务或还没有人做过的新业务是完全无能为力的,因为其中的关键指

标——市场增长率对于新兴业务或还没有人做过的新业务是无法估计的。现有的营销理论习惯上用相似行业的发展指标来替代,这种操作下的定量模型的本质还是人们的经验判断,而这样得出的"机会"往往是陷阱。所以才有摩托罗拉公司耗资50多亿美元的"铱星"计划——建立低轨卫星通信网在商业运营上的失败。考虑到市场增长率这个指标牵涉到消费者的需要满足和对产品的需求这样两个主观因素,市场机会评价方法的研究应朝着这方面进行。这里提出的评价法则只是一种经验的概括,有一定的局限性,它涉及两块内容——消费者是否认可产品和消费者对产品需求的强烈程度,如图2.4所示。

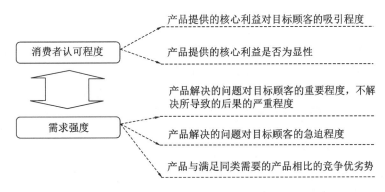

图 2.4　市场机会评价的主要内容

说明:本评价准则只适用于功能主导性产品。

本 章 小 结

市场营销环境泛指一切影响和制约企业市场营销决策和实施的内部条件和外部环境的总和。外部环境包括宏观环境和微观环境。宏观环境是企业不可抗力的不可控因素;微观环境是直接影响制约企业营销活动的力量。内部环境又称企业内部条件,是企业内部资源、能力和文化因素的总和。

市场机会是市场上存在的尚未满足或尚未完全满足的显性或隐性的需求,并以此作为赢利的某一领域。

根据市场和产品的不同组合,市场机会的识别可以分为取得市场份额机会的识别和扩大市场份额机会的识别。

市场机会的挖掘可以从四个方面入手,即行业中的单一商业模式或产品、市场大趋势反面对应的需求、商业模式或产品的弱点以及对细节的把握。

把握市场机会的执行要素包括产品创新设计、产品定位以及产品营销传播。

关 键 概 念

市场营销环境(marketing environment)
宏观环境(macro-environment)　　　　微观环境(micro-environment)
市场机会(market opportunity)　　　　市场渗透(market penetration)

市场开发(market development)　　产品开发(product development)
差异化(differentiation)　　潜在需要(potential need)
细分群体(subdivide group)　　机会识别(opportunity identify)
机会挖掘(opportunity excavation)　　机会把握(opportunity hold)
整合营销传播(integrated marketing communications,IMC)

复习思考题

一、问答题

1. 什么是营销环境？内外部环境、宏观环境与微观环境之间存在怎样的相互关系？
2. 什么是市场机会？请论述为什么要识别市场机会。
3. 请论述市场机会的识别、机会的挖掘、机会的把握之间的相互关系。
4. 成功把握市场机会的要素有哪些？请结合实际生活中你所见到的现象进行分析。
5. 选择你所熟悉的企业或产品，拟定相应的机会评价指标并综合分析其机会挖掘情况。

二、不定项选择题

1. （　　）是企业不可抗力的不可控因素，分析研究它，能捕捉到环境变动带来的营销机会，也能避免环境变动造成的危机和威胁。
   A. 宏观环境　　B. 微观环境　　C. 外部环境　　D. 内部环境
2. 在内部各环境要素中，起到关键作用的主要是（　　）。
   A. 资源　　B. 能力　　C. 企业文化　　D. 顾客
3. 以下哪些情况存在一定的市场机会？（　　）
   A. 一个行业里只有一种商业模式或者产品
   B. 市场大趋势的反面所对应的需求
   C. 产品或商业模式有缺陷
   D. 深入细节去观察与思考
4. 为了把握市场机会，产品在创新设计时需要具备增值的思想，增值可以从（　　）入手。
   A. 功能增值　　B. 客户体验增值　　C. 服务增值　　D. 情感增值
5. 宝马有一则经典的广告："40岁男性的魅力从何而来？"打开一扇门的汽车上方写着"来自内在"。这则广告强调了成熟的男性和BMW之间的联系在于共同的"内在"的魅力，而"来自内在"这样一个隐性概念也被"拉开车门"这样一个动作显性化了，这属于用（　　）将隐性概念转换为显性概念。
   A. 等代思想　　B. 迂回思想　　C. 类比思想　　D. 产品创新性设计

三、实训练习

关于创业，首先想到的就是开实体店，加盟别人的品牌，或者自创品牌，选店铺，选地址，付房租，交水电费，进货到仓库，再进行销售。2014年流行微商，开始最火的是"俏十岁"，火爆了半年，然后被媒体曝光有荧光剂；后来是"奇迹面膜"，到现在已销声匿迹……之后出现了各种各样的产品。假如你是一名准备利用微商创业的大学生，结合本章的主要知识点，针对目前已经存在的一项微商创业项目，试分析该创业项目的可行性如何？利用手机进行网络推广的优势有哪些？该项目具体采取何种推广策略？

四、案例分析

盒马鲜生：新零售的样板

盒马鲜生似乎天生就自带"网红基因"，目前不仅"红"遍中国，而且已经"红"出国门，被日本、美国等众多国外媒体、零售同行所关注。用盒马鲜生创始人侯毅的话讲：盒马创建以来，没有打过一分钱的广告，却成了网红企业。

2017年8月，《哈佛商业评论》评出了年度新零售TOP 10，盒马鲜生光荣地位列其中，俨然成了新零售的样板。盒马鲜生做对了什么？其实本质上是打造"门店环境体验＋商品体验＋餐饮体验＋到家体验＋粉丝互动情感体验"的一种升维体验，满足顾客的多维体验需求。

1."四不像"的消费场景

盒马鲜生集"生鲜超市＋餐饮体验＋线上业务仓储"三大功能为一体，业务模式是"电商＋线下超市、餐饮"的结合体。其内部称之为"一店二仓五个中心"，即一个门店，前端为消费区，后端为仓储配送区，五个中心分别是超市中心、餐饮中心、物流中心、体验中心以及粉丝运营中心。实行线上线下一体化运营，线下重体验，线上重交易，围绕门店3公里范围，构建起30分钟送达的冷链物流配送体系。有人评价盒马鲜生不是超市，不是便利店，不是餐饮店也不是菜市场，阿里内部则把它叫作数据和技术驱动的新零售平台。

2.线下业务：生鲜超市＋餐饮体验

线下门店基于场景定位，围绕"吃"构建商品品类，以消费者复购率极高的生鲜类产品为切入口，辅助标准化的食品，同时提供大量可以直接食用的成品、半成品等差异化商品，满足消费者对于吃的一切需求。盒马鲜生可以为顾客提供大量半成品与成品，也丰富了互联网销售的品类。如果不想自己回家做饭，还可以体验盒马鲜生的"生熟联动"和"熟生联动"，消费者选购水产品后可以指定各个海鲜的做法，蒜蓉粉丝蒸、葱姜炒、马苏里拉奶酪焗等，如果消费者吃过觉得味道不错，还能直接买到制作食物所需要的调料，调料部分也是盒马鲜生自行配制好的，让消费者也可以自己回家加工。在盒马APP内也有相应的视频教学。产品品类上有6000多款，来自全球200个国家和地区，而且海鲜们都是活的，现买现做，价格也不贵，味道鲜美。

3.线上业务：餐饮外卖＋生鲜配送

线上业务端口为盒马APP，APP中分为盒马外卖与盒马鲜生两个模块。盒马外卖主打专业餐饮外卖，盒马鲜生主打生鲜配送。生鲜是盒马的主打特色产品，生鲜区域面积在一半左右，品类齐全，中高端品类如波士顿龙虾、帝王蟹等占比高，也有一些其他菜品，休闲食品和日用品占比较少。盒马外卖区别于传统外卖形态，盒马外卖定位专业外卖服务，不提供堂食。盒马外卖目前在上海共有陆家嘴、人民广场等10家厨房，在北京三里屯等已有4家厨房，立足于各大CBD，目标客户为白领阶层。据盒马外卖CEO介绍，单个厨房硬件投入在500万元左右，一般需要2～3个月建设，客单价35～40元。线上订单配送范围为体验店周围5公里内，配送时间为8：30—21：00。

通过电子价签等新技术手段，可以保证线上与线下同品同价，通过门店自动化物流设备保证门店分拣效率，最终保证顾客通过APP下单后5公里内30分钟送达。

4.新技术运用提升体验

店面运用了大量新技术，旨在提升用户体验，如自动化分拣及智能物流系统、电子价签等。几乎所有商品都已使用电子价签，电子价签的画质看起来像迷你版Kindle，主要提供了品名、价格、单位、规格、等级、产地等传统纸质价签提供的商品信息及对应条形码,还可以通过 APP 扫码了解产品信息并加入移动端购物车。电子价签主要应用于消费品、零售、仓储物流等领域,主要功能为价格管理与高效陈列等。使用电子价签之后,店员只需在后台更新价格,便能完成盒马 APP 和实体店内商品的同时变价。电子价签的价值却远不止变价功能。从顾客消费体验来说,电子价签也有较大价值:一是顾客能通过盒马 APP 扫描条形码,快速获取更详细的商品信息、线上评价等数据,帮助其更好地做出消费决策,提升购物体验,增强顾客黏度;二是通过 APP 记录线下顾客扫码的商品种类、频率,并比对最后的购买行为等,亦可产生大量用户的行为数据,供盒马鲜生分析顾客消费习惯和偏好,从而提升商品选货能力以及精准营销能力。

5. 打造会员消费的闭环

盒马鲜生为了培养用户的移动支付习惯,把盒马 APP 作为门店唯一的支付入口,消费者要想完成支付必须下载并注册会员,才能使用支付宝账户支付。从这个意义上讲,盒马鲜生其实是支付宝的会员体验店,通过这种较为强硬的方式引导非现金支付,是想依托盒马 APP 建立起完善的用户体系,便捷地搜集大数据信息。盒马 APP 聚合了一般会员卡的筛选用户、准入、支付和绑定用户等功能,将线下流量强行导流到线上。这样不仅利于培养用户使用盒马 APP 和支付宝的习惯,而且可以掌握用户数据,针对喜好和消费习惯进行精准营销。

在会员管理上,目前,盒马鲜生有专门的活动区域,会定期组织活动,比如包饺子的亲子活动、厨艺比拼、大闸蟹试吃大会等。这些在线下组织有趣味、玩法多样的活动,能有效延长顾客逗留时间,有助于提高顾客消费的可能性,同时有特色的社交互动有助于商家与顾客、顾客与顾客之间的交流,形成小范围粉丝群体,线上微信群等方式使得粉丝群体的运营比以往更加容易,群体内部信息共享,可大幅度提升顾客黏性和回购率。

在商业形态上,它像商场又不是传统商场,像购物中心又不是传统购物中心,它是一个消费的社区,又是一个吃喝玩乐的中心,又是一个消费者连接的中心,还是一个一个新的社区、社群,真正基于消费多场景,为消费者提供便利。

资料来源:范鹏. 新零售:吹响第四次零售革命的号角. 电子工业出版社,2018 年.

1. 盒马鲜生通过哪些方面来提升用户体验?盒马鲜生这种商业模式为用户解决了哪些问题?

2. 你觉得盒马鲜生未来会取代菜市场和超市吗?菜市场和超市的优势体现在哪里?盒马鲜生的劣势体现在哪里?

3. 请亲自去盒马鲜生进行一次购物体验,试论述盒马鲜生发现的市场机会,并对这些市场机会进行相关评价。

本章习题库

第三章
市场营销战略与计划

学习目的及要求

通过本章的学习,主要明确市场营销战略的概念与特征,了解市场营销的发展战略,掌握市场营销战略的四个阶段,掌握市场营销的计划、执行与控制的关键点。

【引例】

支付宝集五福,阿里社交领域抢夺资源

支付宝作为移动支付行业的佼佼者,在2019年春节期间连续第四年推出"集五福"活动。一经推出,即刻掀起全民扫"福"、集"福"狂潮。根据阿里巴巴集团于2019年2月11日发布的《2019春节经济报告》,从1月25日活动正式拉开序幕至除夕的11天时间里,全国有超过4.5亿人加入到集五福大军,平均每3个中国人里就会有1人参与到活动中,共同瓜分5亿元红包大奖。活动期间,集五福也成为大众口中津津乐道的热门话题,大街小巷不乏人们扫"福"的身影,持续11天的活动,已为支付宝赚足了人气,在稳固已有用户群体的基础上进一步增加新用户。

从持续四年的集五福活动,可以看出阿里从未放弃进军社交领域。支付宝集五福活动,阿里的目的仍然是激活支付宝的社交功能,从腾讯的"社交帝国"版图中抢夺用户资源。而腾讯系则对支付市场也觊觎良久。从微信推出支付工具开始,腾讯就一直在全力抢夺阿里在支付市场的市场份额。目前,虽然微信支付已经成为第二大支付工具,但随着用户增长面临瓶颈,腾讯急需继续扩大用户群体,培养新群体的支付习惯。拥有庞大"95后"人群的QQ,则成为腾讯重点发力的对象,所以,腾讯力推QQ"走运红包"似乎也十分应景。

值得注意的是,微信今年并没有大张旗鼓发放红包,而是选择了线下消费随机优惠的方式。在分析人士看来,腾讯此举无疑是在为线下布局引流,移动互联网的核心已经逐渐从电子商务、游戏转变为本地生活。

移动支付作为基础设施,对行业格局起着决定性的作用。选择何种方式贴近用户,却是不同的选择。更有业内人士认为,"随着春节临近,还将有更多品牌会加入年终这场红包大战,阿里系、腾讯系、苏宁易购等巨头从开始就拿出20亿元现金红包加入战局,这预示着春节的平台用户之争已经进入新的阶段。"

资料来源:根据《撒20亿元红包抢支付市场 阿里腾讯"双雄争霸"》改写.证券日报,2018-2-10.

> **课外视野** 田雷老师谈支付宝集五福
> **视频来源** 优酷网

第一节　市场营销战略

一、市场营销战略的概念

市场营销战略是企业市场营销部门根据战略规划，在综合考虑外部市场机会及内部资源状况等因素的基础上，确定目标市场，选择相应的市场营销策略组合，并予以有效实施和控制的过程。

市场营销战略作为一种重要战略，其主旨是提高企业营销资源的利用效率，使企业资源的利用效率最大化。营销在企业经营中的突出战略地位，使市场营销战略同产品组合策略一起被称为企业的基本经营战略。市场营销战略包括两个主要内容：一是选定目标市场；二是制定市场营销组合策略。根据购买对象的不同，将顾客划分为若干种类，以某一类或几类顾客为目标，集中力量满足其需要，这种做法叫作确定目标市场，这是市场营销首先应当确定的战略决策。目标市场确定以后，就应当针对这一目标市场，制定出各项市场经营策略，以争取这些顾客。

二、市场营销战略的制定

实施有效的市场营销战略，是企业在营销竞争过程中立于不败之地的重要保证。一般来说，市场营销战略大致分为四个阶段：建立目标市场战略、目标市场进入战略、市场竞争战略、市场发展战略。

（一）建立目标市场战略

制定企业的市场营销战略，首先遇到的是用什么产品进入怎样的市场的问题，主要回答顾客是谁、产品向谁诉求的问题，即目标市场的选择。目标市场的选择一般有三种战略，即无差异目标市场营销战略、差异性目标市场营销战略和集中性目标市场营销战略。

1. 无差异目标市场营销战略

无差异目标市场营销战略是指企业将产品的整个市场视为一个目标市场，用单一的营销战略开拓市场，即用一种产品和一套营销方案吸引尽可能多的购买者。无差异目标市场营销战略只考虑消费者或用户在需求上的共同点，而不关心他们在需求上的差异性。可口可乐公司在20世纪60年代以前曾以单一口味的品种、统一的价格和瓶装、同一广告主题将产品面向所有顾客，就是采取的这种战略。

2. 差异性目标市场营销战略

差异性目标市场营销战略是将整体市场划分为若干细分市场，针对每一细分市场制定一套独立的营销方案。比如，服装生产企业针对不同性别、不同收入水平的消费者推出不同品牌、不同价格的产品，并采用不同的广告主题来宣传这些产品，就是采用的差异性目标市场营销战略。

3. 集中性目标市场营销战略

集中性目标市场营销战略则是集中力量进入一个或少数几个细分市场，实行专业化生产和销售。实行这一战略，企业不是追求在一个大市场角逐，而是力求在一个或几个子市场占有较大份额。

三种目标市场选择战略各有利弊,企业到底应采取哪一种战略,应综合考虑企业资源或实力、产品的同质性、市场同质性、产品所处生命周期的不同阶段、竞争者的市场营销战略以及竞争者的数目等多方面因素予以决定。

(二)目标市场进入战略

1. 联合进入战略

联合进入战略,是指与其他企业建立联合生产、联合运营、联合销售的关系,发挥企业各自在"天时、地利、人和"等方面的优势,进入目标市场。

2. 独立进入战略

独立进入战略,是指在目标市场建立本企业的销售网络,或者通过购买其他企业的商标、产业等而进入目标市场。

3. 分销战略

分销战略,是指企业通过代理商、经销商进入目标市场,以便快捷进入、拓展市场。

4. 合资战略

合资战略,是指企业与外商、港澳台商合资,或兴办企业,进行补偿贸易和双边贸易,以便产品迅速进入国际市场。

(三)市场竞争战略

市场竞争战略也称事业部战略(SBU strategy),或者是经营单位战略,是在公司战略指导下,各个战略事业单位制定的部门战略,是公司战略之下的子战略。市场竞争战略主要研究的是产品和服务在市场上的竞争问题。

当一个组织从事多种业务时,有必要建立相应的经营业务单位。每一个业务单位都和其他单位相对独立,从事单一的业务或密切相关的业务组合,具有自己独特的使命和竞争对手。这样,各个经营业务单位的有机结合使组织的总体战略得到具体落实。根据美国学者波特(Porter)的理论,市场竞争战略有三种基本模式:成本领先战略、差异化战略、集中化战略。

1. 成本领先战略

成本领先战略是指企业通过有效的途径,力争使其总成本降到行业最低水平,以作为战胜竞争者的基本前提。采用这种战略的核心是争取最大的市场占有率,使单位产品成本最低,从而以较低的市场价格赢得竞争优势。实施成本领先战略有利于对竞争对手形成进入障碍,降低或缓解替代品的威胁,保持领先的竞争地位。

2. 差异化战略

差异化战略是指为了使企业的产品和竞争对手的产品有明显的区别、形成与众不同的特点而采用的战略。产品差异化体现在表现形式上,可以是产品质量的差异化、产品服务的差异化、产品创新的差异化、产品形态的差异化、产品品牌的差异化。

> **案 例**
>
> **"故宫紫檀"系列护肤品遭到质疑**
>
> 2019年10月17日,故宫博物院和丽质华堂品牌推出了"故宫紫檀"系列护肤品,包括眼霜、面霜、柔肤水和精华液4款日常护肤品以及1款睡眠面膜,售价3980元。尽管微博上讨论

得热火朝天,但这一系列产品的销量却并不乐观。

自2018年11月,故宫文创第一次推出故宫口红,惊艳众人后,不少消费者就成了故宫文创的"拥趸","故宫出品,必属精品"的信念也在消费者心中生根发芽。但这次,对于故宫文创新出品的"故宫紫檀"护肤系列,却一反常态。"有这个钱买大品牌不好吗?最起码人家是专业做护肤的。"网友们纷纷质疑,有人调侃这简直是"宫廷玉液酒,一百八一杯",甚至有人认为故宫这是在滥用自己的品牌效应。

虽然故宫用多种方式开发文创,推出的产品丰富多元,但这在某种程度上会使自身品牌力稀释,不可避免地降低了消费者对它的新鲜感。这也意味着,博物馆在开发新的文创产品时,想要在创意和品类上别出心裁,竞争力度正在加大,也将不可避免地遇到同质化的问题。摆在故宫眼前的,是如何在文化机构年轻化、接地气与保持高冷文化调性之间做出平衡,以及如何在IP体系开发上加强垂直体系管理,对合作品牌和品质更加严格把控。

对于这份得天独厚的"宠爱",故宫理应以消费者为核心,爱惜自己的羽毛,多听消费者的意见,制造出用户满意的产品来回馈消费者。

资料来源:搜狐网,2019-10-22,有改动.

想一想:"故宫紫檀"系列护肤品遭到质疑的根本原因是什么?

3. 集中化战略

集中化战略是把经营战略重点放在一个特定的目标市场上,为特定的地区或特定的购买者集团提供特殊的产品和服务。在多元化发展的今天,集中化战略似乎受到很多企业的推崇。

(四)市场发展战略

企业进行市场营销活动的最终目标是获得市场的发展,企业在选择和进入目标市场后,必须不断地发现新的市场机会,不断地更新业务内容,对未来的事业发展方向做出战略计划,制定其发展战略,以谋求在市场中发展壮大。一般,可供选择的主要发展战略有三个类型,即密集型市场发展战略、一体化市场发展战略和多元化市场发展战略(见表3.1)。

表3.1 市场发展战略

密集型发展	一体化发展	多元化发展
(1)市场渗透; (2)市场开发; (3)产品开发	(1)纵向一体化; (2)横向一体化	(1)同心多元化; (2)水平多元化; (3)垂直多元化; (4)综合多元化

1. 密集型发展战略

密集型发展战略是指企业在原有生产范围内充分利用在产品和市场方面的潜力,以快于过去的增长速度来求得成长与发展的战略。该种战略又称为集中型发展战略或集约型成长战略,是较为普遍采用的一种公司战略类型。产品-市场发展矩阵如表3.2所示。

表3.2 产品-市场发展矩阵

	现有产品	新产品
现有市场	(1)市场渗透	(3)产品开发
新市场	(2)市场开发	(4)多元化

(1) 市场渗透战略。

市场渗透战略是以现有产品在现有市场范围内通过更大力度的营销努力提高现有产品或服务的市场份额的战略。

实施市场渗透战略一般需要以下条件：

- 当企业的产品或服务在当前市场中还未达到饱和时，即市场处于成长期，采取市场渗透战略具有潜力。
- 当现有用户对产品的使用率还可显著提高时，企业可以通过营销手段进一步提高产品的市场占有率。
- 竞争对手的市场份额呈现下降趋势，企业就可通过市场份额的增加获得收益。
- 企业在进行产品营销时，随着营销力度的增加，其销售呈上升趋势，且二者的相关度能够保证市场渗透战略的有效性。
- 企业通过市场渗透战略带来市场份额的增加，使企业达到销售规模的增长，且这种规模能够给企业带来显著的市场优势。

实施市场渗透战略的基本途径一般有四种，如表 3.3 所示。

表 3.3 实施市场渗透战略的基本途径

增加现有产品的使用人数	增加现有产品使用者的使用量	增加产品的新用途	改进现有产品的特性
·转化非使用者 ·发掘潜在的使用者 ·吸引竞争对手的顾客	·增加对产品的使用次数，企业可通过广告宣传使顾客更频繁地使用现有产品 ·增加每次的使用量	·产品附带的新用途会增加产品使用人数 ·新用途使得现有产品的使用量增加	·外观特性 ·功能特性

(2) 市场开发战略。

市场开发战略是密集型发展战略在市场范围内的扩展，是将现有产品或服务打入新市场的战略。市场开发战略比市场渗透战略具有更多的战略机遇，能够减少由于原有市场饱和而带来的风险，但不能降低由于技术的更新而使原有产品遭受淘汰的风险。

实施市场开发战略一般需要以下条件：

- 在空间上存在着未开发或未饱和的市场区域。
- 企业可以获得新的、可靠的、经济的、高质量的销售渠道。
- 企业拥有扩大经营所需的资金、人力和物质资源。
- 企业存在过剩生产能力。
- 企业的主营业务是全球化惠及的行业。

实施市场开发战略的基本途径包括市场瓜分、市场创造、市场撤离。

(3) 产品开发战略。

产品开发战略是密集型发展战略在产品上的扩展。它是企业在现有市场上通过改造现有产品或服务，或开发新产品或服务而增加销售量的战略。从某种意义上讲，产品开发战略是企业成长和发展的核心，实施这一战略可以充分利用现有产品的声誉和商标，吸引对现有产品有好感的用户对新产品产生关注。这一战略的优势在于企业对现有市场有充分的了解,产品开发针对性强,容易取得成功。但另一方面,由于企业局限于现有的市场上,也容易失去获取广大新市场的机会。

实施产品开发战略一般需要以下条件:
- 拥有很高的市场信誉度,可以吸引顾客使用新产品。
- 所属行业是高新技术产业,产品进行的各种改进和创新都是有价值的。
- 新产品有较高的性能价格比,比竞争对手更好地满足顾客的需求。
- 企业具备很高的研究和开发能力,不断进行产品的开发创新。
- 拥有完善的新产品销售系统。

2. 一体化发展战略

一体化发展战略是指企业充分利用自身产品(业务)在生产、技术和市场等方面的优势,沿着其产品(业务)生产经营链条的纵向或横向,通过扩大业务经营的深度和广度来扩大经营规模,提高收入和利润水平,不断发展壮大。一体化发展战略分为纵向一体化和横向一体化。

(1)纵向一体化战略。

纵向一体化战略是指企业在业务链上沿着向前和向后两个可能的方向,延伸、扩展企业现有经营业务的一种发展战略。

纵向一体化战略有三种类型,即前向一体化、后向一体化和双向一体化,如图 3.1 所示。

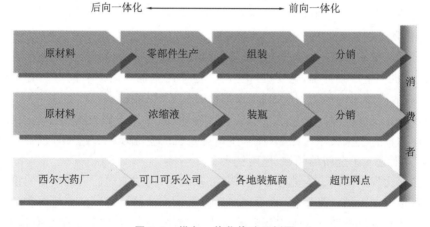

图 3.1　纵向一体化战略示例图

前向一体化发展战略是指以企业初始生产或经营的产品(业务)项目为基准,生产经营范围的扩展沿其生产经营链条向前延伸,使企业的业务活动更加接近最终用户,即发展原有产品的深加工业务,提高产品的附加值后再出售,或者直接涉足产品最终的分销和零售环节。

后向一体化发展战略是指以企业初始生产或经营的产品(业务)项目为基准,生产经营范围的扩展沿其生产经营链条向后延伸,发展企业原来生产经营业务的配套供应项目,即发展企业原有业务生产经营所需的原料、配件、能源、包装和服务业务的生产经营,也就是企业现有产品生产所需要的原材料和零部件等,由外供改为自己生产。

双向一体化战略是前述两种战略的复合,即企业在初始生产经营的产品(业务)项目的基础上,沿生产经营链条朝前后分别扩张业务范围。

(2) 横向一体化战略。

横向一体化战略是指企业通过购买与自己有竞争关系的企业或与之联合及合并来扩大经营规模,获得更大利润的发展战略。这种战略的目的是增强企业自身的实力及竞争能力。横向一体化战略是企业在竞争比较激烈的情况下进行的一种战略选择。

实现横向一体化的主要途径包括联合、购买、合并。

联合,即两个或两个以上相互竞争的企业在某一业务领域进行联合投资、开发或经营,共同分享赢利,共同承担风险。

购买,即一个实力雄厚的企业购买另一个与自己有竞争关系的企业。如2014年1月30日,联想宣布以29亿美元收购摩托罗拉移动智能手机业务。

合并,即两个实力相当并有竞争关系的企业合并成一个企业。如索尼和爱立信各控股50%成立合资公司"索爱",分别融合了索尼在影音、产品规划及设计能力、消费电子产品营销和品牌推广方面的专长以及爱立信在移动通信技术、与运营商的关系、网络设施建设等方面的专长。

3. 多元化发展战略

多元化发展战略是指企业运用多向发展的新产品与多个目标市场相结合的策略。多元化发展战略说明产品与市场都已进入新的领域,它与扩张性战略有着明显的差别。实际上,企业采取这一战略是为了把自己的经营触角伸向四面八方,以实现企业扩大经营范围、寻求更大发展的目标。许多企业由小变大都采取这种发展战略。这种战略在一些发达国家和地区已司空见惯。

(1) 多元化发展战略的类型。

①同心多元化发展战略。面对新市场、新顾客,以原有技术、特长和经验为基础增加新业务。比如,拖拉机厂生产小货车,电视机厂生产其他家用电器。由于从同一圆心逐渐向外扩展活动领域,没有脱离原来的经营主线,利于发挥已有优势,风险较小。

②水平多元化发展战略。利用现有市场和现有顾客,采用不同技术增加新业务,这些技术与企业现有能力没有多大关系。比如,原来生产拖拉机的企业,现在准备生产农药、化肥。企业在技术、生产方面进入了全新的领域,风险较大。

③垂直多元化发展战略。企业在原经营业务基础上,向前或向后发展经营的策略。如生产产品的企业可以向前发展产品销售,也可以向后发展生产产品所需要的原材料和配件。

④综合多元化发展战略。企业以新业务进入新市场,新业务与企业现有的技术、市场及业务没有联系,这种做法风险最大,比如,汽车厂同时从事金融、房地产、旅馆等业务。

(2) 多元化发展战略的优点。

①能适应瞬息万变的市场。市场上消费者的需求受市场环境等多种不可控因素影响,环境因素在不断变化,市场需求也在不断变化。若企业采用多元化发展战略,发展多项新产品,开发多个目标市场,企业就有多种产品、多个市场的基础,来适应市场需求的变化。

②能更好地减少风险。任何企业经营都存在一定的风险,问题在于企业如何去减少风险、分散风险和增强抗风险能力。企业实施多元化发展战略,使企业的经营范围向各领域扩大,把资金分散经营,企业就有很大的回旋余地。

③能多方获取利润。由于企业在多个领域开展营销活动,若这些领域都经营得法,利润就会从四面八方流向企业;倘若某些领域亏损,企业的利润亦能维持。

④能充分地利用有限的资源。多元化经营的最大特点是协同效应。所谓协同效应,是指企业的产品之间或市场之间的"配合性"。有了协同效应,能使企业获得"1+1≥2"的综合效果,即所谓合力大于各个分力之和。

案 例

腾讯的多元化发展战略

说起腾讯,一般人下意识会想到 QQ、微信、腾讯游戏。如果年龄更大的,可能会联想到火爆的 LOL。然而这只是腾讯一小部分的领域而已,现在的腾讯已经发展成了真正意义上的商业帝国,被叫作"大企鹅帝国"也当之无愧。那么,现在的"企鹅"到底已经庞大到怎样的程度呢? 市值全国 No.1,世界第六! 腾讯是全球最大的游戏巨头,中国最大的通信软件和在线社交巨头,中国在线视频、音乐、阅读市场第一。腾讯所涉及的领域相当广泛,以社交为主导,向周边产业覆盖。游戏领域收入占比相当高,社交、支付是腾讯发力的重点。腾讯的不足之处就是要通过投资入股等延伸产业链。综合互联网领域内,被腾讯投资的腾讯系企业无所不在:58同城和赶集网被腾讯促成合并了;滴滴和快递被腾讯促成合并了;美团和大众点评被腾讯促成合并了;还有最火的直播平台,斗鱼 TV 平台有腾讯的投资,而腾讯自身还有 NOW 直播,哔哩哔哩直播,投资龙珠 TV,掌握当前最火平台大量流量资源和优质主播资源。支付领域内,微信支付依靠红包玩法和日益完善的支付生态,已经成为支付宝无法漠视的最大竞争对手。腾讯从一只"小企鹅"长成了"大企鹅帝国",它的每一款产品都直接或者间接影响着每一个中国人的生活、工作,这是时代的进步、民营企业的进步。

> 课外视野　腾讯帝国到底有多强大
> 视频来源　优酷网

想一想:腾讯的多元化发展战略为其带来的好处是什么? 危险是什么?

(3)多元化发展战略的风险。

①来自原有经营产业的风险。企业资源总是有限的,多元化经营的投入往往意味着原有经营的产业要受到削弱。这种削弱不仅是资金方面的,管理层注意力的分散也是一个方面,它所带来的后果往往是严重的。

②市场整体风险。市场经济中的广泛相互关联性决定了多元化经营的各产业面临共同的风险。也就是说,"鸡蛋"仍放在一个篮子里,只不过是篮子稍微大了一些罢了。在宏观力量的冲击之下,企业多元化经营的资源分散反而加大了风险。

③行业进入风险。行业进入不是一个简单的"买入"过程。企业在进入新产业之后还必须不断地注入后续资源,包括人才培养、塑造企业品牌。另一方面,行业的竞争态势是不断变化的,企业必须相应地不断调整自己的经营策略。所以,进入某一行业是一个长期、动态的过程,很难用通常的投资额等静态指标来衡量行业的进入风险。

④行业退出风险。企业在多元化投资前往往很少考虑到退出的问题。然而,如果企业深陷一个错误的投资项目却无法做到全身而退,那么很可能导致企业全军覆没。一个设计良好的经营退出渠道能有效地降低多元化经营风险。

三、营销战略评估

20世纪70年代以来,西方学者提出了一些对企业的战略业务单位加以分类和评价的方法,其中最著名的是美国波士顿咨询集团法,即市场增长率-相对市场占有率矩阵,如图3.2所示。

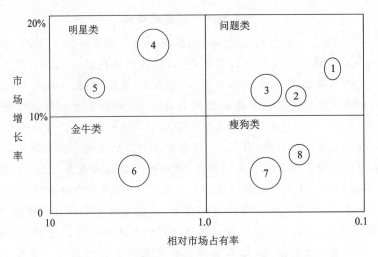

图 3.2　市场增长率-相对市场占有率矩阵

注:区域图中的四个象限分别代表四类不同的业务单位或产品。

波士顿咨询集团法的假设前提是,大部分企业都经营着两项以上的业务,这些业务扩展、维持还是收缩,应该立足于企业全局的角度来加以确定,以便使各项业务能在现金需要和来源方面形成相互补充、相互促进的良性循环局面。

矩阵图中的纵坐标表示市场增长率,即产品销售额的年增长速度,以10%(也可以设为其他临界值,视具体情况而定)为分界线分为高、低两个部分;横坐标表示业务单位的市场占有率与最大竞争对手市场占有率之比,称为相对市场占有率,以1.0为分界线分为高、低两个部分。如果相对市场占有率为0.1,则表示该业务单位的市场份额为最大竞争对手市场份额的10%;相对市场占有率为10,则表示其市场份额为最大竞争对手市场份额的10倍。市场增长率反映产品在市场上的成长机会和发展前途;相对市场占有率则表明企业的竞争实力大小。矩阵图中的圆圈代表企业的各个业务单位,圆圈的位置表示该业务单位市场增长率和相对市场占有率的现状,圆圈的面积表示该业务单位的销售额大小。

1. 问题类

问题类,又称幼童类,是指市场增长率高但相对市场占有率低的业务单位或产品。大多数业务单位最初处于这一象限,这一类业务单位需要较多的资金投入,以赶上最大竞争者和适应迅速增长的市场。但是它们又都充满风险,难以确定远景。企业必须慎重考虑,是继续增加投入,还是维持现状,或进行精简乃至断然淘汰。

2. 明星类

问题类业务单位如果经营成功,就会成为明星类。明星类业务单位或产品的市场增长率和相对市场占有率都较高,因其销售增长迅速,企业必须大量投入资源以支持其快速发展,待其市场增长率降低时,这类业务单位就由"现金使用者"变为"现金提供者",即变为金牛类业务单位。

3. 金牛类

金牛类,是指市场增长率低、相对市场占有率高的业务单位或产品。由于市场增长率降低,不再需要大量资源投入;又由于相对市场占有率较高,这些业务单位可以产生较高的收益,支援其他类业务的生存与发展。金牛类业务是企业的现金流来源,这类业务单位愈多,企业的实力愈强。

4. 瘦狗类

瘦狗类,是指市场增长率和相对市场占有率都较低的业务单位或产品。它们多处于成熟后期或衰退期,只能获取微利、保本甚至亏损。

在对各业务单位或产品进行分析之后,企业应着手制订业务组合或产品计划,确定对各个业务单位或产品的投资战略。

(1)拓展战略,是指投入资金,以提高业务单位或产品的相对市场占有率。此战略特别适用于明星类及某些有发展前途的问题类业务单位或产品,并尽快使那些有发展潜力的问题类业务或产品转化为明星类业务或产品。

(2)维持战略,是指保持原有的资金投入规模,以维持现有的相对市场占有率。此战略适用于金牛类业务单位或产品,以便为企业提供大量的现金。

(3)收割战略,是指减少投资、减少促销费用,以求短期内获取尽可能多的利润。此战略适用于弱小的金牛类,也适用于问题类和瘦狗类。

(4)放弃战略,是指清理、变卖现存产品,处理某些业务单位,使企业资源转移到那些赢利的业务单位或产品上。此战略适用于给企业造成负担而又没有发展前途的问题类和瘦狗类业务单位或产品。

图 3.2 中有 8 个业务单位或产品,其中问题类 3 个、明星类 2 个、金牛类 1 个、瘦狗类 2 个。这表明该企业的经营状况不容乐观,因为问题类和瘦狗类业务或产品偏多,金牛类业务少且销售额不高,企业发展后劲不足。

第二节 市场营销计划

一、市场营销计划的制订

市场营销计划更注重产品与市场的关系,是指导和协调市场营销努力的主要工具。企业要想提高市场营销效能,必须学会制订和执行正确的市场营销计划。

在市场营销中,制订出一份优秀的营销计划十分重要。一般来说,市场营销计划包括:

- 计划概要:对拟议的计划给予扼要的综述,以便管理部门快速浏览。
- 市场营销现状:提供有关市场、产品、竞争和宏观环境等方面的背景资料。
- 机会与问题分析:主要机会与挑战、优劣势以及涉及的产品所面临的问题。
- 目标:在销售量、市场占有率和赢利等方面的目标。
- 市场营销策略:完成计划目标的主要市场营销方法。
- 行动方案:回答将要做什么、谁去做、什么时候做、费用多少。

- 预计盈亏报表:确定预计的开支。
- 控制:计划如何监控。

(一)市场营销计划概要

市场营销计划一开头便应对本计划的主要目标和建议做扼要的概述,计划概要可让高级主管很快掌握计划的核心内容,内容目录应附在计划概要之后。

(二)市场营销现状

市场营销现状部分负责提供与市场、产品、竞争和宏观环境有关的背景资料。

1. 市场情势

应提供关于所服务的市场的资料。市场的规模与增长取决于过去几年的总额,按市场细分与地区细分来分别列出,而且还应列出有关顾客需求、观念和购买行为的趋势。

2. 产品情势

应列出过去几年来产品线中各主要产品的销售量、价格、收益额和纯利润等资料。

3. 竞争情势

应辨明主要的竞争者并就其规模、目标、市场占有率、产品质量、市场营销策略以及任何有助于了解其意图和行为的其他特征等加以阐述。

4. 宏观环境情势

应阐明影响公司未来发展的重要宏观环境趋势,即人口、经济、技术、政治法律、社会文化等的趋向。

(三)机会与问题分析

应以市场营销现状资料为基础,找出主要的机会与挑战、优势与劣势,以及整个营销期间公司在此方案中面临的问题等。

1. 机会与挑战分析

机会与挑战指的是外部可能左右企业未来的因素。写出这些因素是为了建议一些可采取的行动,应把机会和挑战分出轻重缓急,以便使其中之重要者能受到特别的关注。

2. 优势与劣势分析

与机会和挑战相反,优势和劣势是内在因素,公司的优势是指公司可以成功利用的某些策略,公司的劣势则是公司要改正的东西。

3. 问题分析

用机会与挑战、优势与劣势的分析结果来确定在计划中必须强调的主要问题。对这些问题的决策将会决定随后的目标、策略与战术的确立。

(四)目标

此时,公司已知道了问题所在,并针对这些问题做出与目标有关的基本决策,这些目标将指导随后的策略与行动方案的拟定。目标包括财务目标和市场营销目标。

1. 财务目标

每个公司都会追求一定的财务目标,企业所有者将寻求一个稳定的长期投资的概率,并想知道当年可取得的利润。

2. 市场营销目标

财务目标必须要转化为市场营销目标。例如,如果公司想取得180万元的利润,且其目标利润率为销售额的10%,那么,必须确定一个销售额为1800万元的目标;如果公司确定每单位售价20万元,则其必须售出90单位。

目标的确立应符合一定的标准:
- 各个目标应以明确且可量度的形式来陈述,并有一定的完成期限。
- 各个目标应保持内在的一致性。
- 如果可能的话,目标应分层次地加以说明,应说明较低的目标是如何从较高的目标转化来的。

(五)市场营销策略

应列出主要的市场营销策略纲要,或者称为"精心策划的行动"。在制定营销策略时往往会面对多种可能的选择,每一目标可用若干种方法来实现。

(六)行动方案

市场营销策略的每一要素都应经过深思熟虑并回答将做什么、什么时候去做、谁去做、将花费多少等具体问题。

(七)预计盈亏报表

负责人员可由行动方案编制一个支持该方案的预算,此预算基本上为一个预计盈亏报表。主管部门将审查这个预算并加以批准或修改。

(八)控制

市场营销计划的最后一部分为控制,用来控制整个计划的进程。通常,目标和预算都是按月或季来制定的,这样公司就能检查各阶段的成果并发现未能达到目标的部门。

二、市场营销计划的执行

市场营销计划的执行是指将市场营销计划转化为行动,并保证完成各项任务,以实现计划的既定目标。

策略所论及的是营销活动"是什么"和"为什么"的问题,而执行则论及"谁"去执行,在"什么地点"、"什么时间"和"怎么样"去执行等问题。策略与执行密切相关,策略指导着执行,执行也是一种策略反馈,即预计在执行某一策略过程中会产生的困难将影响策略的选择。

影响市场营销计划执行的因素主要有以下四个方面:
- 发现及诊断问题的技能;
- 评定存在问题的公司层次的技能;
- 执行计划的技能;
- 评价执行效果的技能。

(一)问题诊断技能

当市场营销计划的执行结果不能达到预期目标时,策略与执行之间的内在紧密关系会造成一些难以诊断的问题。如销售率低究竟是由于策略欠佳还是因为执行不当呢?对每个问题都有不同的管理工具组合与不同的解决方法。

(二)存在问题的公司层次

市场营销计划的执行问题在公司三个层次的任一层上都有可能发生。

1. 营销功能层次

销售、办理许可证、编制广告宣传计划、开发新产品、选择销售渠道等职能,在执行营销计划时是必须履行的。

2. 营销方案层次

把各种营销功能协调组合在一些,构成一个整体活动。

3. 营销政策层次

营销政策对营销计划的执行影响最大,因此,能否有效地执行营销计划,主要取决于能否制定和执行健全的政策。

(三)计划执行技能

为了有效地执行市场营销计划,公司的各个层次即营销功能层次、营销方案层次、营销政策层次必须运用一整套技能,主要包括配置技能、监控技能、组织技能和相互影响技能。

1. 配置技能

配置技能指营销经理给营销功能层次、营销方案层次、营销政策层次分配时间、资金和人员的能力。

2. 监控技能

监控技能即建立和管理一个对营销活动效果进行追踪的控制系统。控制有四种类型:年度计划控制、利润控制、效率控制和策略控制。从执行的角度出发,我们主要关心的是前三种类型。

3. 组织技能

规定营销人员之间为实现公司目标而应具有的关系结构。掌握控制系统的集中化程度和正规化程度及理解非正式营销组织的地位和作用,是制定有效执行程序的重要先决条件。非正式营销组织与正式营销组织的交互作用将影响许多执行活动的效率。

4. 相互影响技能

相互影响技能指公司人员之间相互影响,尤指经理影响他人把事情办好的能力。营销人员不仅要推动本组织的人员有效地执行理想的策略,还要有较强的影响他人的能力,利用组织外的人或企业(如营销调研企业、广告代理商、经销商等)来最终达到自己的营销目的。

(四)评价技能

在市场上取得良好的绩效不一定证明市场营销计划执行得好。因此,很难用绩效来区分策略好、执行差和策略差、执行好的情况。评价一个公司的市场营销计划执行效果应包括以下几个方面:

(1)有无明确的营销主题、强有力的营销领导和能促进、塑造美德的企业文化?

(2)公司的营销活动中有无健全的次级功能?各项功能是否都能很好地实现?

(3)公司的营销方案是否完整,并以集中的方式向各类顾客群进行营销活动?

(4)公司营销管理部门与其他有关部门或人员(如销售人员、公司的其他职能部门、顾客与同行)的相互关系是否良好?

(5)管理部门采用什么监控方法使自己不仅知道自身的活动状况,而且知道顾客和潜在顾客的行动状况?

(6)管理部门给各种营销工作分配的时间、资金和人员是否得当?

(7)为完成营销活动和处理与顾客的相互关系,管理部门是如何组建的?

三、市场营销计划的控制

所谓市场营销计划的控制,就是企业营销管理部门为了营销目标的实现,保证市场营销计划的执行取得最佳效果而对实施过程中各营销要素进行监督、考察、评价和修正。具体而言,控制方式有年度控制、赢利控制和效率控制。

(一)年度控制

在实际工作中,很多企业都对自己的营销活动制订严密的计划,但执行的结果总是与之产生比较大的距离,究其原因,除了外部因素,往往是由于执行过程不能及时找出偏离问题并予以解决。年度控制是指企业在本年度内,针对销售额、市场占有率和营销费用进行实际效果与计划之间的检查,以便及时采取改进措施,保证、促进营销计划目标的实现与完成。年度控制主要包括以下四个步骤:

- 制定标准。分解计划目标,确定本年度各个阶段的目标、任务。
- 测量绩效。将实际实施效果与计划预期目标进行对比。
- 因果分析。剖析研究发生偏离的原因。
- 修正行为。及时采取补救和调整措施,缩小差距,努力使实施效果与计划目标相一致。

(二)赢利控制

赢利控制是用来测定不同产品、不同销售区域、不同顾客群体、不同渠道以及不同订货规模赢利能力的方法。由赢利控制所获取的信息,有助于管理人员决定各种产品或市场营销活动是扩大、减少还是取消。

1. 市场营销成本

市场营销成本直接影响企业利润,它由如下项目构成:

(1)直销费用,包括直销人员的工资、奖金、差旅费、培训费、交际费等。

(2)品牌宣传费用,企业 CIS 导入费用、各类公关费用、展览会费用。

(3)促销费用,包括广告费、产品说明书印刷费用、赠奖费用、促销人员工资等。

(4)仓储费用,包括租金、维护费、折旧、保险费、包装费、存货成本等。

(5)运输费用,包括托运费用等,如果是自有运输工具,则要计算折旧、维护费、燃料费、牌照税、保险费、司机工资等。

(6)其他市场营销费用,包括市场营销人员的工资、办公费用等。

营销费用和生产成本构成了企业的总成本,直接影响到企业的经济效益。其中有些与销售额直接相关,称为直接费用;有些与销售额并无直接关系,称为间接费用。有时二者也很难划分。

2. 赢利能力

取得利润是每一个企业最重要的目标之一,正因为如此,企业赢利能力历来为市场营销人员所重视,因而赢利控制在市场营销管理中占有十分重要的位置。在对市场营销成本进行分析之后,应该考察赢利能力指标。

(1) 销售利润率。销售利润率是指利润与销售额之间的比例,它是评估企业赢利能力的主要指标之一。

$$销售利润率=(本期利润÷销售额)×100\%$$

(2) 资产收益率。资产收益率是指企业所创造的总利润与企业全部资产的比例,其计算公式是:

$$资产收益率=(本期利润÷资产平均总额)×100\%$$

(3) 净资产收益率。净资产收益率是指税后利润与净资产(净资产是指总资产减去负债总额后的净值)的比例,其计算公式是:

$$净资产收益率=(税后利润÷净资产平均余额)×100\%$$

(4) 资产管理效率。可通过以下两个方面来分析。

① 资产周转率。资产周转率是指一个企业以资产平均总额去除产品销售收入净额而得出的比例,其计算公式如下:

$$资产周转率=产品销售收入净额÷资产平均总额$$

资产周转率可以衡量企业全部投资的利润效率,资产周转率高说明投资的利用效率高。

② 存货周转率。存货周转率是指产品销售成本与产品存货平均余额之比,其计算公式如下:

$$存货周转率=产品销售成本÷产品存货平均余额$$

存货周转率说明某一时期内存货周转的次数,从而考核存货的流动性。存货平均余额一般取年初和年末余额的平均数。一般来说,存货周转率越高越好,说明存货水准较低,周转快,资金使用效率较高。

(三) 效率控制

效率控制的目的是分析效率,找出高效率的方式,更好地管理销售人员、广告、销售促进及分销工作。

1. 销售人员效率控制

企业各地的销售经理要记录本地区内销售人员效率的几个主要指标,包括:

- 每个销售人员的销售访问次数。
- 每次访问的平均时间。
- 每次销售访问的平均收益。
- 每次销售访问的平均成本。
- 销售访问订购的百分比。
- 每阶段的新顾客数。
- 每阶段丧失的顾客数。
- 销售成本对总销售额的百分比。

在进行销售人员效率评估之后,营销管理人员需要比照计划促使企业对效率低下的环节加以改进。

2. 广告效率控制

企业市场营销管理人员应做好广告效率分析,如可做以下统计:

- 各种媒体类型、媒体工具接触每千名购买者所花费的广告成本。
- 顾客对每一媒体工具的注意、联想和阅读的百分比。
- 顾客对广告内容和效果的意见。
- 广告前后顾客对产品态度的比较。
- 受广告刺激而引起询问的次数。

企业市场营销管理人员可以采取若干步骤来提高广告效率,包括进行更加有效的产品定位,确定广告目标,选择广告媒体,进行广告后效果测定等。

3. 促销效率控制

对每次促销活动,企业市场营销管理人员应该对促销的成本及销售的影响做好记录,如做下列统计:

- 由于优惠而销售的百分比。
- 每一销售额的陈列成本。
- 赠券收回的百分比。
- 因示范而引起询问的次数。

企业还应观察不同销售促进手段的效果,并使用最有效的促销手段。

4. 分销效率控制

分销效率控制是指企业对存货水准、仓库位置及运输方式进行分析和改进,以达到最佳配置并寻找最佳运输方式和途径。例如分销网点的市场覆盖面,销售渠道中的各级各类成员,分销系统的结构、布局以及改进方案,存货控制、仓库位置和运输方式的效果等。

本 章 小 结

市场营销战略大致分为四个阶段:建立目标市场战略、目标市场进入战略、市场竞争战略、市场发展战略。目标市场的选择一般有三种战略,即无差异性市场战略、差异性市场战略和集中性市场战略。目标市场进入战略包括联合进入战略、独立进入战略、合资战略和分销战略。竞争战略也称事业部战略,或者是经营单位战略,是在公司战略指导下,各个战略事业单位制定的部门战略,是公司战略之下的子战略。市场竞争战略有三种基本模式:成本领先战略、差异化战略、集中化战略。市场发展战略包括密集型市场发展战略、一体化市场发展战略和多元化市场发展战略。

市场营销计划是指导和协调市场营销努力的主要工具。一般来说,市场营销计划包括计划概要、市场营销现状、机会与问题分析、目标、市场营销策略、行动方案、预计盈亏报表、控制八个部分。

关 键 概 念

市场营销战略(marketing strategy)　　市场营销计划(marketing plan)
市场营销控制(marketing control)　　市场细分(market segmentation)

目标市场(target market)　　　　　　　市场定位(market positioning)
市场营销组合(marketing mix)　　　　　产品策略(product strategy)
价格策略(pricing strategy)　　　　　　分销渠道策略(placing strategy)
促销策略(promotion strategy)

复习思考题

一、问答题
1. 请简述市场营销战略与企业战略的关系。
2. 市场竞争战略的类型有哪些？
3. 多元化市场发展战略的类型有哪些？
4. 市场营销组合 4P 和 4C 包含的内容分别是什么？
5. 一份完整的市场营销计划，一般要包含哪些内容？

二、不定项选择题
1. 采用无差异性营销战略的最大优点是(　　)。
   A. 市场占有率高　　　　　　　　　　B. 成本的经济性
   C. 市场适应性强　　　　　　　　　　D. 需求满足程度高
2. 无差异性营销战略(　　)。
   A. 具有成本的经济性　　　　　　　　B. 不进行市场细分
   C. 适宜于绝大多数产品　　　　　　　D. 只强调需求共性
   E. 适用于小企业
3. 产品专业化意味着(　　)。
   A. 企业只生产一种产品供应给各类顾客
   B. 有助于企业形成和发展其生产和技术上的优势
   C. 可有效地分散经营风险
   D. 可有效发挥大型企业的实力优势
   E. 进行集中营销
4. 对于自然属性差异较小或需求上共性较大的产品，如大米、白糖、食盐等，可以实行(　　)。
   A. 无差异性目标市场策略　　　　　　B. 选择性目标市场策略
   C. 集中性目标市场策略　　　　　　　D. 产品多样化目标市场策略
5. 市场增长率和相对市场占有率都较高的经营单位属于(　　)。
   A. 问题类　　　B. 明星类　　　C. 金牛类　　　D. 瘦狗类

三、实训练习
了解娃哈哈公司饮料业务板块 2014 年推出的新品类型，结合其市场竞争战略模式，分析其成败的主要原因。

四、案例分析

娃哈哈要出售白酒业务？这些年玩多元化屡屡失利

有消息称，娃哈哈彻底退出白酒市场，将旗下的领酱国酒出售，接盘方是河北华林集团。9

月12日,娃哈哈方面的解释称,变更的只是生产端业务,娃哈哈目前仍在负责领酱国酒的品牌及销售的运营。

尽管娃哈哈极力声明并未退出白酒市场,但业内人士指出,娃哈哈没有白酒操盘经验,在白酒市场短期内很难突破,加之娃哈哈业绩逐年下滑,出售负资产也在情理之中了。

1. 白酒业务被指投入少

9月9日,遵义市白酒产业链专题招商会投资项目现场签约仪式举行,现场签约多个投资项目,其中就包括娃哈哈的领酱国酒,只不过性质是"收购",接手方是河北华林集团。

针对该消息,9月12日,娃哈哈相关负责人表示,领酱国酒并没有被出售,仍然在娃哈哈集团旗下,白酒业务依然在有序开展,今后将更加注重消费端的开拓。此次领酱国酒的法人变更是生产端的业务,这只是集团轻资产运营的一种行为,娃哈哈目前仍在负责领酱国酒的品牌及销售的运营。

娃哈哈创始人宗庆后在2017年9月6日退出贵州省仁怀市茅台镇领酱国酒业有限公司,娃哈哈旗下投资公司杭州娃哈哈宏振投资有限公司曾经占领酱国酒80%的股份,也在2017年9月6日退出该公司,由顺平县华江商贸有限公司接盘。与此同时,贵州省仁怀市茅台镇领酱国酒业有限公司名称也变更为贵州省仁怀市茅台镇华领国酒业有限公司。

事实上,早在2017年,就有消息称,娃哈哈有意剥离白酒业务。彼时娃哈哈相关负责人曾表示,"公司的白酒业务仍在正常有序地开展,与相关合作方依然保持良好的合作关系。综合考虑各方面的市场因素,适时调整白酒业务的经营模式,完全是一种正常的商业行为"。

酒水分析师蔡学飞表示,对于白酒业务,娃哈哈没有投入大资源在运作。中国白酒本身是个重资产、长周期的行业,领酱国酒所属的酱酒对于品牌要求更高,野外资本短期内很难实现突破。另外,领酱国酒对自身的定位有偏差,不符合酱香品牌化与高端化的趋势,在娃哈哈自身业绩不佳的情况下,出售不良资产是正常企业经营行为。

2. 多元化失利

30年来,娃哈哈从一家校办经销部成长为饮料行业巨头,但在品牌老化和食品谣言的夹击下,近几年业绩持续下降,跨界奶粉、零售、白酒行业也收效甚微。

根据全国工商联此前发布的《2016中国民营企业500强发布报告》显示,2015年娃哈哈营业收入为494亿元,排名民营企业500强中的第70位,相较于2014年收入暴跌226亿元。在2017中国民营企业500强榜单中,娃哈哈2016年营收为455.92亿元,排在104名。

事实上,娃哈哈畅销的明星产品销售也出现了明显下滑。据报道,娃哈哈营养快线2014年销售额达到153.6亿元高峰,2015年、2016年则分别下滑到115.4亿元、84.2亿元,几近腰斩。

近年来,受业绩下滑、"老龄化"影响的娃哈哈正在试图发力新产品,从号称能缓解视力疲劳的"天眼晶睛",到减肥奶昔,再到中老年羊奶粉,娃哈哈正不断迎合新兴消费者,并聚焦微商渠道。

业内人士指出,娃哈哈自2013年后开始进入"战略无机会"通道,主要靠延续饮料食品的惯性在市场上竞争。目前市场成熟度和环境已发生变化,依靠原来的战略结构已很难支撑娃哈哈的千亿营收目标。

对于此次将领酱国酒生产业务出售,路胜贞认为,未来娃哈哈有很大可能也会将销售业务出售,毕竟娃哈哈也在聚焦饮料主业。

资料来源:新京报网,2018-9-12,有改动.

课外视野　风云浙商面对面——十年十人:宗庆后
视频来源　优酷网

1.查阅相关资料,试分析娃哈哈为什么要剥离白酒业务。

2.你认为娃哈哈推出白酒业务的初衷是什么？为什么最终没有达到预期成效？

3.娃哈哈实施多元化过程中,做过哪些业务？多元化的风险是什么？娃哈哈的困境给你的启示是什么？

本章习题库

第四章

市场调研

> **学习目的及要求**

了解市场调研的概念及其对营销管理的作用,掌握市场调研的主要内容及调研步骤;了解市场调研的方法,掌握问卷设计的原则、技巧,明确问卷的结构;明确市场调研报告的写作禁忌,能够独立撰写一份市场调研报告。

【引例】

给我一张可以网上使用的赠券

既然消费者都喜欢赠券,零售商到底用什么来盈利呢?研究表明,除明显的消费者利益外,赠券对零售商的利润有重要影响。因为根据网上购物者情报机构波士顿调研公司的研究,获得赠券者很有可能消费更多,有更高的满意度,会在使用过赠券的零售商重复购买。

一半以上在网上购物时使用优惠码的消费者说,如果他们没有收到这个折扣,也不会买这些东西,现在更多网上购物者使用赠券。1/3 的网上购物者表明网上购物时,通常使用赠券网站,3500 万消费者每月浏览赠券网站,赠券有很高的投资回报。因为消费者收到的小折扣会激励他们花更多钱。当被问到最近一次上网购买,他们花了多少时,使用赠券的消费者花费几乎是未使用赠券消费者的两倍(使用赠券者为 216 美元,未使用赠券者为 122 美元)。

赠券是零售商和消费者建立好感,增加消费者满意度的有效方式。当问到他们所有的购物经历,使用赠券消费者的满意度高于未使用赠券者。92% 使用赠券的消费者感到很满意,高于 88% 未使用赠券的消费者。

和未使用赠券的消费者相比,使用赠券的消费者更有可能再次向零售商购买。91% 使用赠券的消费者很有可能再次向兑换赠券的零售商购买,高于 86% 未使用赠券的消费者。

资料来源:小卡尔·麦克丹尼尔,罗杰·盖茨.当代市场调研.机械工业出版社,2019.

第一节 市场调研概述

市场调研是指运用科学的方法系统地、客观地辨别、收集、分析和传递有关市场营销活动的各方面的信息,为企业营销管理者制定有效的市场营销决策提供重要的依据。与狭义的市场调查不同,它是对市场营销活动全过程的分析和研究。市场调研是企业了解产品市场和把握顾客的重要手段,是帮助企业决策的重要工具。

一、市场调研对营销管理的作用

(1)市场调研有助于管理者了解产品市场状况,发现和利用机会。

在商品日益丰富的情况下,作为供应一方的生产者既面临产品、资金和人才的竞争,也面临技术水平和技术设备的竞争;作为需求一方的消费者,在一个日益庞大、种类繁多的商品群面前必然会有所选择。谁能赢得消费者的垂青,谁就是成功者;反之,则面临着被挤出产品市场的命运。因此,生存危机是企业必须注意的问题,然而机遇也同时存在,这就要看企业如何把握时机。

(2)市场调研有助于管理者制定正确的营销战略。

在现代产品市场营销中,企业管理者如果对影响目标产品市场和营销组合的因素有充分的了解,那么管理将是主动的而不是被动的。主动的管理意味着通过调整营销组合来适应新的经济、社会和竞争环境,而被动的管理则是等到对企业有重大影响的变化出现时,才决定采取行动。市场调研在主动式管理中发挥着重要的作用,战略计划是在出色的市场调研基础上做出的,有利于企业实现长期利润和产品市场占有率的目标。

(3)市场调研有助于企业开发新产品,开拓新产品市场。

任何企业的产品都不会在市场上永远畅销,企业要想生存和发展就需要不断开发新产品。市场调研在新产品开发中发挥着重要作用,通过市场调研可以了解和掌握消费者的消费趋向、新的要求、消费偏好的变化及对产品的期望等,然后设计出满足这些要求的产品,促进产品销售。

(4)市场调研有助于企业在竞争中占据有利地位。

企业竞争的加剧和消费者需求的多样化,也使得人们对信息的需求不断增加。通过市场调研,满足多元化的信息需求,使企业准确地、及时地把握信息并制定相应的营销策略。市场需要创造,在企业营销活动中更需要市场调研。

二、市场调研的内容

对于现代管理者来说,掌握和运用市场调研的理论、方法和技能是非常必要的。市场调研作为一门独立的应用科学有着庞大而复杂的内容体系。市场调研的内容主要涉及影响营销策略的宏观因素和微观因素,如需求、产品、价格、促销、分销、竞争、外部环境等。根据不同的调研目的,调研内容的侧重点也会有很大不同。总体来讲,市场调研的内容大致包括以下几个方面。

1. 市场需求调研

市场需求是企业营销的中心和出发点,企业要想在激烈的竞争中获得优势,就必须详细了解并满足目标客户的需求。因此,对市场需求的调研是市场调研的主要内容之一。市场需求调研包括市场需求量的调研、市场需求产品品种的调研、市场需求季节性变化情况调研、现有客户需求情况(数量、品种)调研等。

2. 产品调研

不同市场对产品的需求不一样,产品在地区之间的需求出现差异化特征。因此,产品调研也成为市场调研不可忽略的内容之一。产品调研的内容包括产品品质需求调研、产品品种需求调研、产品质量调研等。

3. 价格调研

价格会直接影响到产品的销售额和企业的收益情况,价格调研对于企业制定合理的价格策略有着至关重要的作用。价格调研的内容包括产品市场需求、变化趋势的调研,国际产品市场走势调研,市场价格承受心理调研,主要竞争对手价格调研,国家税费政策对价格影响的调研。

4. 促销调研

促销调研主要侧重于消费者对促销活动的反应,了解消费者最容易接受和最喜爱的促销形式。其具体内容包括调研各种促销形式是否突出了产品特征,是否起到了吸引客户、争取潜在客户的作用。

5. 分销渠道调研

分销渠道选择合理,产品的储存和运输安排恰当,对于提高销售效率、缩短运输周期和降低运输成本有着重要的作用。因此,分销渠道的调研也是产品市场调研的一项重要内容。分销渠道调研的内容主要包括对批发商、连锁零售商的经营状况、销售能力的调研,配送中心规划的调研,物流优化组织的调研,如何降低运输成本的调研等。

6. 营销环境调研

营销环境调研的内容包括政治法律环境、经济发展环境、国际产品市场环境、产品技术环境、替代产品发展、竞争环境。

7. 竞争对手调研

知己知彼,百战不殆。在竞争中了解竞争对手的情况才能使企业在竞争中立于不败之地。了解竞争对手的数量、企业实力、产品的特性、市场占有率、对手的营销策略、未来竞争发展方向等将使企业在竞争中走在对手的前面。

在营销实践中,进行任何市场调研都是为了更好地了解产品市场,减少决策中的不确定因素。为这些目的而进行的市场调研被称为应用型市场调研。市场调研工作需要收集市场规模、竞争对手、消费者等方面的相关数据,并基于相关数据的支持提出市场决策建议。

三、市场调研的步骤

市场调研的步骤包括明确市场调研的目的与主题、制定市场调研方案、收集市场信息资料、整理与分析信息资料、撰写市场调研报告,如图 4.1 所示。

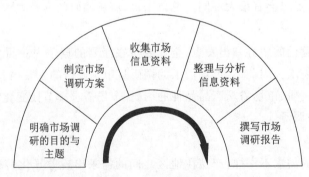

图 4.1 市场调研的步骤

1. 明确市场调研的目的与主题

市场调研,首先要解决调研什么的问题,准确寻找与确定这些市场营销基本问题,是市场调研者面临的首要任务。市场调研基本问题的界定过程也称市场诊断,其主要功能是为后期的市场研究导航,因此它是整个市场调研活动开展的关键。在这个过程中,探索性研究常常扮演着重要的角色,同时也需要市场调研人员有准确的洞察力和判断力。

2. 制定市场调研方案

市场调研的第二个阶段是对市场调研要达到的目标进行全方位和全过程的有效计划,其表现形式是市场调研方案。一项好的市场调研方案既能够准确地反映市场调研主题的要求,又能够指导市场调研活动的有效进行。

市场调研方案包括以下几点内容:

摘要:是整个调研方案的一个简短小结,既要简明清晰,又要提供帮助理解报告基本内容的充分信息。

调研目的:说明提出该调研项目的背景,该研究结果可能带来的经济效益或者是对某些决策方面的具体意义。

调研内容:说明调研的内容、规定所需获取的信息,列出主要的调查问答题和有关的理论假设。

调研对象:明确调研对象。

调研地点:明确调研的地点和范围。

调研方法:用简洁的文字表达调研方法,说明所采用的研究方法的重要特征,以及与其他方法相比较的长处和局限性。

经费预算:详细列出每一项所需的费用,认真估算每项预算和总体预算。

调研时间:详细地列出完成每一步骤所需的天数以及起始、终止时间。计划要稍微留有余地,但也不能把时间拖得太久。

3. 收集市场信息资料

市场调研数据资料的收集应该是严格按照市场调研方案进行的一个环节,它的工作量大,成本高,过程复杂,所涉及的市场调研方法与手段多,在整个市场调研过程中都堪称之最。因此,它也是最难控制、最容易出错、最辛苦,然而却最终决定市场调研质量与结果的关键环节。

4. 整理与分析信息资料

通过资料的收集,市场调研人员已经基本上掌握了有关市场调研目标的各种资料与信息。原始资料往往并不能直接提供所需的信息,因此市场调研人员还必须对其进行必要的筛选、整理和分析。对市场信息资料进行整理的过程就是对大量原始的市场数据进行筛选和提炼,使其系统化和条理化的过程。

市场调研资料的分析,是根据调研主题的要求,在资料整理的基础上,利用科学的分析方法,对调研资料进行一定的加工和处理,以便对市场现象的发展变化规律,或对各种现象之间的相互关系进行研究,得出市场调研的结果。

5. 撰写市场调研报告

市场调研报告的撰写,是市场调研工作的最后阶段。它也是市场调研过程中的一个非常重要的环节。一份优秀的市场调研报告不仅要清楚、简洁地阐明市场调研的结论,更重要的是提供这些结论的调研数据,以及这些数据资料的收集方法和分析方法。

提交了市场调研报告并不意味着市场调研工作的最终结束,它还面临着调研报告结果在付诸实施过程中的最后检验,这个过程称为调研结果的跟踪调研。通过对市场调研结果的跟踪调研,一方面可以进一步确认市场调研结果的正确性;另一方面也可以对调研结果的不足之处进行及时的调整。

第二节 市场调研方法与工具

一、市场调研的方法

常用的市场调研的方法主要有文案调研和实地调研。

（一）文案调研

文案调研又称二手资料搜集法、间接调研法、资料分析法或室内研究法。它是利用企业内部和外部现有的各种信息、情报，对调研内容进行分析研究的一种调研方法。

1. 文案调研的特点

文案调研有以下几个特点：

第一，文案调研是收集已经加工过的文案资料，而不是对原始资料进行搜集。

第二，文案调研以收集文献性信息为主。既可以是印刷型文献资料，也可以是网络信息资料。

第三，文案调研所收集的资料包括动态和静态两个方面，尤其偏重于从动态角度，收集各种反映调研对象变化的历史与现实资料。

2. 文案调研的功能

文案调研的功能表现在以下四个方面：

（1）文案调研可以发现问题并为市场研究提供重要参考。根据调研的实践经验，文案调研常被作为调研的首选方式。几乎所有的调研都可始于收集现有资料，只有当现有资料不能为解决问题提供足够的证据时，才进行实地调研。

（2）文案调研可以为实地调研提供经验和大量背景资料。具体表现在两方面：一方面，通过文案调研，可以初步了解调查对象的性质、范围、内容和重点等，并能提供实地调研无法或难以取得的各方面的宏观资料；另一方面，文案调研所收集的资料可用来证实各种调研假设，即可通过对以往类似调研资料的研究来指导实地调研的设计，将文案调研资料与实地调研资料进行对比、鉴别和证明实地调研结果的准确性和可靠性。

（3）文案调研可用于经常性的调研。实地调研更费时费力，操作起来比较困难，而文案调研如果经调研人员精心策划，具有较强的机动灵活性，能随时根据需要，收集、整理和分析各种调研信息。

（4）文案调研不受时空限制。从时间上看，文案调研不仅可以掌握现实资料，还可获得实地调研所无法取得的历史资料。从空间上看，文案调研既能对内部资料进行收集，还可掌握大量的有关外部环境方面的资料。尤其适用于因地域遥远、条件各异，采用实地调研需要更多的时间和经费的调研。

3. 资料收集方式

文案调研应围绕调研目的，收集一切可以利用的现有资料。当着手正式调研时，调研人员寻找的第一类资料是提供总体概况的资料，包括基本特征、一般结构、发展趋势等，随着调研的深入，资料的选择性和详细程度会越来越高。

文案调研资料收集一般可通过内部资料的收集、外部资料的收集和互联网资料的收集三种方式进行。

(1)内部资料的收集主要是收集调研对象活动的各种记录,主要包括业务资料收集、统计资料收集、财务资料收集及其他资料收集。

①业务资料,包括与调研对象活动有关的各种资料,如订货单、进货单、发货单、合同文本、发票、销售记录、业务员访问报告等。通过对这些资料的了解和分析,可以掌握本企业所生产和经营的商品的供应情况,以及分地区、分用户的需求变化情况。

②统计资料,主要包括各类统计报表,企业生产、销售、库存等各种数据资料,各类统计分析资料等。企业统计资料是研究企业经营活动数量特征及规律的重要定量依据,也是企业进行预测和决策的基础。

③财务资料,是由企业财务部门提供的各种财务、会计核算和分析资料,包括生产成本、销售成本、各种商品价格及经营利润等。财务资料反映了企业活劳动和物化劳动占用和消耗情况及所取得的经济效益。

④企业积累的其他资料,如平时剪报、各种调研报告、经验总结、顾客意见和建议、同业卷宗及有关照片和录像等。这些资料都对市场研究有着一定的参考作用。

(2)对于外部资料,可从以下几个主要渠道加以收集:

①统计部门以及各级、各类政府主管部门公布的有关资料。国家统计局和各地方统计局都定期发布统计公报等信息,并定期出版各类统计年鉴,内容包括人口数量、国民收入、居民购买力水平等。此外,财政、工商、税务、银行等各主管部门和职能部门,也都设有各种调查机构,定期或不定期地公布有关政策、法规、价格和市场供求等信息。

②各种经济信息中心、专业信息咨询机构、各行业协会和联合会提供的信息和有关行业情报。这些机构的信息系统资料齐全,信息灵敏度高,为了满足各类用户的需要,它们通常还提供资料的代购、咨询、检索和定向服务,是获取资料的重要来源。

③国内外有关的书籍、报刊所提供的文献资料,包括各种统计资料、广告资料、市场行情和各种预测资料等。

④有关生产和经营机构提供的商品目录、广告说明书、专利资料及商品价目表等,各地电台、电视台提供的有关信息。

⑤各种国际组织、学会团体、外国使馆、商会所提供的国际信息。

⑥国内外各种博览会、展销会、交易会、订货会等促销会议以及专业性、学术性经验交流会议上所发放的文件和材料。

(3)互联网是获取信息的最新工具,对任何调研而言,互联网都是最重要的信息来源。互联网的发展使信息收集变得容易,从而大大推动了调研的发展。过去,要收集所需情报需要耗费大量的时间,奔走很多地方;今天,文案调研人员坐在计算机前便能轻松获得大量的信息。利用搜索引擎查找,输入需要查寻的关键字,就可以获得包含该条文的文件。

(二)实地调研

文案调研无法满足调研目的,收集资料不够及时准确时,就需要适时地进行实地调研来解决问题,取得第一手的资料和情报,使调研工作有效顺利地开展。所谓实地调研,就是指对第一手资料的调查活动。当市场调研人员得不到足够的第二手资料时,就必须收集原始资料。

1. 实地调研的类型

实地调研的形式多种多样,最常用的有访问法、观察法和实验法。

访问法是指将拟调查的事项,以当面或电话或书面的形式向被调查者提出询问,以获得所需资料的调查方法。它是最常用的一种实地调研方法。访问法的特点在于整个访谈过程是调查者与被调查者相互影响、相互作用的过程,也是人际沟通的过程。它包括面谈、电话访问、信函调查、会议调查和网上调查等。

观察法是指调查者在现场从侧面对被调查者的情况进行观察、记录,以收集市场情况的一种方法。它与访问法的不同之处在于,后者调查时让被询问者感觉到"我正在接受调查",而前者则不一定让被调查者感觉出来,只能通过调查者对被调查者的行为、态度和表现的观察来进行推测判断问题的结果。

实验法是最正式的一种调研方法。它是指在控制的条件下,对所研究的对象从一个或多个因素进行控制,以测定这些因素间的关系。

2. 实地调研的问题

在采用这些方法时,往往需要用抽样调查和问卷调查等技术。在应用这些方法和技术时,由于各国在经济、文化、社会、政治诸方面存在着差异,往往出现一些问题。

(1)代表性问题。以抽样调查为例,一项抽样调查要取得成功,样本必须具有代表性。但是在某些调查中,样本往往缺乏代表性。在这种情况下,许多调研人员只能依靠在市场和其他公共场所抽取合适样本,以取代概率抽样技术。由于询问者之间有一定的差异,调查结果并不可靠。

(2)语言问题。在使用问卷方式进行调查时,最重要的问题就是语言翻译。由于翻译不当引起误解,导致调查失败的例子是很多的。例如,在刚果,官方语言是法语,但只有少数人能讲流利的法语。在这种情况下,问卷调查是极其困难的。另外,在一些不发达国家和地区,识字率很低,用文字写成的调查问卷毫无用处。

(3)通信问题。问卷的邮寄在许多不发达国家十分困难。有些国家的邮电系统效率极低,例如巴西的国内信函有30%根本收不到。在这样的国家,邮寄问卷的调查方法根本就行不通。另外,电话数量少也制约了实地调研。

(4)文化差异问题。个别访问是取得可靠数据的重要方法之一。但在许多地区,由于文化差异,采用这一方法很困难,被访问者或者拒绝访问和回答问题,或者故意提供不真实的信息。

二、市场调研的工具

市场调研的工具多种多样,包括入户访问、定点拦访、深入访谈、焦点座谈、网上调查等,其中最基础、最有效的就是问卷调查。

问卷调查是目前调查业中所广泛采用的调查方式——即由调查机构根据调查目的设计各类调查问卷,然后采取抽样的方式(随机抽样或整群抽样)确定调查样本,通过调查员对样本的访问,完成事先设计的调查项目,最后,由统计分析得出调查结果的一种方式。

调查问卷又称调查表或询问表,是以问题的形式系统地记载调查内容的一种工具。问卷可以是表格式、卡片式或簿记式。设计问卷是实地调研的关键。完美的问卷必须具备两个功能,即能将问题传达给被问的人和使被问者乐于回答。要实现这两个功能,设计问卷时应当遵循一定的原则和程序,运用一定的技巧。

(一)问卷设计的原则

问卷设计是问卷调查的基础和关键,设计问卷应该遵循以下原则。

(1)有明确的主题。根据调查主题,从实际出发拟题,问题目的明确、重点突出,没有可有可无的问题。

(2)结构合理、逻辑性强。问题的排列应有一定的逻辑顺序,符合应答者的思维程序。一般是先易后难、先简后繁、先具体后抽象。

(3)通俗易懂。问卷应使应答者一目了然,并愿意如实回答。问卷中语气要亲切,符合应答者的理解能力和认知能力,避免使用专业术语。对敏感性问题采取一定的技巧调查,使问卷具有合理性和可答性,避免主观性和暗示性,以免答案失真。

(4)控制问卷的长度。回答问卷的时间控制在20分钟左右,问卷中既不浪费一个问句,也不遗漏一个问句。

(5)便于资料的校验、整理和统计。

(二)问卷设计的程序

问卷设计可通过五步完成,如图4.2所示。

图4.2 问卷设计程序

1. 把握调研的目的和内容

问卷设计的第一步就是要把握调研的目的和内容,这一步骤的实质其实就是规定设计问卷所需的信息。这同时也是调研方案设计的第一步。对于直接参与调研方案设计的研究者来说,可以跳过这一步骤,而从问卷设计的第二步开始。但是,对未参与方案设计的研究者来说,着手进行问卷设计时,首要的工作是充分地了解本项调研的目的和内容。讨论调研的目的、主题和理论假设,并细读研究方案,将问题具体化、条理化和可操作化,即变成一系列可以测量的变量或指标。

2. 搜集有关研究主题的资料

搜集有关资料的目的主要有三个:其一是帮助研究者加深对所调查研究问题的认识;其二是为问题设计提供丰富的素材;其三是形成对目标总体的清楚概念。在搜集资料时对个别调查对象进行访问,可以帮助了解受访者的经历、习惯、文化水平以及对问卷问题知识的丰富程度等。

3. 确定调查方法的类型

不同类型的调查方法对问卷设计有一定的影响。在面谈调查中,被调查者可以看到问题并可以与调查人员面对面地交谈,因此可以询问较长的、复杂的和各种类型的问题。在电话访谈中,被调查者可以与调查员交谈,但是看不到问卷,这就决定了只能问一些短的和比较简单的问题。邮寄问卷是被调查者自己独自填写的,被调查者与调查者没有直接的交流,因此问题也应简单些并要给出详细的指导语。在计算机辅助访问(CAPI和CATI)中,可以实现较复杂的跳答和随机化安排问题,以减小由顺序造成的偏差。

4. 确定每个问题的内容

一旦决定了调查方法的类型,下一步就是确定每个问题的内容。针对每个问题,我们应反问:这个问题有必要吗?是需要几个问题还是只需要一个就行了?

问题设置的原则是问卷中的每一个问题都对所需的信息有所贡献,或服务于某些特定的目的。如果从一个问题得不到满意的数据,那么这个问题就应该取消。

第一个原则是确定某个问题的必要性,第二个原则就是必须肯定这个问题对所获取的信息的充分性。有时候,为了明确地获取所需的信息,需要同时询问几个问题。

案例1 大多数关于商品等选择方面的"为什么"问题涉及三方面的内容:"不好看,但舒适性还可以""不舒适,但好看""既不好看,也不舒适"。

此处为了获取所需的信息,应该询问两个不同的问题:

"您认为××品牌服装好看吗?"

"您认为××品牌服装穿着舒适吗?"

在确定每个问题的内容时,调研者不应假设被调查者对所有的问题都能提供准确或合理的答案,也不应假设被调查者一定愿意回答每一个知晓的问题。调研者应避免被调查者"不能答"或"不愿答"的情况发生。这些情况可能是由于被调查者"不知道"、"回忆不起来"或是"不会表达"。对于"不知道"的情况,应在询问前先问一些"过滤问题",即测量一下过去的经验、熟悉程度,从而将那些不了解情况的被调查者过滤掉。

5. 决定问题的结构

一般来说,调查问卷的问题有两种类型:开放性问题和封闭性问题。

开放性问题,又称为无结构的问题,被调查者用他们自己的语言自由回答,不具体提供可选择的答案,例如:

"您为什么喜欢耐克运动产品的电视广告?"

"您对我国目前的国有企业体制改革有何看法?"

开放性问题可以让被调查者充分地表达自己的看法和理由,并且比较深入,有时还可获得研究者始料未及的答案。它的缺点是:获取的资料中无用信息较多,难以统计分析,面谈时调查员的记录直接影响到调查结果,并且由于回答费事,可能遭到拒答。

因此,开放性问题在探索性调研中是很有帮助的,但在大规模的抽样调查中,它就弊大于利了。

封闭性问题,又称有结构的问题,它规定了一组可供选择的答案和固定的回答格式,例如:

您购买住房时主要考虑的因素是什么?

A. 价格

B. 面积

C. 交通情况

D. 周边环境

E. 设计

F. 施工质量

G. 其他_____(请注明)

封闭性问题的优点包括以下几个方面:

(1)答案是标准化的,对答案进行编码和分析都比较容易;
(2)回答者易于作答,有利于提高问卷的回收率;
(3)问题的含义比较清楚,因为所提供的答案有助于理解题意,这样就可以避免回答者由于不理解题意而拒绝回答。

(三)问卷的结构

问卷一般由标题、开头部分、甄别部分、主体部分和背景部分五个部分组成。

1. 标题

问卷的标题要求简洁明了、概括性强,让被调查者一眼就能识别调查的主题。

2. 开头部分

开头部分主要包括问候语、填写说明、问卷编号等内容。不同的问卷所包括的开头部分会有一定的差别。

(1)问候语。问候语也叫问卷说明,其作用是引起被调查者的兴趣和重视,消除调查对象的顾虑,激发调查对象的参与意识,以争取他们的积极合作。一般问候语的内容包括称呼、问候、访问员介绍、调查目的、调查对象作答的意义和重要性、说明回答者所需花费的时间、感谢语等。问候语一方面要反映以上内容,另一方面要求尽量简短。

(2)填写说明。在自填式问卷中要有详细的填写说明,让被调查者知道如何填写问卷,如何将问卷返回到调查者手中。

(3)问卷编号。主要用于识别问卷、调查者以及被调查者的姓名和地址等,以便于核对检查、更正错误。

3. 甄别部分

甄别部分,也称问卷的过滤部分,它是先对被调查者进行过滤,过滤掉非目标对象,然后有针对性地对特定的被调查者进行调查。通过甄别,一方面,可以过滤掉与调查事项有直接关系的人,以达到避嫌的目的;另一方面,也可以确定哪些人是合格的调查对象,使调查研究更具有代表性。

4. 主体部分

主体部分,也是问卷的核心部分。它包括了所要调查的全部问题,主要由问题和答案所组成。

(1)问卷设计的过程其实就是将研究内容逐步具体化的过程。根据研究内容先确定好树干,然后再根据需要,给树干设计分支,每个问题是树叶,最终构成一棵树。因此,在整个问卷树设计之前,应该有总体上的构想。

(2)在一个综合性的问卷中,通常将差异较大的问题分块设置,从而保证了每个分块的问题相对独立,整个问卷的条理也更加清晰,整体感更加突出。

(3)问卷主体部分应简明,内容不宜过多、过繁,应根据需要而确定,避免可有可无的问题。

(4)问卷设计要具有逻辑性和系统性,这样一方面可以避免需要询问的信息的遗漏,另一方面调查对象也会感到问题集中、提问有章法。相反,假如问题是分散的、随意的,问卷就会给人以思维混乱的感觉。

(5)问卷题目设计必须有针对性,明确被调查人群,适合被调查者身份,必须充分考虑受访人群的文化水平、年龄层次等。措辞上也应该进行相应的调整,比如面对家庭主妇,在语言上就必须尽量通俗;而对于文化水平较高的城市白领,在题目和语言的选择上就可以提高一定的层次。

5. 背景部分

背景部分可以放在问卷的最后,也可以放在甄别部分后、主体部分前,主要是有关被调查者的一些背景资料,调查单位要对其保密。该部分所包括的各项内容,可作为对被调查者进行分类的依据,一般包括性别、民族、婚姻状况、收入、受教育程度、职业等。

第三节 市场调研报告的撰写

一、市场调研报告的概念

市场调研报告是指经过在实践中对某一产品客观实际情况的调查了解,将调查了解到的全部情况和材料进行分析研究,揭示出本质,寻找出规律,总结出经验,最后以书面形式陈述出来。

调研报告主要包括两个部分:一是调研,二是研究。调研,应该深入实际,准确地反映客观事实。研究,即在掌握客观事实的基础上,认真分析,透彻地揭示事物的本质。至于对策,调研报告中可以提出一些看法,但不是主要的。因为对策的制定是一个深入的、复杂的、综合的研究过程,调研报告提出的对策是否被采纳,能否上升到政策,应该经过政策预评估。

二、市场调研报告撰写的禁忌

市场调研报告不仅仅是对市场现状的一种反映,而且要求在对市场现状深入了解的基础上,对其进行深入的研究,归纳出合乎市场经济发展规律的结论,并提出相应的对策。因此,市场调研报告必须具备市场调研与市场研究两大要素。市场调研是市场研究的基础,市场研究是市场调研的进一步深化,两者缺一不可,在这基础之上形成的书面报告才是一篇有质量、有价值的市场调研报告。要写出一篇有质量的市场调研报告,有三大禁忌必须注意。

(一)根据自己的主观意愿选取调查样本

市场调研是市场调研报告写作的基础,要写出一篇具有一定质量的市场调研报告,首先要高度重视市场调研的质量,切忌根据自己的主观意愿来选取调查样本。因为抽取的调查样本不具有广泛的代表性和客观性,会扭曲市场发出的信号,得出的结论会与市场实际状况有很大的出入,最终会影响到市场调研报告的科学性和客观性。

(二)仅对市场调研的结果做客观的描述

在市场调研报告写作中,进行深入的市场调研是写作的基础,是十分重要的一环。但一篇有质量的市场调研报告不能仅停留在对市场调研的结果进行客观的描述上,而要对市场调研的结果做进一步的分析与研究,找出其中带有规律性的东西,以给相关部门的经济决策提供参考。

案例2 在一篇题为《南方车展消费者调查》的市场调研报告中,对参加车展的消费者进行了调查:

调查表明,来看车展的人群当中,四成是有车一族,而六成是没有车的。他们以中青年人居多,平均年龄在30岁左右。所从事的职业以经理、主管、专业技术人士、业务销售、个体经营为多,占了约62%,而高校学生也有不少,占了约13%。当然,学历整体水平也较高,大专以上学历占了72%。来看车展的人家庭经济能力较强,家庭月度平均收入达到7400元。

有效的市场营销必须基于对消费者群体的深入分析,市场细分工作越来越重要。今后的汽车产品销售及服务策略将会呈现出更具个性化、针对性的发展趋势。车展是一个十分强有力的推广渠道。作为参展厂商,应该充分把握这些时机,向消费者传递公司的最新产品信息及品牌文化,相信必定会取得丰厚的回报。

在案例2中,市场调研报告的作者虽然对参加车展的消费者进行了较深入的调查,但是没有围绕所调查的结果进行深入的分析与研究。"今后的汽车产品销售及服务策略将会呈现出更具个性化、针对性的发展趋势",这一结论应该是对调查结果进行分析研究后得出的,而不应该是作者另外加上去的。因为缺少深入的分析研究,所以这一结论就缺少说服力。从这篇市场调研报告中,参展厂商仅了解到消费者的构成情况,却看不到这种消费者的构成与汽车生产销售之间的联系,而这正是参展厂商最关心的部分,其主要原因就是这篇市场调研报告中缺少对汽车消费者调查结果的分析与研究。

(三)游离于市场调研结果的"空对空"的研究

市场研究必须基于市场调研的结果,如果市场研究不紧紧围绕着市场调研结果展开,空发议论,这种市场研究就会成为"空中楼阁"。这种现象在一些以新闻采访代替市场调研而写成的市场调研报告中尤为多见,其主要原因是这些市场调研报告缺少一个必需的要素——没有深入进行市场调研,而是以蜻蜓点水式的新闻采访代替了深入的市场调研。

案例3 在一篇《我国儿童消费市场调研》的市场调研报告中看不到作者对市场调研结果的描述,而充斥于市场调研报告中大量篇幅的是作者不是基于市场调研结果基础上的分析与议论:

调查表明,近年来我国家庭儿童的消费持续增长。儿童消费已占到了家庭支出的相当大比例。但是,在针对6岁以下城市儿童家长的焦点小组座谈和问卷调查中我们发现,在这看似繁荣的儿童消费市场的背后,却隐藏着家长的许多焦虑。

例如,在儿童玩具及营养品购买的调查中,家长们普遍表现出一定的困惑。拿玩具来说,当作为一个消费者步入玩具商场时,我们能感受到什么呢?琳琅满目!五光十色!但这时的消费者恐怕大多要迷失了,如果想挑选一件称心如意的商品那将大费周折,这里的原因有以下两点。

(1)在大多数情况下,玩具商场的商品是以下列方式陈列的:制造商品牌,如××专柜;商品的物理特征,如长毛绒玩具、塑胶玩具、木制玩具。这与多数情况下消费者的搜索目标是不相吻合的,这就意味着消费者要进行不断的搜寻、挑选和反复的比较。如:某消费者想给3岁的男孩买一样培养动手能力的玩具,他就要在整个商场走上几圈,因为他所要的东西可能会存在于任何柜台。

(2)大多数情况下,商家都在极力地发挥着信息不对称的威力,总是试图要消费者相信本柜台的商品正是其最佳选择。这又给消费者的选择平添了几分困难。

之所以会这样,是因为现在的儿童商品是由制造商主导的以产品为中心的,而非以消费者为中心。企业如果能从消费者的需求出发,会有意想不到的收获。

作者的分析研究必须基于市场调研的结果,案例3的市场调研报告却把主次颠倒了,用作者的分析与议论来代替市场调研的结果。其结果,这篇市场调研报告事实上成了一篇阐述作者对儿童消费市场个人观点的研究报告。市场调研报告的主体应该是市场调研,市场研究是为了深化市场调研的结果,是为市场调研服务的。"皮之不存,毛将焉附?"离开了市场调研,"空对空"地研究,往往会脱离市场的实际状况,成为一种大而无当的空谈。

撰写市场调研报告是一项系统工程,在写作之前必须要进行深入的市场调研,大量搜集与调查主题相关的各种资料,然后对这些资料进行分类统计,阐述现象,发现问题,分析原因,提出解决的对策。

三、市场调研报告的结构

1. 标题

调研报告要用能揭示内容中心的标题,具体写法有以下几种:

(1)公文式标题。这类调研报告标题多数由事件和文种构成,平实沉稳,如"关于知识分子经济生活状况的调研报告";也有一些由调研对象和"调查"二字组成,如"知识分子情况的调查"。

(2)一般文章式标题。这类调研报告标题直接揭示调研报告的中心,十分简洁,如"湖北省城镇居民潜在购买力动向调查"。

(3)正副题结合式标题。这是用得比较普遍的一种调研报告标题。特别是典型经验的调研报告和新事物的调研报告的写法。正题揭示调研报告的思想意义,副题表明调研报告的事项和范围,如"深化厂务公开机制、创新思想政治工作方法——关于××分局江岸车辆段深化厂务公开制度的调查"。

2. 正文

调研报告的正文包括前言、主体和结尾三部分。

(1)调研报告的前言简要地叙述为什么对这个问题(工作、事件、人物)进行调查;调查的时间、地点、对象、范围、经过及采用的方法;调查对象的基本情况、历史背景以及调查后的结论等。这些方面的侧重点应根据调研目的来确定,不必面面俱到。

调研报告开头的写作方法很多,有的引起读者注意,有的采用设问手法,有的开门见山,有的承上启下,有的画龙点睛,没有固定形式。但一般要求紧扣主旨,为主体部分做展开准备。文字要简练,概括性要强。

(2)主体部分是调研报告的主干和核心,是前言的延伸,是结论的依据。这部分主要写明事实的真相、收获、经验和教训,即介绍调查的主要内容是什么,为什么会是这样的。主体部分要包括大量的材料——人物、事件、问题、具体做法、困难、障碍等,内容较多,所以要精心安排调研报告的层次,安排好结构,分步骤、有次序地表现主题。

调研报告中关于事实的叙述和议论主要写在这部分里,主体部分是充分表现主题的重要部分。一般来说,调研报告主体的结构有三种形式:

①横式结构,即把调查的内容加以综合分析,紧紧围绕主旨,按照不同的类别分别归纳成几个问题来写,每个问题可加上小标题,而且每个问题里往往还有着若干个小问题。典型经验性质的调研报告多采用这样的结构。这种调研报告形式观点鲜明,中心突出,使人一目了然。

②纵式结构。有两种形式,一是按调查事件的起因、发展和先后次序进行叙述和议论。一般状况调研报告和揭露问题的调研报告多使用这种结构形式,有助于读者对事物发展有深入的、全面的了解。一是按成绩、原因、结论层层递进的方式安排结构。一般综合性质的调研报告

多采用这种形式。

③综合式结构。这种调研报告形式兼有纵式和横式两种特点,互相穿插配合,组织安排材料。采用这种调研报告写法,一般是在叙述和议论发展过程时用纵式结构,而写收获、认识和经验教训时采用横式结构。

调研报告的主体部分不论采取什么结构形式,都应该做到先后有序、主次分明、详略得当、联系紧密、层层深入,为更好地表达主题服务。

(3)结尾是调研报告分析问题、得出结论、解决问题的必然结果。不同的调研报告,结尾写法各不相同。一般来说,调研报告的结尾有以下五种:对调研报告进行归纳说明,总结主要观点,深化主题,以提高人们的认识;对事物发展做出展望,提出努力的方向,启发人们进一步去探索;提出建议,供决策者参考;写出尚存在的问题或不足,说明有待今后研究解决;补充交代正文没有涉及而又值得重视的情况或问题。

3. 附录

附录主要包括问卷、调查表格、数据汇总表格、统计分析方法、参考文献等内容。

本 章 小 结

市场调研是指运用科学的方法系统地、客观地辨别、收集、分析和传递有关市场营销活动的各方面的信息,为企业营销管理者制定有效的市场营销决策提供重要的依据。市场调研的作用主要体现在帮助管理者发现机会、利用机会,开发新产品,占领市场,从而获得竞争优势。市场调研内容繁多,主要包括市场需求调研、产品调研、价格调研、促销调研、分销渠道调研、营销环境调研和竞争对手调研。

常用的市场调研的方法有文案调研、实地调研。文案调研又称二手资料搜集法、间接调研法、资料分析法或室内研究法。它是利用企业内部和外部现有的各种信息、情报,对调研内容进行分析研究的一种调研方法。实地调研是指对第一手资料的调查活动,包括访问法、观察法、实验法。

问卷调查是目前调查业所广泛采用的调查方式。调查问卷一般由标题、开头部分、甄别部分、主体部分和背景部分五个部分组成。市场调研报告是指经过在实践中对某一产品客观实际情况的调查了解,将调查了解到的全部情况和材料进行分析研究,揭示出本质,寻找出规律,总结出经验,最后以书面形式陈述出来。撰写市场调研报告应注意三个禁忌:根据自己的主观意愿选取调查样本、仅对市场调研的结果做客观的描述、游离于市场调研结果的"空对空"的研究。

关 键 概 念

市场调研(market investigate)　　　环境调研(environment investigate)
需求调研(demand investigate)　　　产品调研(product investigate)
价格调研(price investigate)　　　　渠道调研(place investigate)
竞争对手调研(competition investigate)　观察法(observation research)
实验法(the methods of experiment and analysis)
问卷设计(questionnaire design)

复习思考题

一、问答题

1. 试比较文案调研与实地调研的优缺点,并举例说明其适用范围。
2. 试论述一份优秀调查问卷的标准是什么。
3. 调查问卷一般分成哪几个部分?如果要进行在校大学生心理状况调研,你认为应该如何进行?
4. 撰写市场调研报告的基本要求有哪些?市场调研报告的基本格式是什么?
5. 撰写市场调研报告的禁忌有哪些?请举例说明。

二、不定项选择题

1. 市场调研作为一门独立的应用科学有着庞大而复杂的内容体系,市场调研的内容主要涉及( )。
   A. 需求调研　　　　　　　　B. 微观环境调研
   C. 4P调研　　　　　　　　　D. 外部环境调研

2. 产品进入市场后,经营者必须马上做出的正确决策是( )。
   A. 降低价格　　B. 跟踪信息　　C. 扩大销路　　D. 开发新产品

3. 在英国某大学的洗衣店内,一名男子正一边看报纸一边等衣服洗好。他似乎有些心不在焉,但实际上他在认真倾听周围人的谈话,了解来洗衣服的学生都有哪些洗衣习惯以及喜欢什么牌子的洗涤用品。这属于( )调研方法。
   A. 访问法　　B. 观察法　　C. 实验法　　D. 非参与法

4. 宝洁公司曾回收用过的洗衣机、毛巾和盘子等,以便开发出更好用的洗涤产品。曾在宝洁公司从事科研工作的霍伊特·查卢特回忆说:"为了开发新的洗衣粉,我们曾经收集了六百件旧内衣。"这属于( )调研方法。
   A. 访问法　　B. 观察法　　C. 实验法　　D. 非参与法

5. 市场调研就是搜集、整理和分析与市场营销有关的资料和数据,其搜集数据的程序必须系统,搜集数据的态度必须是( )。
   A. 详尽的　　B. 认真的　　C. 客观的　　D. 谨慎的

三、实训练习

1. 请指出以下问卷存在的问题。

消费者互联网移动支付使用意愿调查问卷

亲爱的朋友:

您好!非常感谢您能在百忙之中抽出两到三分钟的时间参与我们的问卷调查。本问卷旨在了解您对互联网移动支付的使用情况以及对互联网移动支付的使用意愿。问卷采用匿名形式。我们郑重承诺:调查仅用于学术研究,您提供的任何信息都将严格保密,感谢您的支持和配合!

第一部分　个人基本信息

(1)您的性别( )。

A. 男 B. 女

(2) 您的年龄( )。

A. 18 岁以下 B. 18~25 岁 C. 25~30 岁
D. 30~45 岁 E. 45~60 岁 F. 60 岁以上

(3) 您的受教育情况( )。

A. 初中以下 B. 高中、中专、职校
C. 大学本科、专科 D. 硕士研究生
E. 博士研究生

(4) 您目前从事的职业是_____。

(5) 您的月收入水平( )。

A. 2000 元以下 B. 2000~3000 元 C. 3000~5000 元 D. 5000~7000 元
E. 7000~10 000 元 F. 10 000~15 000 元 G. 15 000 元以上

(6) 您所在的省份是_____。

第二部分 互联网移动支付使用现状

(互联网移动支付包括:网上银行支付、NFC 手机移动支付、第三方支付。)

(7) 您使用互联网移动支付的时间有( )。

A. 从未使用,只是听说 B. 小于 6 个月 C. 6 个月到 1 年
D. 1 年到 3 年 E. 3 年以上

(8) 请根据您的实际情况填写以下表格(互联网移动支付使用频率:1 表示最常用,3 表示最不常用)。

	1	2	3
网上银行支付			
第三方支付			
手机移动支付			
其他			

(9) 您使用互联网移动支付的频率是( )。

A. 月均不足 1 次 B. 每月 1~2 次 C. 每月 3~5 次
D. 每月 5~10 次 E. 每月 10~20 次 F. 每月 20 次以上

(10) 您能够接受的使用互联网移动支付的交易额度是( )。

A. 100 元以下 B. 100~500 元 C. 500~1000 元
D. 1000~5000 元 E. 5000~10 000 元 F. 10 000 元以上

(11) 您每月实际使用互联网移动支付的额度是( )。

A. 500 元以下 B. 500~1000 元 C. 1000~5000 元
D. 5000~10 000 元 E. 10 000 元以上

(12) 您生活中使用互联网移动支付的场景有( )。(至少选一项)

A. 网上购物 B. 转账汇款 C. 生活服务(打车,水、电、煤缴费)
D. 信用卡还款 E. 金融理财服务 F. 购买手机应用
G. 购买票务 H. 实体店付款

第三部分　互联网移动支付使用意愿

(13)您使用互联网移动支付的原因是(　　)。(至少选一项)
　　A. 操作简单　　　　B. 服务高效快捷　　C. 无须携带钱、卡　　D. 收费低
　　E. 开通手续简单　　F. 补充其他付款方式　G. 安全性高　　　　H. 优惠促销
　　I. 服务功能需求　　J. 商户支付方式
请根据您对以下问题的认可度做出评定。

(14)使用互联网移动支付需要提供个人的隐私信息,我担心我的个人信息泄露以及被不良商家及服务商利用。(　　)
　　A. 很不同意　　　　B. 不同意　　　　　C. 一般
　　D. 同意　　　　　　E. 很同意

(15)我担心如果互联网移动支付中发生差错,我将得不到相应的赔偿。(　　)
　　A. 很不同意　　　　B. 不同意　　　　　C. 一般
　　D. 同意　　　　　　E. 很同意

(16)学习使用互联网移动支付需要耗费大量的时间和精力。(　　)
　　A. 很不同意　　　　B. 不同意　　　　　C. 一般
　　D. 同意　　　　　　E. 很同意

(17)互联网移动支付需要额外支出相应的电子终端费用,增加成本。(　　)
　　A. 很不同意　　　　B. 不同意　　　　　C. 一般
　　D. 同意　　　　　　E. 很同意

(18)互联网移动支付无须携带现金,能够使交易更加方便。(　　)
　　A. 很不同意　　　　B. 不同意　　　　　C. 一般
　　D. 同意　　　　　　E. 很同意

(19)互联网移动支付高效快捷,能够节约我的时间,提高生活效率。(　　)
　　A. 很不同意　　　　B. 不同意　　　　　C. 一般
　　D. 同意　　　　　　E. 很同意

(20)您认为互联网移动支付需要改善的方面是(　　)。(至少选一项)
　　A. 提高交易安全性　　　　　　　　　B. 降低使用成本
　　C. 提高服务质量,增加服务功能　　　D. 提升支付操作的便捷性
　　E. 提供离线支付方案　　　　　　　　F. 放开支付限额
　　G. 拓展服务应用范围

2. 针对目前大学生在校生活学习状况,分小组选定一个与之相关的调查主题,进行调研活动。小组成员各自分工,安排调研进程,设计问卷、回收问卷、统计数据,完成调研报告。

四、案例分析

"方便尿布"上市成功案例

当年美国某企业向市场推出其新产品"方便尿布"时,曾遇到了阻力。"方便尿布"用纸制成,用过一次便丢弃,故亦称"可弃尿布"或"一次性尿布"。在产品推广的初期,广告诉求的重点放在方便使用上,结果销路不畅。后经调查了解,仔细分析消费者的心理,方知虽然母亲们认为该尿布确实使用方便,省去洗尿布的麻烦,但广告关于省事省力的宣传却使她们产生了心理上

的不安:如果仅仅是方便使用而无其他品质,那么,购买、使用这种"一次性尿布",只是母亲为了图省事,自己就好像就成了一个懒惰、浪费的母亲,婆婆也会因此责备自己。

有这样的一个故事:一位年轻的母亲正在给自己的孩子换"一次性尿布",这时门铃响了,原来是婆婆来家看望孩子。这下搞得母亲很紧张,情急之下,一脚将换下的尿布踢到床下,然后才去给婆婆开门。为什么要把尿布踢到床下?原来是怕婆婆看到后有意见。在婆婆看来,给孩子洗尿布是母亲的天职,哪能嫌麻烦呢?给孩子用"一次性尿布"的母亲,必定是一个怕麻烦、懒惰的、对孩子不负责任的母亲。鉴于此,新的广告策划与策略针对这种心理进行了调整,广告诉求的重点发生了改变。新广告着重突出该尿布比布质更好、更柔软,吸水性更强,保护皮肤,婴儿用了更卫生、更舒服等特点。把产品利益的重点放在孩子身上,淡化了对于母亲方便省事的描述。广告语是:"让未来总统的屁股干干爽爽!"于是,"一次性尿布"就受到了母亲们的普遍欢迎,因为它既满足了她们希望婴儿健康、卫生、舒适的愿望,又可使她们心安理得地避免懒惰与浪费的指责,同时兼顾了两方面的心理满足。从此,"一次性尿布"就在美国流行起来。

1. 市场调研不能盲目以顾客为中心,结合本章的内容,你认为一项成功的市场调研除了依靠准确的信息资料之外,还取决于哪些要素?

2. 结合本案例内容,如果你要进行婴儿"尿不湿"的市场调研,你认为应该从哪些方面开展?

3. 运用本章问卷设计的知识点,为"尿不湿"市场调研设计一份调查问卷。

本章习题库

第五章
消费者购买行为分析

学习目的及要求

通过本章的学习,主要了解消费者市场的概念及特点,理解消费者购买行为的决策过程,了解并掌握影响消费者购买行为的主要因素,了解消费者是如何参与购买决策的,理解和掌握消费者购买行为类型以及购买决策过程的具体步骤,了解组织市场、生产者市场、中间商市场以及政府市场的概念、特点与购买行为。

【引例】

"双十一"的消费者行为分析

"双十一"期间,消费者面临着降价折扣、促销氛围、时间压力、繁杂信息,同时持币搜索、伺机秒杀、担心错过——这种独特情景下的消费者行为,和平时悠闲自得的购买行为有很大不同。在这种特殊的"双十一"情景下,消费者的决策机制、浏览方式都产生很大的变化。

1. 利他行为增加

"双十一"环境下,消费者的利他性购买需求会增加,也就是我们常说的送礼购买。因为"双十一"很多人会支出一大笔花销,从而产生负罪感,而利他行为可以减轻负罪感。很多人在"双十一"会进行透支消费,或者买了平时根本不舍得消费的东西,这个时候会因过量购物而产生内疲感。而恰当的利他行为可以减少这种内疲感,所以很多消费者会在"双十一"增加利他行为——"你看,我又帮我男朋友挑了一件大衣,比我的都要贵呢!"

2. 自制力释放

"双十一"之前,大部分人会刻意压制自己的购物需求,等到"双十一"再一起购买。"这双鞋子真好看!算了,还是等'双十一'再买吧。"而对需求的压制会消耗人的自制力,从而导致消费者出现集中的自制力释放行为——疯狂购物+疯狂娱乐。"双十一"消费者的购物需求已经压制了很久,购物的自制力被消耗殆尽,到了"双十一"那天,他们几乎无法抵抗诱惑,进入"自制力释放"的状态。而人一旦进入自制力释放的状态(往往是经过了一段时间的压制),就会出现这些状况:购买一些平时不舍得购买的商品;娱乐需求增加;工作注意力降低。

如果你看天猫"双十一"的广告,就会发现它通过渲染几十个娱乐欢快的场景,进一步刺激消费者的自制力释放。甚至,2019年连晚会都开始搞了。

3. 尝试新选择增加

"双十一"一般是"囤货式"购买——一次性买好未来好几个月的衣服鞋子。而在这种情况下,消费者会比往常更加倾向于尝试新选择,而不是维持过去的购买习惯。平时购物时,我们经常只买现在要用的东西,所以会更加倾向于延续消费习惯,比如只盯着几个品牌的几类产品购买。而到了"双十一",我们需要买未来很久要用的东西或者要穿的衣服,会更加倾向于多样化选择——如果让你每个月买一件,你可能会买类似的;但是如果是"双十一"要把6个月的放进购物车,你肯定不会放6件类似的东西进去。这就意味着:很多新品类,可能会在"双十一"面临机会。

4. 决策瘫痪

"双十一"给消费者提供了海量的选择,商品琳琅满目,给了消费者充分的选择。大部分人觉得"选择越多越好",但是研究发现,过多的同质选择,反而会让消费者进入"决策瘫痪"状态,最终放弃购买。为什么呢?因为更少的选择意味着更低的决策成本。过多的同质化选择同时出现时,人们反而会放弃购买,而选择单一化的商品。"双十一"就是这样的情况:大量的商品、大量的同质化选择,消费者不知道到底要买哪个。这个时候,能够降低决策成本,帮助消费者迅速做决定的品牌就容易致胜。比如卖鞋的直接说明:"20多岁职场新人必备皮鞋3款"……还有大量的导购类网站、帖子,也容易分这杯羹。

资料来源:李靖.最全清单:"双十一"的消费者行为.知乎,有改动.

第一节 市场特性分析

一、消费者市场的概念与特点

(一)消费者市场的概念

消费者市场又称消费品市场或终极市场,是指个人和家庭为了生活需要而购买或租用商品和服务而形成的市场。消费者市场是通向最终消费的市场,是实现企业利润的最终环节,是其他市场存在的基础,是最终起决定作用的市场,是一切社会生产的终极目标,因此,对消费者市场的研究是对整个市场研究的基础与核心。在消费者市场出售的商品不需要再加工便可供消费者直接消费,消费者购买此类商品的目的是满足家庭或个人消费,它一经卖出,便退出流通领域而成为人们生活消费的物质对象。

(二)消费者市场的特点

相对于组织市场,消费者市场具有以下特点。

1. 购买人数多,供应范围广

消费者市场是最终使用者市场,人们要生存就要消费,所以消费者市场通常以全部人口为服务对象。我国有14亿多人口,消费者市场的人数也就有14亿之多。另外,消费者吃、穿、住、行、通信、娱乐等需求范围又很广泛,高、中、低档都包括在内,所以这一市场的供应范围也很广。

2. 交易数量少,交易次数多

由于消费品是以个人或家庭作为基本消费单位,许多消费品本身又具有不耐储藏、时令性强等特点,而且一般家庭人口较少,同时,现代市场商品比较丰富,购买方便,不必大量储存,因此,消费者通常一次购买数量较少,而购买次数比较多,有些商品需要经常甚至天天购买。

3. 消费差异大,消费变化快

消费者人多面广,差异性大。不同年龄、性别、职业、收入、民族和宗教信仰的消费者,在生活消费的各个方面都有不同的需求特点。不仅如此,即使是同一个消费者,在不同时间、不同地点、不同心态下,需求也不相同,表现出很大的差异性。另外,消费者购买行为具有自发性、感情冲动性等特点,属于非专家购买,其做出购买决策时容易受广告宣传、推销方式、商品的包装、服务质量等多种因素的影响。

4. 需求弹性大,购买流动快

由于消费者市场需求是直接需求,来源于人的各种生活需要,在当前我国人均收入水平还不高的情况下,购买商品时价格显得较为重要。消费者对多数商品,特别是选购品的价格十分敏感,需求弹性大。另一方面,消费品的替代性大,也使需求弹性增大。与此同时,现代商品日益丰富多样,可供挑选的余地越来越大了,加上交通越来越便利,旅游事业越来越昌盛,人口的流动性越来越大,消费者市场本身又具有多变性的特点,这些都造成了消费者市场具有很高的流动性特点。

(三)消费品的分类

1. 根据商品的形态和耐用程度分类

根据商品的形态和耐用程度分类,可以分成耐用消费品、易耗消费品和服务。

(1)耐用消费品。

耐用消费品是指能够多次使用、寿命较长的商品,例如家用电器、家具、汽车等。由于耐用消费品使用寿命长、购买次数少,消费者的购买行为和决策较为慎重。

(2)易耗消费品。

易耗消费品也叫作非耐用消费品,是指只能使用一次或几次的易耗的有形商品,例如食品、肥皂、牙膏、洗衣粉、纸张等。这类商品的使用寿命较短,消费者购买的频率较高,消费者的购买行为具有很强的多变性。

(3)服务。

这是一种无形的商品,是为消费者获得利益或满足而提供的服务,例如家电维修、技术指导、理发、娱乐等。服务具有无形性、易变性和时间性等特点。

2. 根据消费者的购买习惯和购买特点分类

根据消费者的购买习惯和购买特点分类,可以分为四类:便利品、选购品、特殊品和非渴求品。

(1)便利品。

便利品是指消费者经常购买、反复购买、即时购买、就近购买、惯性购买,且购买时不用花时间比较和选择的商品。具体又可分为三类:①日用品,一般是指那些日常生活必需、经常购买、单价较低的商品,如日用杂货、一般食品、价值较低的纺织品、文化用品等;②即兴商品,如旅游纪念品、小工艺品等,消费者对这类商品往往不用寻找,而是凭一时冲动才购买的;③急需用品,如某地区流行某种传染病急需某种药品,某地区突然遭到强烈的寒流侵袭急需防寒用品等,这时某种药品和防寒用品就成为急需用品。

(2)选购品。

选购品是指顾客对使用性、质量、价格和式样等基本方面要做认真权衡比较之后而做出购买决策的商品,例如家具、服装、皮鞋和大的器械等。这类消费品价格一般较高,使用时间也较长。这类消费品的特点是购买者的购买频率较低,没有固定的购买习惯。

(3)特殊品。

特殊品是指具有特定品牌或独具特色,或对消费者具有特殊意义、特别价值的商品,如汽车、电脑、具有收藏价值的收藏品以及结婚戒指等。这类商品的特点是,由于使用寿命较长,价格又高,因而消费者的购买频率较低,并且消费者对这类商品一般是事先熟悉一定的产品常识,进行过分析比较,形成一定的偏好。

(4)非渴求品。

非渴求品是指消费者不熟悉,或者虽然熟悉但不感兴趣,不主动寻求购买的商品。这些商品一般只具有特殊用途,如环保产品、墓地、人寿保险以及专业性很强的书籍等。

二、组织市场的概念与特点

(一)组织市场的概念与类型

组织市场又称"非个人用户市场""非最终用户市场",即构成组织市场的用户不是个人消费者,而是组织团体,是指以某种组织为购买单位的购买者所构成的市场,包括生产企业、中间商和政府机构等。这些组织购买商品的目的不是用于个人消费,而是用于生产加工、转卖或执行任务,因此,组织市场购买属于生产性消费或公务性消费。

组织市场按照商品的购买者的不同可以分为以下三种类型。

1. 生产者市场

生产者市场亦称"产业市场",它是指一切购买产品和服务并将之用于生产其他产品或服务,以供销售、出租或供应给他人的个人和组织所组成的市场。

2. 中间商市场

中间商市场亦称"转卖者市场",它是由所有以赢利为目的的从事转卖或租赁业务的个体和组织构成。中间商市场由批发商和零售商两个部分组成。批发商是指购买商品和服务并将之转卖给零售商和其他商人以及产业用户、公共机关和商业用户等的中间商。而零售商的主要业务是把商品或服务直接卖给消费者。

3. 政府市场

政府市场是由需要采购产品和劳务的各级政府机构构成,它们采购的目的是执行政府机构的职能。由于各国政府通过税收、财政预算等掌握了相当一部分国民收入,为了开展日常政务,政府机构要经常采购物资和服务,因而形成了一个很大的市场。确切地说,政府机构是市场活动中最大的买主。通常政府市场的规模为政府财政支出中政府消费和政府投资的总和,一般占一个国家或地区年度GDP的10%以上,发展中国家规模还要大一些,一般为20%~30%。

(二)组织市场的特点

1. 组织市场的需求具有派生性

组织市场的需求是一种派生需求,即组织市场上的客户对产品和服务的需求是从消费者对最终产品和服务的需求派生出来的。如汽车公司采购钢材是因为消费者需要汽车,如果消费者市场对汽车的需求量下降,那么汽车公司对钢材和其他用于制造汽车的产品的需求量也将下降。

2. 多人参加购买决策

与消费者市场相比,组织市场上参加购买决策的人较多,并多为受过专门训练的专业人员。在许多情况下,甚至连采购经理也很少能独立决策。

3. 购买者购买决策过程复杂

由于组织市场购买数额较大,参与决策者较多,而且产品技术性能较为复杂,所以组织市场的购买决策通常比消费者市场的购买决策更复杂,往往需要反复讨论。

4. 购买决策过程规范

组织大规模的购买通常要求有详细的产品规格,写成文字形式的购买清单,对供应商认真调查,并有正式的审批程序,因此要求购买决策过程规范。

5. 提供商品的同时提供服务

一般来讲，物质商品本身并不能满足组织购买者的全部需求，企业还必须为组织购买者提供必要的技术支持、人员培训、信贷优惠等条件和服务。

第二节 消费者市场购买行为分析

一、消费者市场购买行为模式分析

所谓消费者市场购买行为是指消费者为满足自己的生活需要，在一定购买动机的驱使下，所进行的购买商品的活动过程。分析消费者的购买行为，可以发现在消费者千差万别的购买行为背后实际上也存在着某些相似的行为，我们把消费者普遍采用的购买行为方式称为消费者购买行为模式，实质上是一种刺激-反应模式，如表 5.1 所示。

表 5.1 消费者购买行为模式

外界刺激		购买者的意识		购买者的决策
营销因素	环境因素	购买者的个人特征	购买者的决策过程	
产品	政治的	文化	引起需求	产品选择
价格	经济的	社会	搜集资料	品牌选择
渠道	文化的	个人	评估方案	卖主选择
促销	技术的	心理	做出决策	购买时间选择
			购后行为	购买数量选择

"刺激-反应"原理是由行为心理学的创始人沃森建立的，他指出人类的复杂行为可以被分解为两部分：刺激和反应。人的行为是受到刺激的反应，刺激则来自于两方面——身体内部的刺激和身体外部环境的刺激，而反应总是随着刺激而呈现的。按照这一原理分析，从营销者角度出发，各个企业的许多市场营销活动都可以被视为对购买者行为的刺激，如产品、价格、销售地点和场所、各种促销方式等，所有这些我们称之为"市场营销刺激"，是企业有意安排的对购买者的外部环境刺激。此外，购买者还时时受到其他方面的外部刺激，如经济的、技术的、政治的和文化的刺激等，如国内政治形势的变化、币值的波动、失业率的高低等。所有这些刺激，进入了购买者的"暗箱"后，与消费者本身的特征相结合。这些特征包括社会特征、心理特征、个人特征以及文化特征等。然后经过一系列的心理活动，产生了人们看得到的购买者反应——购买还是拒绝，或是表现出需要更多的信息。购买者一旦决定购买，其反应通过购买决策过程表现在其购买选择上，包括产品选择、品牌选择、购物商店选择、购买时间选择和购买数量选择。

尽管购买者的心理是复杂的、难以捉摸的，但这种种神秘的、不易被窥见的心理活动可以通过反应而使人们认识，营销人员可以从影响购买者行为的诸多因素中找出普遍性的方面，而由此进一步探究购买者行为的形成过程，并在能够预料购买者反应的情形下，自如地运用"市场营销刺激"。

> **情境模拟**
>
> **你会判断消费者的购买心理活动吗?**
>
> 请两位同学分别扮演营销员甲和顾客乙,假设顾客乙进入商店,不吭一声,看不出他喜欢什么,不喜欢什么。但营销员甲仔细观察,发现他在一件漂亮的衣服面前停留时间较长,而且有一种爱不释手的感觉。营销员甲想顾客乙一定看中了这件衣服,但怎样让他掏钱购买呢?
>
> 想一想:假如你是营销员甲,你将怎样打动顾客乙,促成这笔生意?

二、消费者市场购买行为类型分析

在实际购买活动中,任何两个消费者之间的购买行为都存在着某些差异。研究消费者购买行为不可能逐个分析,只能大致进行归类研究。常见的消费者购买行为有以下两种分类方法。

(一)按消费者的购买心理和个性特点划分

1. 习惯型购买行为

此类消费者的购买行为表现为依照过去的购买经验和使用习惯而购买,很少受时尚风气的影响,一般不做更多的比较选择,购买行为迅速而果断。

2. 慎重型购买行为

购买行为表现为以理智为主、感情为辅。此类消费者购买商品时喜欢收集产品的有关信息,了解市场行情,在经过周密的分析和思考后,做到对产品特性心中有数。在购买过程中,他们的主观性较强,不愿意别人介入,受广告宣传及售货员的介绍影响甚少,往往要经过对商品细致的检查和比较,反复权衡各种利弊因素后才做出购买决定。

3. 经济型购买行为

此类消费者购买商品时多从经济的角度考虑,对商品的价格非常敏感,善于精打细算,比较价格的差异,并从中得到心理满足,这类消费者对时尚、名牌不做过多的考虑。

4. 冲动型购买行为

此类消费者往往是年轻人,心理反应敏捷,容易受产品外观、广告宣传或相关人员的影响,以直观感觉为主,决定轻率,易动摇和反悔,新产品以及时尚产品对其吸引力较大。他们一般见到第一件合适的商品就想买下,而不愿意做反复的比较选择,因而能快速做出购买决定。

5. 感情型购买行为

此类消费者兴奋性较强,情感体验深刻,想象力和联想力非常丰富,审美感觉也比较灵敏,因而在购买行为上容易受感情的影响,他们往往以产品的品质是否符合其感情的需要来确定购买决策。如果产品在设计、造型、色彩等方面有新意,再加上艺术的促销引导,就能有效地吸引这类消费者。

6. 疑虑型购买行为

此类消费者比较内向,善于观察细小事物,行动谨慎、迟缓,体验深而疑心大。他们选购产品时从不冒失而仓促地做出决定,在听取营业员介绍和检查产品时,也往往小心谨慎和疑虑重重。他们挑选商品时动作缓慢,费时较多,还可能因犹豫不决而中断购买。购买商品时经过深思熟虑,购买后仍放心不下。

7. 不定型购买行为

此类消费者多是一些年轻的、新近开始独立购物的新购买者,易于接受新的东西,消费习惯和消费心理正在形成之中,缺乏主见,没有固定的偏好。这种人由于缺乏经验,购买心理不稳定,往往是随意购买或奉命购买商品,他们在选购商品时一般都渴望得到营业员的帮助,乐于听取营业员的介绍,并很少亲自再去检验和查证产品的质量。

(二)按消费者在购买时介入的程度和产品品牌的差异程度划分

按消费者在购买时介入的程度和产品品牌的差异程度,消费者购买行为可分为习惯型购买行为、变化型购买行为、协调型购买行为、复杂型购买行为等。

1. 习惯型购买行为

习惯型购买行为是指对于价格低廉、经常购买、品牌差异小、购买频率大的商品,消费者不需要花时间选择,也不需要经过搜集信息、评价产品特点等复杂过程,可以直接凭过去的知识经验而购买的一种最简单的购买行为,购后也很少对产品进行评价。对于这种购买行为类型,市场营销者可以用价格优惠、电视广告、包装独特、销售促进等方式鼓励消费者试用、购买或续购。

2. 变化型购买行为

当消费者购买品牌差异明显、新产品不断出现的商品时,往往不愿投入更多的时间和精力进行选购,而是在重复购买时不断变化所购商品的品牌,这种商品之间有明显差异但消费者购买的介入程度较低的购买行为就称为变化型购买行为。消费者不断变换的原因往往不是对商品不满意而是为了寻求多样化。对于这种购买行为类型,市场营销者可采用销售促进、广泛铺货等办法,鼓励消费者购买。

3. 协调型购买行为

协调型购买行为是指当消费者购买品牌差异不大、不经常购买又有一定风险的商品时,一般要比较、看货,只要价格公道、购买方便、机会合适,消费者就会决定购买。但在购买之后,消费者也许会感到有些不协调或不够满意,即心理上产生不平衡、失调的感受,为解决这种失调的心理感受,消费者在使用过程中,会了解更多的商品情况,并寻求种种理由来减轻、化解这种不协调感受,以证明自己的购买决策是正确的。对于这种购买行为类型,市场营销者应注意运用价格策略、人员推销策略提供有关产品的评价信息,使消费者在购买后相信自己的决定是正确的。

4. 复杂型购买行为

复杂型购买行为是指当消费者面对不常购买的贵重商品时,由于此类商品品牌差异较大,购买风险大,消费者对产品了解甚少,消费者需要有一个学习的过程,了解商品的性能、特点、质量、价格、售后服务等情况,从而对产品产生某种看法,最后购买的购买行为。对于这种复杂的购买行为,营销者必须制定各种策略以帮助购买者掌握该类产品的属性、各属性的相对重要性,并介绍其品牌具有的较重要的属性及给消费者所带来的利益,从而影响购买者的最终决策。

三、消费者购买决策过程分析

(一)消费者购买决策的参与者

消费者的购买决策在很多情况下并不是由一个人单独做出的,而是有其他成员的参与,是一种群体决策的过程。因为消费者在选择和决定购买某种个人消费品时,也常常会同他人商量或者听取他人的意见,所以,了解哪些人参与了购买决策,他们各自在购买决策过程中扮演怎样的角色,对于企业的市场营销活动有着很重要的作用。

一般来说,参与购买决策的成员大体可形成五种主要角色,如图5.1所示。

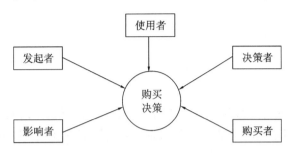

图 5.1　消费者购买决策过程的参与者

(1)发起者,即购买行为的建议人,他们首先提出要购买某种产品。

(2)影响者,即对发起者的建议表示支持或者反对的人,这些人不能对购买行为的本身进行最终决策,但是他们的意见会对购买决策者产生影响。

(3)决策者,即对是否购买、怎样购买有权进行最终决策的人。

(4)购买者,即执行具体购买任务的人,其对产品的价格、质量、购买地点进行比较选择,并同卖主进行谈判和交易。

(5)使用者,即产品的实际使用人,其对产品的满意程度会影响再次购买的决策。

这五种角色相辅相成,共同促成了购买行为,是企业营销的主要对象。需要指出的是,五种角色的存在并不意味着每一种购买决策都必须要五人以上才能做出。在实际购买行为中,有些角色可在一个人身上兼而有之,如使用者可能也是发起者,决策者可能也是购买者。企业可以根据各种不同角色在购买决策过程中的作用,有的放矢地按一定的程序分别进行营销宣传活动。

(二)消费者购买决策过程

对于不同类型的购买行为,消费者在购买决策上所花费的时间与精力是不一样的。复杂的购买行为,消费者的购买决策过程分为五个阶段,即引起需要、搜集信息、评估信息、购买决策、购后行为,这一过程的结构如图5.2所示。

图 5.2　消费者购买决策过程

1. 产生购买需求与动机

需求是指消费者生理或心理的需求,即对某种商品或劳务的欲望和需要。它直接影响购买行为,是最终产生购买行为的起点。消费需求在市场活动中反映为购买动机。

需求不仅包括衣食住行等生活必需品的需要,而且包括发展文化教育、卫生保健以及娱乐、体育、旅游等方面的需要。也就是说,为了满足人民群众的物质文化生活的需要,不仅要求有生存资料,还要求有发展资料和享受资料。人们的消费需求与其购买力和社会所能提供的商品有密切的关系。随着社会生产力的日益发展,人们实际收入水平的不断提高,消费需求也不断发生变化,而且还会从以满足生存需求为重点,逐步转向以满足发展需求为重点。美国心理学家马斯洛曾提出"需求层次理论",在市场研究中占有重要地位。

课外视野	马斯洛需求层次理论
视频来源	bilibili 网站

2. 搜集信息

商品信息对消费者的购买行为有着重要的影响,企业必须针对消费者的心理活动,运用有效的宣传方式,向消费者输送本企业的商品信息,并热情、周到、耐心地接待顾客,当好顾客的参谋,协助顾客做出购买决定。

消费者的信息来源主要有以下三个方面:

(1)市场来源,包括从广告宣传、商品陈列、展销会、商品包装、推销人员介绍、网络搜索等获得的各种市场信息。

(2)社会来源,包括从家庭、亲友、邻居、同事的介绍及社会上使用者的互相传告等获得的各种信息。

(3)经验来源,即指消费者自己对商品的观察、比较、使用、试验而得来的信息。

3. 对比评估

为了满足需求,消费者搜集了足以做出判断的信息后,就要对商品进行评价和挑选。对所要购买的商品进行全面的了解,对同类商品进行综合比较,最终对购买时间、地点、价格提出不同方案,然后比较评价,这是购买过程中的重要阶段。企业营销活动应尽可能为消费者提供信息、提供方便条件,促使其以购买本企业产品为最佳方案。

4. 决定购买

受购买动机的驱使而产生的购买活动,称为购买行为。研究消费需求和购买动机,是为了摸清消费者为何购买,而研究购买行为,还必须了解消费者何时、何处、如何购买以及何人去实际购买。

(1)何时购买。消费者购买商品的时间有其习惯性。有些商品属于常年消费,如一般日用品和电视机、洗衣机等耐用品;有些属于季节性消费,如夏季用品、冬季用品、旅游用品等;有些则属于节假日消费,如节假日期间食品、礼品、玩具、服装等物品的销售量大大高于平时。

(2)何处购买。有些商品如家用电器、高档服装等,消费者一般愿在繁华地区的大型百货商场或专门商店购买;而对一般百货和副食等商品,则倾向于就近购买。企业应根据这些特点,选择适当的经销商或在适当的地点组织经销。

(3)如何购买。它是研究消费者购买行为时主要考虑的因素。不同的消费者对商品的品牌、价格、质量、包装、售后服务和使用是否方便等因素的侧重是不同的,企业应根据具体情况,制订相应的生产和销售计划。

(4)何人购买。家庭购买,往往有其发起者、影响者、决策者、购买者和使用者。这些角色在家庭中可能分别出现,也可能由个别成员集中承担。这些成员对购买行为都有一定影响,其中,购买者是购买行为的执行者,集中反映家庭的购买意图。商品现场条件和购买者的临场心理最后促使购买行为的实现。企业应通过分析家庭成员的购买地位,有针对性地进行产品设计和商品宣传。

消费者通过比较评价,就会按照各自的主观条件对购买的对象、数量、时间、价格、地点做出最后的决定。购买决策一般有三种情况:一种是决定购买,认为商品质量、款式、价格等符合自己的要求,可以立即购买;另一种是延期购买,认为商品的某些方面还不能完全令人满意,或者还需要进一步了解而暂缓购买;再一种是决定不买,认为商品的质量、价格等不适合而决定不买。

在决定购买阶段,企业营销者要通过提供各种销售服务,如指导使用、实行三包、分期付款等,消除顾客的各种疑虑,加深他们对企业及商品的良好印象,促使其做出购买本企业商品的决策。

5. 购后行为

消费者购买到所需商品之后,并不意味着购买过程的结束,购后评价是购买过程中重要的信息反馈,说明消费者对企业经营的商品的满意程度。消费者使用已购商品后是否满足了预期需要,或满意,或基本满意,或不满意,对企业信誉和今后业务发展有很大影响。如果感到满意,他们下次就很可能购买这种品牌的产品,并且常对他人称赞这种产品。反之,如果消费者的购后感受是不满意或很不满意,则不但他们自己以后不会去购买这种商品,而且还会对别人说该产品不好,使原来想买这种产品的人不再购买。因此,企业必须充分重视消费者购后评价的信息,加强与消费者的联系,广泛征求意见,加强售后服务,从而提高企业信誉并带来重复购买或扩大购买。

案 例

巧卖衬衫

一家商店购进了一批款式新、质地好的衬衫,为了使消费者了解这一价廉物美的商品,尽早推销出去,店老板大做广告,原以为从此可占领这里的衬衫市场,可事与愿违,购买者寥寥无几,顾客都愿意到另一家商店买穿惯了的老式衬衫。老板束手无策之际,有人给他出了一个简单的主意:只需在店门口挂一招牌,写上"新式衬衫,每人限购一件"。不久,前来购买者络绎不绝,甚至排上了长队。对面商店老板见此情景,也怕误了良机,忙请该老板看在多年交往的面子上,优先"照顾"一件。

想一想:案例中消费者的购买心理活动过程是怎样的?案例中商家运用了什么样的成交方法?

四、影响消费者购买行为的因素

在现代社会经济条件下,随着人们生活水平的不断提高和消费内容的日益丰富,人们的消费水平也不断提高,消费者的购买过程受到多种复杂因素的影响,但归纳起来主要有文化因素、社会因素、个人因素以及心理因素,如表5.2所示。

表 5.2　影响消费者购买行为的因素

文化因素	社会因素	个人因素	心理因素
文化 亚文化 社会阶层	相关群体 家庭 身份和地位	年龄 职业 经济状况和生活方式 个性及自我概念	动机 知觉 学习 态度

(一)文化因素

文化因素对个人的需求和购买行为影响最深远,这种影响在当前的消费行为中已越来越明显。文化因素主要由文化、亚文化、社会阶层三个方面构成。

1. 文化

文化是根植在一定的物质、社会、历史传统基础上形成的特定的价值观念、信仰、思维方式、宗教、习俗的综合体。文化是决定人类欲望和行为的基本要素,是影响人们需求和行为的重要因素。文化不同,人们对生活的追求、交往方式、观察问题的方法、对产品与服务的要求等都会有所不同,具体表现为服饰、饮食、起居、建筑风格、节日、礼仪等物质文化生活各个方面的不同特点。

2. 亚文化

亚文化也称为副文化。每一种社会和文化内部都包含着若干亚文化。亚文化以特定的认同感和社会影响力将各成员联系在一起,使这一群体有特定的价值观念、生活格调与行为方式。

3. 社会阶层

社会阶层是由具有相似的社会经济地位、利益、价值观倾向和兴趣的人组成的群体或集团。不同社会阶层的人,对产品和品牌有不同的需求和偏好,例如对于衣饰、家具、文化娱乐活动等,各种阶层在款式、风格、品牌上便分别有其不同的偏好。

课外视野　文化、亚文化和反主流文化
视频来源　优酷网

(二)社会因素

消费者行为不但受到广泛的文化因素的影响,同时也受到社会因素的影响,如相关群体、家庭、身份和地位。

1. 相关群体

相关群体是指对消费者的生活方式和偏好有影响的各种社会关系。相关群体可分为三类:一是初级群体,初级群体就是那些与个人关系密切的、经常相互发生影响作用的群体,如家庭、亲朋好友和同事等,他们对消费者购买行为产生直接的影响;二是次级群体,指较为正式但日常接触较少的群体,如医药专业协会、消费者个人参加的各类社团、职工团体等,次级群体由于与消费者接触不那么频繁,因此对消费者的影响作用就稍逊于初级群体;三是渴望群体,消费者虽然不属于该群体,但以其规范和行为作为自己生活的准绳,并渴望加入这一群体,如社会名流、影视明星、体育明星等,这类群体对消费者行为的影响是间接的。

2. 家庭

家庭是社会因素中对消费者行为影响最大的因素,人们的价值观、审美观、爱好和习惯,多半是在家庭的影响下形成的。人们在人生中所经历的家庭大多包括两类:父母的婚前家庭与配偶和子女的婚后家庭。每个人都从双亲那里养成许多倾向性,如对政治、经济、宗教、个人抱负、自身价值和爱的看法。即使消费者长大成人以后,不再经常与父母往来,但是父母仍对消费者潜意识的行为有明显的影响。婚后家庭则对一个人的购买行为产生更为直接的影响,这是社会中最主要的购买单位。

3. 身份和地位

每个人在一生中都会参加许多群体和各类社会组织的活动。一个人在群体中和组织中的位置可以用身份和地位来确定。身份是周围的人对一个人的要求,是指一个人在各种不同场合应起的作用。比如,某人在其父母跟前是儿子,在儿女面前是父亲,对于妻子他是丈夫,在工作单位他是工程师。每一种身份又都附有一种地位,反映社会对他的评价和尊重程度。工程师比一般员工的地位要高,总经理又比工程师的地位要高。消费者往往会结合考虑自己的身份和社会地位做出购买选择,许多产品和品牌由此成为一种身份和地位的标志或象征。

(三)个人因素

消费者在购买决策中受到个人特征的影响,如年龄、职业、经济状况和生活方式、个性及自我概念等。

1. 年龄

消费者从出生到死亡的整个消费过程中,处在不同的年龄阶段,对商品和服务的需求是不一样的。幼年时吃婴儿食品,成长和成熟时期吃各类食品,到了老年只能吃一些特殊食品。同样,人们对衣服、家具和娱乐的喜好也同年龄有关。

2. 职业

消费者的职业对其购买活动也有着直接的影响。体力劳动者对食品、劳动保护用品及运输服务有普遍的需求;而脑力劳动者则主要需要书籍、服饰及学习用品。职业不同的消费者对同类商品的兴趣、偏好也有所差异。

3. 经济状况和生活方式

经济是消费的物质基础。消费者的经济状况对他们的购买活动影响是最直接的。生活方式是指人们花费时间和金钱的态度及其所选择的消费模式。消费者在购买商品时大都只能接受体现其独特生活方式的产品、服务和活动。

4. 个性及自我概念

每个人都有其独特的心理活动,在心理学上称之为个性。个性的各种特征综合在一起形成了一个人的自我概念。自我概念是指个人对自己个性特征的感知、态度和自我评价。面对消费的新潮流,有的消费者随波逐流,有的则固守己见,不为潮流所动。消费者在选购商品时,不仅仅以其质量优劣、价格高低等特征作为选择标准,而且把商品的品牌特征是否符合自我概念作为重要的选择依据。

(四)心理因素

消费者的购买行为也受到四种心理因素的影响,即动机、知觉、学习以及态度。

1. 动机

行为科学认为,人们的行动是由动机决定的,而动机又是由需要引起的。因此,动机是引起人们为满足某种需要而采取行动的驱动力量,它产生于未满足的某种需要。有些需要是由生理引起的,有些需要是由心理导致的。

2. 知觉

知觉是人脑对刺激物各种属性和各个部分的整体反应。知觉来自于感觉。所谓感觉是人脑对当前直接作用于感觉器官的客观事物的个别属性的反应,是指个体通过视、听、嗅、味、触五种感官对刺激物的外形、色彩、气味、粗糙程度等个别属性做出反应。例如,一种新上市的护肤品,消费者用眼睛看到乳白色膏体,用鼻子嗅到清香的气味,用手触摸膏体感觉到细腻柔滑,由此产生对该护肤品颜色、香型、质地等方面的感觉。随着感觉的深入,将感觉到的材料通过大脑进行分析综合,从而得到知觉。

3. 学习

消费者的大多数行为都是学习得来的,通过学习,消费者获得了商品的购买经验,并运用到未来的购买行为中。按照"刺激-反应"理论,人类的学习过程是包含内驱力、刺激物、提示物、反应和强化等因素的一连串相互作用的过程。例如,某人觉得每天洗衣服太费时间和体力,此时他就会产生一种逃避洗衣劳动的内驱力,同时产生了对洗衣机的需求。当他看到了洗衣机(刺激物),又接触到了某种品牌洗衣机的广告宣传(提示物),就实施了购买行为(反应)。通过使用,他对该品牌的洗衣机满意(正强化)或不满意(负强化),将决定他将来是否继续购买同种品牌的产品。

4. 态度

态度是指消费者对有关事物的概括性评价,是以持续的赞成或不赞成的方法表现出来的对客观事物的倾向。营销人员不要试图改变消费者的态度,而是要改变自己的产品以迎合消费者的态度,使企业的产品与目标市场顾客现有的态度保持一致。

第三节 生产者市场购买行为分析

一、生产者市场的特点

在组织市场中,生产者市场的购买行为与购买决策最具有典型意义。因此,研究组织市场首先要研究生产者市场的特点及其购买行为。生产者市场和消费者市场相比,虽然具有许多的相似性,但也有着明显的差异。

生产者市场与消费者市场相比具有以下特点。

1. 购买人数少,购买数量大

在消费者市场上,商品供应者面对的是众多为了满足一家一户或个人需求的购买者。而在生产者市场上,购买者是企业或机构,数量必然比个人或家庭的数量少,而每个购买者的购买量相对于最终的个体消费者要大得多。

2. 双方关系密切,专家购买

生产者市场上购买者人数少,买卖双方成交的数额较大,而且直接关系到生产的结果,加之买主选择供应商有一个时间过程,大宗买主对供应商来讲更为重要,这些都促成了供购双方互相依赖、关系密切。另外,大多数生产资料,特别是工业用生产资料,技术复杂,专用性强,对产品的品种、规格都有严格要求,因此,企业一般需要经过良好训练、具备专业知识和一定采购经验的专业采购人员来购买。

3. 生产者市场的需求是缺乏弹性的需求

生产者购买生产资料是为了生产出能够满足消费者需要的产品,只要产品有销路,生产资料价格的上涨并不会导致需求量的减少。因为生产资料的购买者可以把增加的成本转移到产品的售价上,由消费者来负担。大部分工业制成品中,生产资料的价值往往只占很小的部分,大部分是活劳动所创造的价值。因此,生产资料价格的变化,对产品的出售价格影响较小。

4. 直接购买

生产者市场的购买者往往向生产企业直接购买所需要的产品,特别是那些单价高、技术含量高的机器设备,一般不通过中间商购买。这是由许多产品的购买批量大或专业性和技术性强且供应厂家少而集中的特点所决定的。

5. 互惠性购买

产业购买者和供应者往往互相购买对方产品,即"你买我的产品,我就买你的产品",互相给予优惠。

6. 用租赁代替购买

好多生产者由于自己的财力、设备、技术等条件不足,无法进行再生产时,对一些价值较高的机器设备、交通工具等,通过租赁的方式取得使用权,这样可以节约资金,促使技术更新和生产发展,又可以避免固定资产的无形损耗。

二、生产者市场的购买行为分析

(一)生产者购买决策的主要参与者

生产企业购买者一般视企业规模大小而定。在小企业,只需几个采购人员即可;而在规模较大的企业,特别是生产产品类型较多的大企业,就需要很大的采购部门,即由专门的采购组织来完成对各种所需的物品或劳务的采购。

一般来说,参与企业采购决策的人员包括以下五种类型:

(1)使用者,指企业内具体使用拟购买的某种生产用品的人员。如企业要采购计算机,它的使用者是财会部门会计、信息部门人员或者办公室秘书等。通常采购某种物品的要求是由使用者提出的,且他们在型号、规格的确定上有很大作用。

(2)影响者,指企业内部和外部能直接或间接影响购买决策的人员。他们主要给决策人员提供产品信息,确定购买产品的规格、品种等。

(3)采购者,指在企业中具体组织实施采购工作的正式职权人员。他们有权选择供应商,并在拟定的采购条件下和供货企业谈判。

(4)决策者,即在生产企业中有权决定采购项目和供应商的人。在标准产品的例行采购中,采购者往往又是决策者;而在复杂采购中,企业领导常常是决策者。

(5)控制者,指可控制信息流的人员。他们有权阻止销售商或其信息流向采购中心的成员,如采购代理商、接待员、电话接线员。

(二)生产者购买行为的类型分析

生产者和消费者一样,在购买过程中须做一系列的购买决策,而不是做单一的购买决策。按生产者购买决策的复杂程度,可将生产者的购买行为大致分为以下三种类型:

(1)直接重购型,是指采购部门按以往惯例再行采购商品的情况。这种情况下,购买者只是根据以往购买货物的满意程度从自己认可的供应商名单上做出选择。

(2)修正重购型,是指购买者在产品规格、价格、发货条件及其他方面加以调整的情况。在进行修正重购时,通常买卖双方都会有更多的人员参加。这就使得原来被认可的供货商产生危机感,并竭尽全力保护自己的份额,而对原来的落选者来说则提供了最佳的争夺市场份额机会。

(3)全新采购型,是指购买者首次购买某种产品或劳务的情况。新购产品的成本费用越高、风险越大,需要参与购买决策过程的人数就会越多,要掌握的市场信息也越多,完成决策的时间也就越长。

(三)影响生产者购买行为的因素

生产者市场购买者做购买决策时受许多因素的影响,这些因素可分为四类:

(1)环境因素,即企业外部环境,如一个国家的经济前景、市场需求、技术发展变化、政治法律等。

(2)组织因素,即企业自身的因素。每个企业都有自己的政策、目标、工作程序、组织结构和管理系统等。这些因素都会影响生产者的购买决策和行为。如企业采购机构有多少人参与购买决策?他们的评判标准如何?企业对采购人员有什么规定?企业的经营目标、政策是什么?

(3)人际因素,主要指企业内部的人际关系。生产企业购买决策过程比较复杂,参与的人员较多,不同的参与者在企业中的地位、职权、说服力及他们之间的关系有所不同,他们各自起着不同的作用。

(4)个人因素。每个参与购买决策的人在决策中都会掺入个人因素,个人因素又受年龄、收入、受教育程度、职位、性格及对风险的态度等因素的影响,因而在对供货商的选择及对所供产品的评价方面就表现出不同的风格。

(四)生产者的购买决策过程

生产者的购买决策过程经过以下八个阶段。

1. 认识需要

在全新采购和修正重购条件下,需要通常是企业面对各种机会和挑战而引起的。这种机会和挑战来自于内外部刺激。内部刺激主要是企业的发展新规划、新上项目和新产品、固定设施的更新等,这些因素变化使人们产生对零部件或材料、设备的需要;在企业外部,需要主要是由外部环境的改变或促销手段的作用引起,例如由于新技术的发展,市场上出现了可以代替原有材料设备的新的廉价物品,或由于外部广告的刺激而产生新的需要。

2. 确定需要

认识需要后,购买者就要着手调查需求项目的特征和数量。当需求商品是一般物品时,采购人员只需做一般决策;当需求商品比较复杂时,采购人员就要和采购中心的人一起研究,征求他们的意见。

3. 对所需物品进行详细的说明

在广泛征求意见确定需求后,有关专家就对所需物品进行详细的技术说明,即拟定购买产品的规格、数量、技术要求、交易条件等,有时还可利用科学方法如价值工程等,对各货物进行综合分析。

4. 寻找供应商

在详细分析所需的物品后,就可通过查找工商企业名录、电话目录、广告资料等途径,选出一组初步适合的供应商。特别在全新采购条件下,所购物品复杂、价值高,就须花较大力气和较多时间物色供应商。此时,供应商应利用这个机会,加强宣传及公关,扩大对购买企业的影响,以增加入选的可能。

5. 征求信贷信息

在初步确定合格的供应商后,企业的采购经理就向他们发出邀请,请求他们提供各自的供货情况及有关建议。此时,采购经理根据自己所需采购物品的复杂程度,由供应商提供口头或书面建议,然后针对各供应商的建议进行分析,从中挑选最合适的供应商。

6. 选择供应商

这是采购中心评价和选择供应商的最后阶段。在这个时期,采购中心必须考虑供应商的供货能力怎样、产品质量如何、产品价格高低、企业信誉如何、交货是否准时、维修服务如何等项目,选择一家供应商。当然也可以采用选择多家供应商的方法,以达到增加供应渠道、降低产品价格和减少风险的目的。

7. 选择订货方式

在确定供应商以后,采购中心和供应商签订合同。在合同中,要明确供货时间、供货数量、交货形式、服务、价格等。采购中心可以根据自己企业的需要,采用"定期采购交货"形式或者"一揽子合同"全承包的长期供货合同形式。

8. 检查合同履行情况,评价工作业绩

确定供货关系、签订供货合同后,购买者还必须一方面定期对合同履行情况进行检查,发现不按合同履行的行为,应及时纠正订货情况,或调整下期订货合同;另一方面向使用者了解情况,了解所购产品是否合适,如发现有不合适之处,也对订货合同做调整。

以上各个环节,对于不同的生产者购买行为类型是不同的,全新采购要经历全部的购买过程,而直接重购和修正重购则可能只需要某些阶段,购买行为类型不同,购买过程不同。

第四节 中间商市场与政府市场购买行为分析

一、中间商市场与购买行为分析

(一)中间商市场的特点

中间商介于生产者和消费者之间,这就决定了中间商市场的特点有许多与生产者市场相似的方面,也存在着明显的差别,主要体现在以下几个方面:

(1)中间商购买目的是转手买卖、贱买贵卖。如零售商购买商品主要是直接卖给最终消费者,批发商购买商品主要用于转卖,只有数量极微小的商品用于本身的经营管理。

(2)中间商在市场中发挥了沟通产销的媒介作用。在现代市场中,生产者生产的产品的确还有一部分自产自销,直接卖给最终消费者和用户,但绝大部分产品还是通过或多或少的批发商或零售商转卖给最终消费者和用户的,转卖者由此在市场中发挥了沟通产销的媒介作用。

(3)中间商在整体市场中的分布状态较生产者分散,但比最终消费者集中。

(二)中间商市场的购买行为分析

1. 中间商购买决策的参与者

在大型企业中,采购工作往往是采购组织中的专职人员负责完成的,他们负责收集产品、消费者需求等信息,然后分析市场,决定是否采购。而在小型企业,如个体企业,负责采购工作的人通常是兼职的,有时一个人负责采购、销售到记账等的全部工作,亦即采购参与者就他一个人。

2. 中间商的购买决策

中间商的购买决策是中间商购买行为的一个重要方面。一般地说,中间商会做出以下几项购买决策:

(1)决定购买的时间和数量。中间商本身的"转手买卖"的特点,决定了他选择购买时间的苛刻程度。他们常常把提出订货单的时间延迟到最后一刻,这样就较有把握地知道最终消费者和其他买主的需要,使商品适销对路。一旦提出订货单,中间商又要求尽快提到货,转手卖给买主,以免占用资金。

(2)选择供应商。中间商的购买多属于理性购买,对供应商及其产品的选择比较慎重。他们总是要根据交易的优惠条件、合作的诚意及当时所处的市场营销环境、产品的销路、经营的能力、各自的经营风格等决定对供应商的甄选。

(3)决定经营商品的范围,即经营的产品搭配形式。产品搭配形式是最重要的购买决策,因为它会影响中间商的供应商结构、市场营销组合和顾客组合。通常情况下,中间商的产品搭配有四种形式可供选择:①独家产品,即中间商只经营一家制造商的产品;②专深搭配,即中间商决定经营许多家同类多种规格及型号的商品;③广泛搭配,即中间商经营范围十分广泛但所经营的产品都属于业内经营,没有超越企业既定的类型;④混合搭配,即中间商决定经营无连带关系的产品,经营范围比较广泛,搭配更广。

(4)选择购买条件。在购买条件选择上,中间商必须从价格、价格折扣、广告津贴、交货时间、卖方信用保证等方面综合考虑。

3. 中间商的购买类型

中间商的购买决策和具体采购业务会随其购买类型的变化而变化。中间商购买情况可分为以下三种类型:

(1)新品种购买,即购买新产品。当中间商购买以前从未经营过的产品时,即属新产品购买。中间商的新产品购买和生产者的全新采购不同。生产者对某种新产品非买不可时,只能选择供应商,而中间商对某种新产品则可根据其销路好坏决定是否购进。

(2)选择最佳供应商。当中间商决定购进什么商品时,就必须选择最佳的供应商。这种行为是由两个原因引起的:其一,中间商由于自己的经营能力及经营空间有限,仅能选择一部分产品来经营;其二,中间商准备利用自己的品牌销售其所经营的商品,因而必须寻找具有一定水平又愿意合作的供应商。

(3)选择最佳的交易条件。中间商一般不需要变换自己的供应者,但希望从原有的供应者中获得较为优厚的供应条件。这些条件包括服务、信贷条件、价格折扣、广告补贴等。

二、政府市场与购买行为分析

由于拥有税收等财政来源，各级政府掌握着很大一部分国民收入，相应地，政府支出也形成了庞大的商品和服务需求市场。政府市场与其他市场相比，存在着较大区别。

(一)政府市场的特点

政府市场在一些方面与生产者市场有相似之处，如购买者数量较少，每次购买量大，同时是理性购买、直接购买等。但是政府市场作为一种特殊的需求者，在许多方面又有着自身的特殊性。

(1)政府与社会团体的采购主要是为了行使一定的国家或社会职能，不是谋求赢利，因而其采购什么及采购多少要更多地考虑到全社会利益。

(2)政府需求同个人需求一样，基本上是一种最终需求，其支出对全社会来讲主要是一种耗费，不是再为市场提供一些中间商品，这使政府可以通过政府支出的变化达到调节经济的目的。

(3)政府采购往往带有指令性计划性质，尤其体现在对一些关系国家安全的商品与劳务的采购上，如国防用品、基础类产品等。对于公务用品，政府更多地是采用招标或合同的方式来完成采购任务。

(4)政府市场的需求相对缺乏弹性。各级政府的需求由于要受到预算的约束，在预算期内具有较强的刚性，因而在总量上需求弹性相对较小，即随着政府欲购商品价格的上升或下降，政府部门的货币支出不会有大的变动。

(二)政府市场的购买方式

政府采购通常采用协议签约订购和公开招标选购两种方式进行。

1. 协议签约订购

协议签约订购是由政府机构直接与一个或几个供应商接触，在比较、谈判的基础上，最终与其中一个符合条件者签订合同，达成交易。协议签约订购主要用于技术较复杂、风险较大、竞争较小的采购项目。一旦情况有变，可对合同履行情况展开复审，重新谈判。

2. 公开招标选购

公开招标选购是先由政府在有关媒体上刊登广告或发出信函，详细说明其采购要求，然后邀请那些有资格的供应者参加投标，在规定的期限内填好标书，标书中标明可供商品的名称、品种、规格、数量及交货日期、价格和服务项目，密封递交给政府的采购机构(招标人)，招标人在规定的日期开标，选择报价最低并且符合要求的供应商成交。政府机构采用这种采购方式无须与卖方反复磋商，处于较主动的地位，但供应商之间的竞争往往很激烈。

本 章 小 结

本章介绍了消费者市场的概念、特点以及消费品分类，阐述了消费者购买行为模式和购买行为类型，分析了消费者购买决策过程的参与者以及消费者购买决策过程，总结了影响消费者购买行为的因素。同时，本章还介绍了组织市场的类型和特点，以及生产者市场与其购买行为、中间商市场与其购买行为、政府市场与其购买行为。

消费者市场是指个人和家庭为了生活需要而购买或租用商品和劳务的市场。组织市场是指以某种组织为购买单位的购买者所构成的市场,包括生产者市场、中间商市场和政府市场。

按消费者的购买心理和个性特点划分,消费者购买行为可以分为习惯型购买行为、慎重型购买行为、经济型购买行为、冲动型购买行为、感情型购买行为、疑虑型购买行为、不定型购买行为七种类型;按消费者在购买时介入的程度和产品品牌的差异程度划分,消费者购买行为可以分为习惯型购买行为、变化型购买行为、协调型购买行为以及复杂型购买行为四种类型。

生产者市场是由一切购买商品和服务并将之用于生产其他商品和服务,以供销售、出租或供应给他人的个人和组织所组成。按生产者购买决策的复杂程度,可将生产者的购买行为分为三种类型:直接重购型、修正重购型以及全新采购型。中间商市场是由所有以赢利为目的的从事转卖或租赁业务的个体和组织构成,由批发商和零售商两个部分组成。政府市场是由需要采购产品和劳务的各级政府机构构成,它们采购的目的是执行政府机构的职能。政府采购通常采用协议签约订购和公开招标选购两种方式进行。

关 键 概 念

消费者市场(consumer market)　　　购买行为(behavior of purchase)
组织市场(organization market)　　　动机(motivation)
消费者心理(consumer psychology)　　认知(cognition)
知觉(perception)　　　　　　　　　情绪(emotion)

复习思考题

一、问答题

1. 消费者市场的主要特征有哪些?
2. 影响消费者购买行为的主要因素有哪些?
3. 为什么说文化对消费者行为有最广泛和最深刻的影响?
4. 什么是相关群体?
5. 相关群体是如何影响个人的消费行为的?
6. 消费者购买决策包括哪些主要阶段?

二、不定项选择题

1. (　　)是购买活动的起点。
   A. 消费动机　　　　　　　　B. 需要
   C. 外在刺激　　　　　　　　D. 触发诱因

2. (　　)动机是以注重产品的实际使用价值为主要特征的。
   A. 求实　　　　　　　　　　B. 求名
   C. 求新　　　　　　　　　　D. 求美

3. 国内市场按(　　)可分为消费者市场、生产者市场、中间商市场及政府市场。
   A. 购买动机　　　　　　　　B. 商品用途
   C. 购买心理　　　　　　　　D. 人口因素

4. 消费者购买过程是消费者购买动机转化为（　　）的过程。
A. 购买心理　　　　　　　　　　B. 购买意志
C. 购买行动　　　　　　　　　　D. 购买意向
5. 个人为了人身安全和财产安全而对防盗设备、保安用品、保险产生的需要是（　　）。
A. 生理需要　　　　　　　　　　B. 社会需要
C. 尊敬需要　　　　　　　　　　D. 安全需要

三、实训练习

1. 结合你的某次购物经历，请分析一下哪些因素是影响你做出购买行为的重要因素，并与本章介绍的影响消费者购买行为的因素做对比分析。

2. 以小组为单位对本校学生使用电脑情况进行调查，分析一下他们购买的品牌、价格、注重的电脑特性、功能、容量等情况，说明大学生购买电脑产品的动机与行为有何特殊性，并对电脑厂商提供一些建议。

四、案例分析

内容时代，小红书、蘑菇街、抖音都在强调"网红打卡地"

网红餐厅，网红咖啡，网红民宿……现下，"高颜值"生活方式正在被越来越多的年轻人追捧，小红书、抖音等社交平台也都在#城市生活##网红打卡#等话题上下足了功夫。

蘑菇街5月23日发出消息，将联合众多网红打卡地，拓展穿搭评测实景。据悉，目前已有近百个线下生活方式品牌链入蘑菇街MOGU STUDIO内容生态，其中不乏单向空间、故宫角楼咖啡等时下热门IP。

在蘑菇街APP内检索"网红打卡"关键词，出现的相关话题里不仅有其核心的穿搭内容，还链接线下店的具体坐标，以方便用户实地打卡。这些强社交属性的平台，正在逐步拓展线下资源。

1. 链接网红打卡地 不仅"种草"吃喝玩乐

近年来，随着新零售和内容经济的逐步壮大，不少社区及内容平台的影响力逐渐辐射至线下，小红书、抖音等平台均开通了"本地生活"的内容入口。

此前有媒体报道，小红书社区内拥有大量线下内容的笔记，包括门店打卡、旅行分享、拍照地推荐等内容。而首页中的附近推荐，更囊括了餐厅、酒店、展览等备受年轻人喜爱的"高颜值"高品质生活方式内容。

抖音也不例外，本地内容汇集了吃喝玩乐的热门IP，新上线的#凹造型拍照好去处##我的朝9晚9#等话题也吸引了不少用户到城市特色地标实地打卡，不少极具特色的线下店因此"一夜爆红"。

现阶段，小红书和抖音似乎都在向生活方式发力，试图通过线上内容将流量引导至线下，强化"门店种草"。而浏览蘑菇街#网红打卡#的相关话题，会发现其核心关键词仍围绕着"如何凹造型""打卡造型"等内容，话题始终聚焦于服装穿搭本身。线下打卡地、网红店坐标仅作为穿搭内容的配套场景露出。

从蘑菇街了解到，基于此前推出的品牌新款首测业务，蘑菇街联合了众多网红打卡地，拓展穿搭评测实景。目前有北京、杭州等地的近百个线下生活方式品牌，与蘑菇街达成了合作。蘑菇街"网红打卡"的内容更聚焦在时尚穿搭场景上，借助线下打卡地，呈现女生约会、旅行、聚会等不同场景,并与蘑菇街全球品牌首测业务对接。线下打卡地、网红店内的实景穿搭,也将进一步强化蘑菇街内容的实用性,帮助用户做日常穿搭及时尚消费参考。

2.社区从线上搬到线下 核心仍是体验

无论是蘑菇街线下支持线上的"时尚种草",还是小红书、抖音线上导流线下的"门店种草",本质上都是新零售的具体表现形式。去年,小红书在上海开设了各自的首家线下门店。小红书REDhome通过交互体验、美妆榜单推荐等形式,将线上社区搬进线下;而蘑菇街旗下的MOGU STUDIO则将门店直接改装成"试衣间",设置专业造型师、摄影师帮助用户穿衣搭配、拍摄穿搭内容。小红书、蘑菇街等以年轻女性为核心的内容平台,其时尚社区的使用场景更多是"逛",其次才是"买"。二者都试图将线上社区与线下场景相结合,强化试用、实景穿搭,反映了现阶段线上线下渠道融合的核心趋势。

资料来源:北京晚报,2019-5-23,有改动.

1.试分析蘑菇街将"穿搭内容"与"场景打卡"相结合的目的是什么。

2.从"种草"到"拔草",试分析内容时代下,消费者购买行为的新环境及新特征。

3.结合身边的具体事例,谈一谈将线上流量引入线下的具体方式。为什么新零售强调网络平台的社交属性?

本章习题库

第六章

市场竞争分析

学习目的及要求

通过本章的学习，要认识企业的主要市场竞争者，了解市场竞争的不同性质和类型，掌握不同市场地位的企业应该采取的市场竞争策略。

【引例】

谁谋杀了宝洁？

提到宝洁，中国消费者一定不陌生，即使宝洁这个名字听起来让你有点儿蒙，但你一定看过宝洁旗下产品的广告，用过海飞丝、飘柔、沙宣、舒肤佳、佳洁士、碧浪、汰渍等宝洁旗下的日化产品。曾经的宝洁，是绝对的王者，多到数不清的各种日用品品牌成为家喻户晓的明星产品，但是随着中国的消费升级，这家拥有180多年历史的快消巨头正在走下神坛。

"瘦身"效果不佳

在过去的20年里，中国消费格局已经发生了翻天覆地的变化。宝洁刚进入中国的时候，国人的购买力还是不足的，所以也会推出一些廉价的商品吸引客户。但现在中国消费者的购买力上去了，低价产品不再受欢迎，现在的年轻人，对于海飞丝、飘柔、潘婷这些品牌，都已经失去了兴趣，从市场份额上也能看出，曾经这些占据半壁江山的品牌，如今份额已经缩减到35.8%，而高端洗发护发产品的市场份额已经从2014年的4.7%提升至2016年的7.5%。

另一方面，宝洁销售额的下滑，跟其大规模剥离旗下产品也是分不开的。宝洁旗下曾经最多有300多个品牌，2008年宝洁的业绩达到顶峰，成为世界市值第六大公司，世界利润第十四大公司。但是从2014年开始，宝洁陆续出售、终止或淘汰一些品牌，目的就是缩减成本，但宝洁砍掉的都是比较边缘的品牌，掌握着90%核心利润的产品自然是不会放弃的。科蒂成了宝洁的"接盘侠"，以125亿美元收购宝洁旗下43个品牌，成为业内轰动的大事。在2017年的下半年，宝洁对外宣布旗下品牌已缩减至65个。积极"瘦身"的宝洁，似乎并没有达到预期效果，依然是一路走低，在2017财年第三季度时，甚至创造了净销售额连续13个季度下滑的纪录。

成也萧何，败也萧何

对于宝洁来说，"成也中国市场，败也中国市场"。中国之大，大到占据全球1/5的消费市场，宝洁搭上了外资涌入中国的"超级巨轮"，又通过传统的广告模式迅速席卷整个中国，那时的宝洁是无敌的。但是这个日用品消费巨头怎么也没想到会因为互联网时代的崛起，而使自己的王者地位受到动摇。

移动互联网时代，直接改变了中国的消费渠道，美国依然是线下渠道占据主流，而中国截然相反，走线上才是王道，这也让宝洁一时间没有反应过来。就连沃尔玛这种国际连锁商超都遭受到重大的冲击，电视广告的大量投放，收获的效果也比此前要大打折扣，中国的消费者，已经彻底适应互联网购物，看有线电视、逛超市的年轻人越来越少。

宝洁的销售额在2013年达到峰值，但为什么此后开始下滑呢？答案很简单，2013年被称为互联网的"金融元年"，正是互联网的迅速崛起，给传统媒体带来了致命性的打击，宝洁的反应不够快，其虽然抓住了传统媒体，却错过了互联网的战场。宝洁过度依赖广告流量，却发现流量已经难以给其带来足够的用户。改革开放之后的头20年，中国的流量可以说是"完全中心化"的，那时候想要垄断流量很简单，买下央视黄金时段的流量就足够了。但是进入互联网时代，这条路就行不通了，越来越多的流量变成了去中心化的流量，微信、公众号、各大自媒体平台，都成了流量的入口,所以,任何一家企业再想靠砸钱垄断流量几乎不再可能。

宝洁发展的停滞,如果只归咎于渠道的巨变,显然是不全面的,中国自主品牌的快速崛起,也给予了宝洁很大的打击。如今的中国已经不再是"山寨横行",很多涉及国产品牌的领域,都有很好的市场表现,最明显的就是智能手机市场,短短几年时间,就已经扭转了苹果、三星霸占国内市场的行情。

越来越多的巨头品牌正在中国市场败退,这也正是中国市场十几年间巨变的缩影。以前,是个洋品牌都能来中国捞钱,而现在,中国市场的竞争非常激烈,宝洁不是第一个衰退的企业,也肯定不是最后一个。面对席卷而来的国产企业,巨头们要小心了,别光想着渠道的事,更该想想如何留住中国消费者的心。

资料来源:谢伟.谁谋杀了宝洁?销售与市场网,2018-7-18,有改动.

第一节 竞争者分析

一、识别企业竞争者

从市场营销的角度来看,市场竞争,是指企业经营者为争取有利的市场营销条件,通过采取各种营销谋略,以求在竞争中实现自身的经济利益而展开的争夺与较量。在现代市场经济中,顾客已成为企业生存与发展的决定性因素,所以现代市场竞争的核心是争夺消费者。

识别竞争者并不是一件简单的事,尤其是识别那些潜在的竞争者。一个企业很有可能被一个潜在竞争者"吃掉",而不是当前的竞争者。对竞争者的界定,从不同的角度,可分为不同的类型。

(一)从市场角度分析

顾客构成市场,从顾客的角度分析,有四个层次的竞争者。

1. 品牌竞争者

当其他公司以相似的价格向相同的顾客提供类似的产品与服务时,公司将其视为竞争者。例如,别克公司把生产同一中档价位的汽车制造商如福特、丰田、本田、雷诺等视为竞争者。

2. 行业竞争者

公司可以把制造同样或同类产品的公司都视作竞争者。例如,别克公司把生产不同档次汽车的所有汽车制造商视为竞争者。可口可乐公司可能认为自己是在同百事可乐、七喜、非常可乐和其他的软饮料生产商进行竞争。

3. 形式竞争者

公司可以更广泛地把所有制造并提供相同服务或产品的公司都作为竞争者。例如,别克公司认为自己不仅与其他所有汽车制造商竞争,还与摩托车、自行车和卡车的制造商竞争。

4. 一般竞争者

公司更广泛地把所有争取同一消费者钱的人都看作是竞争者。例如,别克公司认为自己在与所有的主要耐用消费品、国外度假、新房产和房屋修理的公司竞争。

(二)从行业角度分析

行业由提供同类产品或可以相互替代产品的企业构成。从生产企业的角度看,企业的竞争者主要包括现有同类产品生产企业、潜在进入者企业以及替代品生产企业。

1. 现有同类产品生产企业

在同行业内部,每个同类产品生产企业的竞争行为都会不同程度地影响着其他企业。在销售中进行竞争,主要是争夺市场份额,争夺的核心是顾客。行业内现有同类产品生产企业之间竞争的激烈程度,主要取决于竞争者数目、竞争者实力对比、行业销售增长率、产品差异化程度、各企业的目标、进出屏障的高低等。

2. 潜在进入者企业

潜在进入者会带来新的资源、新的生产力,必然会影响市场份额。现有企业为了自身的安全,会高筑进入屏障。如果本行业的进入屏障高,则潜在进入者的竞争威胁就小;反之,如果本行业的进入屏障低,则潜在进入者的竞争威胁就大。进入屏障主要来自规模经济、产品差异化、政府政策、分销渠道等方面。

3. 替代品生产企业

替代品是指满足同一市场需求的不同性质的产品,例如塑料可以代替钢铁,空调可以代替风扇等。一个行业中所有企业都将与生产替代品的其他企业形成竞争,因此,必须识别替代品的威胁及其程度。

(三)从竞争者的竞争地位角度分析

根据各企业在市场竞争中所处的竞争地位的不同,可以将竞争者分为市场领导者、市场挑战者、市场跟随者以及市场利基者四种类型。

1. 市场领导者

市场领导者是指在相关产品的市场上占有率最高的企业。一般来说,大多数行业都有一个被公认的市场领导者公司。它通常在价格变化、新产品引进、分销覆盖和促销强度上,对其他公司起着领导作用。在我国某些行业著名的市场领导者是:娃哈哈(软饮料)、联想(电脑)、格兰仕(微波炉)、国美、苏宁(零售业)、五粮液(白酒行业)、美的集团(风扇、空调、电饭煲),同仁堂(中药行业)。

2. 市场挑战者

在一个行业中处于第二位、第三位甚至更低位次的公司有时候是很大的公司,这些紧随市场领导者之后的企业可以采取以下两种竞争战略之一:它们可以积极地进攻市场领导者和其他的竞争者,以获得更多的市场份额(市场挑战者);或者它们可以与竞争者和平共处,而不会遭受颠覆的风险(市场跟随者)。

市场挑战者是指那些在市场上处于次要地位,并积极争取市场领先地位,向竞争者挑战的企业。市场挑战者必须决定它要挑战哪些竞争者以及要达到什么目标。挑战者可以挑战市场领导者,这是一个高风险但潜在收益也非常高的战略。公司必须具备超越领导者的竞争优势,可能是成本优势,能够制定比领导者更低的价格;或者是公司有能力为消费者创造更好的价值,能够获得比领导者更高的溢价。如果一个公司挑战市场领导者,它的目标可能是夺取某个特定的市场份额。

挑战者也可能避开领导者,而进攻那些与自己规模相近的公司,或者那些更小的当地或区域性公司。这些比较小的公司可能资金不是很充足,不能为顾客提供很好的服务。国内的啤酒公司之所以有今天的规模,并不是因为挑战大的竞争者,而是通过进攻较小的当地或区域性的竞争者。

3. 市场跟随者

市场跟随者是指那些不愿意扰乱市场形势的一般企业。这些企业认为,虽然它们占有的市场份额比市场领导者低,但是自己仍然可以赢利,甚至可以获得更多的收益。它们害怕在混乱的市场竞争中损失更大,它们的目标是赢利而不是市场份额。

实际上,并不是所有的跑在后面的公司都想要挑战市场领导者,因为领导者不会轻视任何挑战。如果挑战者的吸引力在于更低的价格、更好的服务或者是附加的产品特色,领导者能很快地拥有这些优势,并扭转进攻的方向。在一场争夺顾客的全面战争中,领导者很可能有更持久的耐力。

市场领导者通常要负担研制新产品、开发市场、扩大分销和影响消费者的巨额费用。而市场跟随者就可以学习领导者的经验,它可以复制或改进领导者的产品或项目,而这通常需要很少的投入,而能获得同样高的利润。

跟随并不意味着对领导者的消极模仿。市场跟随者必须知道怎样维系住现有的顾客,并在新开拓的市场中获得合理的份额。它必须找到一个正确的平衡点:足够近地跟随市场领导者,以便获得它的一部分顾客;但是也要保持一定的距离,以免引起领导者的报复。每一个跟随者都要尽可能地在自己的目标市场上创造差异化优势。

4. 市场利基者

几乎每一个行业都有专门服务于市场中的空白点的公司。这些公司不是追求全部市场,甚至不追求大的细分市场,而是瞄准了某些亚细分市场,我们把这些企业称为市场利基者或市场补缺者。市场利基者通常是拥有有效资源的小公司,在总体市场中只占有很低市场份额的公司可以通过聪明的补缺战略而获得很高的利润。

为什么补缺是有利可图的?主要原因在于市场补缺者非常了解目标市场顾客群的需要,所以它能比那些不经意间向这个市场销售的公司更好地满足顾客的需要。补缺者因为其增值而索要远高于成本的价格,相对于大规模营销者获得了很大的销售量,补缺者获得了很高的边际收益。

二、分析企业竞争者

识别出主要的竞争者后,营销管理者应该问:竞争者的目标是什么?竞争者在市场中追求的是什么?竞争者采用什么样的战略?各类竞争者有什么样的优势和劣势?它们对公司可能采取的行动将会有什么样的反应?企业应该采取进攻还是回避的对策?分析竞争者的步骤如图 6.1 所示。

图 6.1 分析竞争者的步骤

(一)确定竞争者的目标

每一个竞争者都有一个目标组合。公司必须知道竞争者在当期利润、市场份额增长、现金流、技术领先、服务领先和其他目标中的相对权重。知道竞争者的目标组合能揭示出该竞争者是否对目前的状况满意,以及它会如何对不同的竞争行动做出反应。例如,一个追求成本领先的公司将会对竞争者的降低成本的生产性突破做出激烈的反应,而对相同竞争者的广告增长的反应就不会那么激烈。

公司也必须监测它的竞争者在不同细分市场的目标。如果公司发现竞争者开发了一个新的细分市场,这对公司也可能是一个机会。如果公司发现竞争者的新动向是想抢占自己的细分市场,它就可以提前发出警告,并提前武装好。

(二)识别竞争者的战略

一个公司的战略与另一个公司的战略越相像,这两个公司的竞争就会越激烈。在绝大多数行业里,可以根据竞争者所采取的战略而把它们分成不同的集团。一个战略集团就是行业内在既定的目标市场上遵循相同或相似战略的公司组合。例如,在电器行业,长虹、TCL、康佳属于相同的战略集团:每一个公司都生产很窄系列的中等价位的产品,并有良好的服务支持。而海尔就属于另外的战略集团,它生产很宽系列的高质量产品,提供高质量的服务,价格也比较高。

通过识别战略集团,我们可以得到一些很重要的启示。例如,如果一个公司进入一个战略集团,那么该集团中的其他成员则成为它的主要竞争者,它只有建立超过这些竞争者的战略优势才能获得成功。

虽然在同一个战略集团内的竞争最为严峻,战略集团之间也存在竞争。首先,某些战略集团的目标客户相同。例如,无论企业采用的是什么战略,所有的器具制造商都在追逐公寓和住宅建造商市场。其次,顾客可能认为不同战略集团提供的产品并没有多大的差别——他们可能认为长虹和海尔的产品质量并没有很大差别。最后,一个战略集团的成员可能扩张进入新的细分市场。

公司识别行业内战略集团时需要仔细审视所有维度,需要知道每一个竞争者的产品质量、特色和产品组合以及顾客服务、定价政策、分销网络、销售团队战略、广告和促销计划,并且还需要研究每一个竞争者的研究与开发、生产制造、采购、融资和其他战略。

(三)分析竞争者的优劣势

营销者需要认真分析每一个竞争者的优势和劣势,以便能回答下面这个关键的问题:竞争者能够做什么?首先,公司应该收集每一个竞争者在最近几年的目标、战略和业绩等方面的数据。应该承认的是,其中有些信息收集起来是非常困难的。例如,行业市场的营销者可能会发现估计竞争者的市场份额是非常困难的工作。

公司通常是通过二手数据、个人经验和口碑宣传而了解竞争者的优势和劣势。它们也可以通过对消费者、供应商和经销商的一手数据进行分析而获得竞争者的优势和劣势。或者,它们可以把自己作为其他公司比较的基准,把自己公司的产品和生产流程与竞争者或者别的行业里的领先公司相比较,从中发现提高质量和业绩的方式。基准法已经成为公司提高竞争优势一个很有力的工具。

课外视野

评定企业优劣势的标准

有四种普遍采用的评判企业优劣势的标准:历史的标准、规范的标准、竞争的标准和关键领域的标准。

历史的标准就是将企业过去积累的历史资料同其现实情况相比较,并预测其发展变化,即进行时间序列分析或趋势分析。如发现现实情况比过去好,或从历史资料看情况在逐步改善,预测其前景将会更好,那就认为企业有优势。

规范的标准是被认为合理的、理论的或理想的标准,它来自书刊、顾问报告、产业实践或个人的认定。如发现企业的现实情况在理论上是正确的或符合规范的标准,那就认为企业有优势;反之,就是劣势。

竞争的标准就是利用成功的竞争者或潜在竞争者的行动作为评判依据,其假定是企业最低限度要同那些竞争者的行动相适应。

关键领域的标准就是以关键因素作为判定依据。关键因素是企业成败攸关的因素,如不满足其要求,企业就不能成功。所以应将现实情况同关键因素的要求相对比,如能满足甚至超过其要求,那显然是一优势;反之,就是企业的劣势。

上述四种标准可以同时使用。历史的标准常用来考察财务、营销、生产等领域的活动。规范的标准则可以考察管理方面的活动。竞争的标准用以考察产品组合、质量、成本价格、服务等竞争因素的各项资源。关键领域的标准则用来考察同供应商、经销商的关系等。四种标准还可结合起来使用。例如,采用历史的标准发现企业的销售收入在逐年增长,可以视为优势;此后将之同几个主要的竞争对手的销售增长率相比较(即采用竞争的标准),才发现远远落在竞争对手之后,则应看作企业的劣势。

在上述四种标准中,竞争的标准和关键领域的标准是必须采用的两个重要标准。关键因素的重要性自不待言,而企业满足关键因素要求的程度只有在同竞争对手比较后才能做出判断。

一个公司在其目标市场中有以下六种竞争地位:

(1)主宰型。这类公司控制着其他竞争者的行为,有广泛的选择战略的余地。

(2)强壮型。这类公司可以采取不会危及其长期地位的独立行动,而且它的长期地位也不受竞争者行动的影响。

(3)优势型。这类公司在特定战略中有较多力量可供利用,并在改善其地位上有较多机会。

(4)防守型。这类公司经营情况令人满意,足以继续经营,但它在主宰型企业的控制下存在,改善其地位的机会较少。

(5)虚弱型。这类公司经营情况不能令人满意,但仍有改善的机会,不改变就会被迫退出市场。

(6)难以生存型。这类公司经营状况很差,并且没有改善的机会。

在一般情况下,每个公司在分析它的竞争对手时,必须分析三个变量:

(1)市场份额:竞争者在有关市场上所拥有的销售份额。

(2)心理份额:是指当问到目标客户"举出这个行业中你首先想到的一家公司"这一问题时,提名竞争者的顾客在全部顾客中所占的比例。

(3)情感份额:是指当问到目标客户"举出你喜欢购买其产品的公司"这一问题时,提名竞争者的顾客在全部顾客中所占的比例。

(四)估计竞争者的反应

接下来,公司需要知道的是:我们的竞争者将会采取什么行动?竞争者的目标、战略、优势和劣势在很大程度上能解释它可能采取的行动。它们也能暗示竞争者对公司的行动如降低价格、增加促销和引进新产品等可能采取的反应。

每个竞争者都有一定的经营理念、某些内在的文化和某些起主导作用的信念。大多数竞争者的反应模式如下。

1. 从容型竞争者

一个竞争者对某一特定竞争者的行动没有迅速反应或反应不强烈。过去有很多案例说明吉利和亨氏公司对竞争者的进攻反应是缓慢的。对竞争者缺少反应的原因是多方面的。它们可能认为顾客是忠于它们的,不需要对竞争者的行动做出快速的反击。

2. 选择型竞争者

竞争者可能只对某些类型的攻击做出反应。竞争者可能经常对削价做出反应,但它对广告费用增加可能不做任何反应。壳牌和埃克森公司是选择型竞争者,它们只对削价做出反应,而对促销不做任何反应。了解主要竞争者会在哪方面做出反应,可为公司提供最为可行的攻击类型。

3. 凶狠型竞争者

这类公司对向其所拥有的领域发动的进攻都会做出迅速而强烈的反应。例如,宝洁公司决不会听任一种新的洗发水轻易投放市场。因为防卫者如受到攻击将抗争到底,所以,凶狠型竞争者意在向对手表明,最好不要发起进攻。

4. 随机型竞争者

一个竞争者并不表露可预知的反应模式。这一类的竞争者在特定的情况下可能会也可能不会做出反击,而且无论根据其经济、历史还是其他方面的情况,都无法预见竞争者会做什么。许多小公司都是随机型竞争者,它们的竞争反应模式是捉摸不定的。

(五)制定企业的对策

企业明确了谁是主要的竞争者并分析了竞争者的优势、劣势和反应模式之后,就要决定自己的对策:进攻谁,回避谁。企业可以根据以下几种情况做出决定。

1. 竞争者的强弱

多数企业认为,应以较弱的竞争者为进攻目标,因为这可以节省时间和资源,事半功倍,但是获利较小。反之,有些企业认为应以较强的竞争者为进攻目标,因为这可以提高自己的竞争能力,获利较大,而且即使强者也总会有弱点。

2. 竞争者与本企业的相似程度

多数企业主张与相似的竞争者展开竞争,但同时又认为应避免摧毁相似的竞争者,因为其结果很可能对自己不利。例如,美国博士伦眼镜公司在20世纪70年代末与其他同样生产隐形眼镜的公司竞争中大获全胜,导致竞争者完全失败而相继将企业卖给竞争力更强的大公司,结果使博士伦眼镜公司面对更强大的竞争者,处境变得十分困难。

3.竞争者表现的好坏

竞争者的存在对企业来说是必要的和有益的,具有战略意义。竞争者可能有助于增加市场总需求,可分担市场开发和产品开发的成本,并有助于使新技术合法化。竞争者能够为吸引力较小的细分市场提供产品,可促使产品差异性的增加。此外,竞争者还可加强企业同政府管理者或职工的谈判力量。但是,企业并不是把所有的竞争者都看成是有益的,因为每个行业中的竞争者通常都有表现良好和具有破坏性两种类型。表现良好的竞争者按行业规则行动,按合理的成本定价,有利于行业的稳定和健康发展,它们激励其他企业降低成本或增加产品差异性,接受合理的市场占有率与利润水平。而具有破坏性的竞争者则不遵守行业规则,它们常常不顾一切地冒险,或采用不正当手段(如收买、贿赂买方采购人员等)扩大市场占有率,从而扰乱了行业市场。

根据以上分析,每个行业的竞争者都有表现好坏之分,那些表现好的企业试图组成一个只有好的竞争者的行业。它们通过颁发许可证、选择相互关系(攻击或结盟)及其他手段,试图使本行业竞争者的营销活动限于协调合理的范围之内,遵守行业规则,凭自己的努力扩大市场占有率,彼此在营销组合上保持一定的差异性,从而减少直接的冲突。

> 课外视野　　老梁:百事可乐无良竞争,可口可乐的回击绝了!
> 视频来源　　优酷网

第二节　市场领导者战略

市场领导者如果没有获得法定的垄断地位,必然会面临竞争者的无情挑战,因此,必须保持高度的警惕并采取适当的战略和策略,否则就很可能丧失主导地位而降到第二或第三位。市场领导者为了维护自己的优势,保住自己的主导地位,通常可采取三种战略:一是扩大市场需求总量,二是保护现有市场份额,三是扩大市场份额。

一、扩大总需求

当一种产品的市场需求总量扩大时,受益最大的是处于领导地位的企业。一般来说,市场领导者可从以下三个方面扩大市场需求量。

(一)发掘新的使用者

每种产品都有吸引新的使用者、增加使用者数量的潜力,因为可能有些消费者对某种产品还不甚了解,或产品定价不合理,或产品性能还有缺陷。一个制造商可以采取三种策略找到新的使用者:一是新市场策略,即开辟新的细分市场,例如说服男子使用化妆品;二是市场渗透策略,即说服现有市场中那些还未曾用过现有产品的顾客来使用本公司的产品,例如说服不使用香水的妇女使用香水;三是地理扩张策略,即把产品销到其他国家或地区去,例如我国颁布"家电下乡""汽车下乡"等政策,对农民购买纳入补贴范围的家电产品给予一定比例(13%)的财政补贴,以激活农民购买能力,扩大农村消费,促进内需和外需协调发展。

(二)开辟产品的新用途

为产品开辟新的用途,可扩大需求量并使产品销路久畅不衰。例如,美国杜邦公司的尼龙就是一个成功的典型。又如碳酸氢钠的销售在100多年间都没有起色,它虽然有多种用途,但没有一种是大量使用的,后来一家厂商发现有些消费者将该产品用作电冰箱除臭剂,于是大力宣传这一新用途,使该产品的销量大增。

(三)刺激现有使用者增加使用量

促进现有使用者增加使用量是扩大需求的一种重要手段。如法国米其林轮胎公司为增加产品的使用量而做出了巨大努力。

二、保护市场份额

处于市场领导地位的企业,必须时刻防备竞争者的挑战,保卫自己的市场阵地。例如,可口可乐公司要防备百事可乐的进攻,宝洁公司要防备联合利华公司的进攻等。因为挑战者都是很有实力的,市场领导者稍不注意就可能被取而代之。因此,市场领导者在任何时候都不能满足于现状,必须在产品的创新、服务水平的提高、分销渠道的有效性和降低成本等方面真正地处于该行业的领先地位。市场领导者应该在不断提高服务质量的同时,抓住竞争对手的弱点主动出击,即采用军事上的一条原则:"进攻是最好的防御"。

市场领导者如果不发动进攻,就必须严防阵地,不能有任何疏漏。要尽可能使中间商的货架上多摆些自己的产品,防止其他品牌的侵入。堵塞漏洞要付出很高的代价,但放弃一个细分市场,"机会损失"可能更大。例如,20世纪末期,我国合资汽车生产企业不注重低端家用轿车的生产,结果不到十年奇瑞、吉利等新兴汽车企业便迅速占领市场。因此,市场领导者必须善于准确地辨认哪些是值得耗资防守的阵地,哪些是风险很小可放弃的阵地。领导者往往无法保持它在整个市场上的所有阵地,应当集中使用防御力量。防御的目标是减少受攻击的可能性,使攻击转移到危害较小的地方并削弱其攻势。虽然任何攻击都可能造成利润上的损失,但防御措施如何、反应速度快慢,其后果大不一样。

三、扩大市场份额

扩大市场份额也是市场领导者获得利润、保持其市场地位的有力途径。在许多产品的市场上,占有率一个百分点的价值相当于数千万美元,例如,美国咖啡市场占有率的一个百分点的价值是4800万美元,软饮料市场占有率的一个百分点的价值是1.2亿美元。

企业扩大市场份额、提高市场占有率应注意考虑以下因素:

(1)引起反垄断活动的可能性。许多国家有反垄断法,当企业的市场占有率超过一定限度时,就有可能受到指控和制裁。

> **课外视野**

知识的垄断才是真正的垄断

垄断的表象是市场占有率的垄断,要想实现市场的垄断,必须有技术的垄断,而要真正实现技术的垄断,则必须有技术标准的垄断,即知识产权的垄断,否则受制于人是在所难免的。标准的垄断在工业经济社会虽然很难,但最优秀的那一部分企业是可以做到的。长期垄断标准的前提条件是垄断人才,只有人才的垄断才是最可怕的垄断。就好比徐庶进曹营,虽然一言不发,但至少保证了敌方没有了徐庶这一智囊。美国经济与社会发展的重要原因之一,就是它努力聚集了大批世界顶尖级的人才。对人才的垄断本质上是对知识的垄断。因而我们可以把超一流企业叫作"知识垄断"型企业。但无论如何,任何垄断都是不会永久持续下去的。因为人才或知识总归不是哪一个国家能够绝对垄断起来的,一个企业就更不可能了,因而知识垄断被打破的机会总会到来。同时,当"知识非垄断"比知识垄断带来的利益更大时,这种机会就会增加。

(2)为扩大市场份额所付出的成本。当市场份额已达到一定水平时,再要进一步地扩大就要付出很大的代价,结果可能得不偿失。美国的一项研究表明,厂商的最适市场份额是50%,因此,有时为了保持市场主导地位,甚至要在较疲软的市场上主动放弃一些份额。

(3)为争夺市场份额所采用的营销组合策略。不同的市场营销组合策略对市场份额有很大影响。市场份额有较大提高的企业一般在以下几个方面优于竞争者:其一,始终保持产品创新的活力;其二,较高的产品质量;其三,一定的市场营销开支。

第三节 市场挑战者战略

在市场上居于次要地位的企业——市场挑战者,如果要向市场领导者和其他竞争者挑战,首先必须确定自己的战略目标和挑战对象,然后还要选择适当的进攻策略。

一、确定战略目标和挑战对象

战略目标同进攻对象密切相关,对不同的对象有不同的目标和策略。一般来说,挑战者可在下列三种情况中进行选择:

(1)攻击市场领导者。这种进攻风险很大,然而吸引力也是很大的。挑战者需仔细调查研究市场领导企业的弱点和失误,如有哪些未满足的需要,有哪些使顾客不满意的地方等。找到领导者的弱点和失误,就可作为自己进攻的目标。此外,还可开发出超过市场领导企业的新产品,以更好的产品来夺取市场的领导地位。

(2)攻击与自己实力相当者。挑战者对一些与自己势均力敌的企业,可选择其中经营不善、发生亏损者作为进攻对象,设法夺取它们的市场阵地。

(3)攻击地方性小企业。对一些地方性小企业中经营不善、财务困难者,可夺取它们的顾客,甚至这些小企业本身。例如,美国几家主要的啤酒公司能成长到目前的规模,就是靠夺取一些小企业的顾客而达到的。

总之,战略目标决定于进攻对象。如果以市场领导者为进攻对象,其目标可能是夺取某些市场份额。如果以小企业为对象,其目标可能是将它们逐出市场。但无论在何种情况下,如果要发动攻势,进行挑战,就必须遵守一条军事上的原则:每一项军事行动必须指向一个明确的、肯定的和可能达到的目标。

二、选择进攻策略

在确定了战略目标和进攻对象之后,市场挑战者还需要考虑采取什么进攻策略。有五种进攻策略可供选择。

1. 正面进攻

正面进攻就是集中全部力量向竞争对手的主要市场阵地发动进攻,即进攻竞争对手的强项而不是弱点。在这种情况下,进攻者必须在产品、广告、价格等主要方面大大超过对手,才有可能成功,否则不可采取这种进攻策略。正面进攻的胜负取决于双方的力量对比。

正面进攻的另一种措施是投入大量研究与开发经费,使产品成本降低,从而以降低价格的手段向对手发动进攻,这是持续实行正面进攻策略最可靠的措施之一。

2. 侧翼进攻

侧翼进攻就是集中优势力量攻击对手的弱点,有时可采取"声东击西"的策略,佯攻正面,实际攻击侧面或背面。这又可分为两种情况:一种是地理性的侧翼进攻,即在全国或全世界寻找对手力量薄弱的地区,在这些地区发动进攻;另一种是细分性侧翼进攻,即寻找领导企业尚未为之服务的细分市场,在这些小市场上迅速填空补缺。

侧翼进攻符合现代营销观念——发现需要并设法满足它。侧翼进攻也是一种最有效和最经济的策略形式,较正面进攻有更多的成功机会。

3. 围堵进攻

围堵进攻是一种全方位、大规模的进攻策略,挑战者在拥有优于对手的资源,并确信围堵计划的完成足以打垮对手时,可采用这种策略。

4. 迂回进攻

这是一种间接的进攻策略,完全避开对手的现有阵地而迂回进攻。具体办法有三种:一是发展无关的产品,实行产品多角化;二是以现有产品进入新地区的市场,实行市场多角化;三是发展新技术、新产品,取代现有产品。

5. 游击进攻

这是主要适用于规模较小、力量较弱的企业的一种策略。游击进攻的目的在于以小型的、间断性的进攻干扰对手的士气,以占据长久性的立足点。因为小企业无力发动正面进攻或有效的侧翼进攻,只有向较大对手市场的某些角落发动游击式的促销或价格攻势,才能逐渐削弱对手的实力。但是,也不能认为游击进攻只适合于财力不足的小企业,持续不断的游击进攻也是需要大量投资的。还应指出,要想打倒对手,光靠游击进攻是不可能达到目的的,还需要发动更强大的攻势。

上述市场挑战者的进攻策略是多样的,一个挑战者不可能同时运用所有这些策略,但也很难单靠某一种策略取得成功,通常是设计出一套策略组合,即整体策略,借以改善自己的市场地位。例如,美国百事可乐对可口可乐是一个举世瞩目的典型挑战者,它在1950—1960年发动了多样的巨大攻势,取得了很大的成就,销售量增长了 4 倍。但是,并非所有居次要地位的企业都可充当挑战者,如果没有充分把握,不应贸然进攻市场领导者,最好是跟随而不是挑战。

第四节 市场跟随者战略与市场利基者战略

一、市场跟随者战略

市场跟随者的市场份额远远小于市场领导者。对其而言,能够保持现有的市场份额就足够了,它没有实力与市场领导者抗衡,也不愿意与市场挑战者对抗,它只希望整个市场发展时,它能够跟随着市场领导者同样地从新开发的市场中获取利益。作为跟随者,它一贯模仿、跟随市场领导者的产品策略和营销策略,而不是自己去创造新产品,这种策略也为其省去了大笔产品开发费用。

市场跟随者有如下三种跟随策略可以选择。

1. 紧密跟随

这种策略是在各个细分市场和营销组合方面,尽可能仿效市场领导者。这种跟随者有时好像是挑战者,但只要它不从根本上侵犯到市场领导者的地位,就不会发生直接冲突。有些跟随者甚至被看成是靠拾取领导者的残余来谋生的寄生者。

2. 有距离地跟随

这种跟随者是在主要方面,如目标市场、产品创新、价格水平和分销渠道等方面紧跟领先企业,而在一些次要方面与市场领导者保持距离。这类跟随者容易被市场领导者所接受,因为它们并不干扰领导者的市场经营,有助于领导者免受垄断指责。这类跟随者可以通过兼并小企业发展和壮大自己。

3. 改进跟随

实施这种策略,要求企业具有一定的产品创新能力,对于市场领导者的产品不仅能够模仿制造,而且还能进行改进,以使其适合市场领导者所占市场以外的其他市场的需求。

二、市场利基者战略

市场利基者服务于市场中的某些细小部分,通过专业化经营来占据有利的市场位置。这些细小市场应具有以下特征:有足够的市场潜量和购买力;利润有增长的潜力;对主要竞争者不具有吸引力;企业具备占有此市场所必需的资源和能力。

市场利基者的主要策略是专业化经营,包括顾客、市场、产品、服务等方面的专业化。下面是几种可供选择的专业化方案:

(1)最终使用者专业化。专门致力于为某类最终使用者服务,如计算机行业有些小企业专门针对某一类用户(如诊疗所、银行等)进行营销。

(2)纵向专业化。企业专门致力于生产和分销渠道中的某些层面,例如制铝厂可专门生产铝锭、铝制品或铝质零部件。

(3)顾客类型专业化。市场利基者可以集中力量专为某类顾客服务。例如,Porter Paint 公司主攻的是职业油漆工市场,而不是那些"自己动手用户"市场(do-it-yourself market)。其战略是围绕着为职业油漆工服务而建立的,采用的手段是提供免费配制油漆服务以及对一加仑以上的需求量快速送货到工地等措施,同时在工厂仓库设计了免费咖啡间,为职业油漆工提供休息场所。

(4)地理区域专业化。市场利基企业将营销范围集中在比较小的地理区域,这些地理区域往往具有交通不便的特点,为大企业所不愿经营。

(5)产品或产品线专业化。市场利基企业专门生产一种产品或是一条产品线,而所涉及的这些产品,是被大企业认为市场需要不够、达不到经营生产批量要求而放弃的。

(6)定制专业化。当市场领导者或市场挑战者比较追求规模经济效益时,市场利基者往往可以碰到许多希望接受定制业务的顾客。市场利基者专门为这类顾客提供定制服务,构成一个很有希望的市场。例如,主攻扣件(fasteners)这一特殊市场,在这个市场中,公司可以为买主的特殊需要设计产品,并形成转换成本。虽然有许多客户对这些服务并无兴趣,但也确有一些客户对此感兴趣。

(7)服务专业化,指专门为市场提供一项或有限的几项服务。近年来,我国城市中出现的许多搬家服务企业、家教服务中心等,就是市场利基企业采用这类专业化方案的做法和实例。

本 章 小 结

从市场营销的角度来看,市场竞争,是指企业经营者为争取有利的市场营销条件,通过采取各种营销谋略,以求在竞争中实现自身的经济利益而展开的争夺与较量。在现代市场经济中,顾客已成为企业生存与发展的决定性因素,所以现代市场竞争的核心是争夺消费者。

根据各企业在市场竞争中所处的竞争地位的不同,可以将竞争者分为市场领导者、市场挑战者、市场跟随者以及市场利基者四种类型。竞争者的反应模式有以下四种:从容型竞争者、选择型竞争者、凶狠型竞争者以及随机型竞争者。

市场领导者为了维护自己的优势,保住自己的主导地位,通常可采取三种策略:一是扩大市场需求总量,二是保护现有市场份额,三是扩大市场份额。

市场挑战者的挑战对象有三种:攻击市场领导者、攻击与自己实力相当者、攻击地方性小企业。其战略目标决定于挑战对象。如果以市场领导者为挑战对象,其目标可能是夺取某些市场份额。如果以小企业为对象,其目标可能是将它们逐出市场。可供市场挑战者选择的进攻策略有以下几种:正面进攻、侧翼进攻、围堵进攻、迂回进攻、游击进攻。

可供市场跟随者选择的跟随策略有紧密跟随、有距离地跟随以及改进跟随三种。

市场利基者的主要策略是专业化经营,包括顾客、市场、产品、服务等方面的专业化。

关 键 概 念

市场竞争(market competition)　　　　　竞争对手(opponent)
市场领导者(market leader)　　　　　　　市场挑战者(market challenger)
市场跟随者(market follower)　　　　　　市场利基者(market niche)

复 习 思 考 题

一、问答题

1. 如何识别企业的竞争者?
2. 竞争者的反应模式有哪几种类型?
3. 什么是市场领导者、挑战者、跟随者和利基者?
4. 市场领导者应该如何保卫自己的市场阵地?
5. 有几种跟随策略?
6. 市场挑战者的竞争战略有哪些?

二、不定项选择题

1. 集中优势攻击敌人的弱点，是采用的（　　）竞争战略。
   A. 正面进攻　　　B. 侧翼进攻　　　C. 包围进攻　　　D. 迂回进攻
2. 市场领导者往往采取（　　）。
   A. 进攻战略　　　B. 防御战略　　　C. 成本领先定位　　D. 无定位
3. 我们把能满足购买者某种愿望的各种方法称为（　　）。
   A. 愿望竞争者　　B. 一般竞争者　　C. 产品形式竞争者　D. 品牌竞争者
4. 市场利基者的制胜之道是（　　）。
   A. 有效的分销策略　　　　　　　B. 专业化经营
   C. 产品创新　　　　　　　　　　D. 促销创新
5. 市场领导者是指市场份额达到（　　）的那些竞争对手。
   A. ≤40%　　　B. <40%　　　C. 20%～40%　　　D. ≥40%

三、实训练习

1. 调查我国的饮料市场，在碳酸饮料、茶饮料、功能性饮料、果汁饮料、乳饮料等饮料市场上，谁是市场领导者？谁是市场挑战者？
2. 在东北的某一地区，仅有一家经营水暖器材的商店，老板听说一家大型连锁店准备在其附近开设一家分店。如果你是这位老板，你将采取什么样的竞争策略来对付这个新的竞争对手？
3. 假设你是宝洁公司佳洁士牙膏产品经营小组中的一员，该小组的目标是挑战高露洁公司的牙膏并成为市场领导者，根据所学知识，你将如何开展你的行动？

四、案例分析

只放一只羊：阿尔迪打败沃尔玛的秘诀

20世纪初，德国出现了一家叫阿尔迪（Aldi）的小型食品杂货店，现在这家杂货店已经席卷整个欧洲，成为欧洲最大的杂货连锁店，并在美国开了1700多家门店，计划到2022年再开超过900家门店，成为沃尔玛和克罗格之后的第三大连锁超市。作为全球著名的零售品牌之一，阿尔迪从德国边远城市的一家名不见经传的食品杂货铺一步步成长为世界排名第八位的跨国零售巨头，被誉为"沃尔玛杀手"。

阿尔迪在业内外的名气都很大。首先，在最受德国人尊敬的品牌中，阿尔迪排第三，仅次于科技巨头西门子和宝马，超过奔驰等大量德国世界500强企业。作为一家传统的连锁零售企业，获此殊荣实属不易。沃尔玛在巅峰时期进军德国市场却遭到它的强烈狙击，最终无功而返。而阿尔迪在美国市场上咄咄逼人，目前在美国门店数量已经有1700多家，2018年，有望将门店数量扩至2000家左右。根据外国媒体报道，阿尔迪已经连续三年在一项关于美国消费者最喜欢的超市排名中位居前三，远远超过了沃尔玛。从效率上看，阿尔迪人效达48.05万美元，对应沃尔玛22.08万美元/人，坪效超过1.3万美元，远高于沃尔玛。

沃尔玛是世界零售业的标杆，其创始人山姆还多次成为世界首富，为何在跟阿尔迪竞争面前却显得力不从心？沃尔玛曾经快速扩张的秘诀是"天天低价"，阿尔迪却以其人之道还治其人之身，以极致的性价比青出于蓝，它又是如何做到的呢？当媒体采访其创始人经营秘诀的时候，得到的答案只有两个字——简单，并补充道"一生只放一只羊"。

1. 一招鲜：让"人—货—场"简单

阿尔迪是极简战略的代表，典型的低成本战略，夺取市场就靠一招鲜——价格，用一切手段全方位无死角地降低价格。手段就是控制成本，用"简单"来降低成本，让"人—货—场"极致简单。

首先，精准定位让目标消费者简单。创立之初就将服务对象即目标消费者定位为中低收入的工薪阶层、无固定收入居民及退休的老年人，另外还关注大学生和外籍工人。这类群体购物需求极其简单，那就是要低价，如果质量有保障那就更完美了，总的来说追求性价比。这样定位以来，"人"的简单也让经营策略和企业管理变得简单，那就是想方设法确保低价。

其次，精细选品让销售商品简单。相对以"天天低价"而著称的沃尔玛，阿尔迪的定价比它还低。其最主要的竞争手段就是在约660平方米空间内，只经营约700种商品，全是少得不能再少的生活必需品。在商场里，同一类商品不会给你许多选择，经营的都是销售最快的品牌。这样做的优势就是加快了商品的流转，降低了采购成本，提高了资金周转率，并使得阿尔迪在与供货商谈判时处于绝对优势。这是阿尔迪经营模式的核心，也是其在低价销售商品的同时还能获取丰厚利润的根本原因。

最后，简单的商场。阿尔迪的打法和其他超市也不一样，不在繁华地段而是选择在居民区、学校附近及城郊，这些地方租金比较便宜，客源也足够。店面极为朴素，店铺面积仅有300～1100平方米，各店样式统一。这样可以保证开设分店时简单快速，费用降到最低。

2. 低成本贯穿供应链的每一个环节

在竞争战略选择上，阿尔迪是典型的低成本战略，并且执行相当到位，任何一个可以节省成本的环节都不放过。其核心理念十分简单，源于一个我们每个人都烂熟于心的公式：收益＝价格－成本。在保证低价的情况下，要获取收益，只能拼了命地控制成本，当然还要保证商品优质。

首先，规模效应降低进货成本。因为品类集中且出货量大，每次采购都是单品大批量下单。阿尔迪是世界上最大的批发采购商，它每年购买的单件商品的总价值超过5000万欧元。相比之下，沃尔玛只有150万欧元，仅为阿尔迪的三十分之一。

其次，范围经济降低运营成本。阿尔迪店内一般只有4名员工，所有员工都是一专多能，包括店长在内的每个人都身兼数职，没有固定岗位，每个人都是真正的"多面手"，人均服务面积超过100平方米，充分挖掘了员工的潜能。来自毕马威的报告称，阿尔迪的劳动力成本仅占其营业收入的6%，而普通超市的员工成本一般要占到总收入的12%～16%。

再次，组织简化降低管理成本。阿尔迪没有母公司，没有行政管理部门，不设公关部门，也没有市场部门等所谓的"机关"，不做市场调研甚至不做预算，没有计划，只有一个由曾担任过分店经理的经理人所组成的"管理委员会"，各分公司被充分授权。由于取消了指挥部门，组织"被迫"让从事基础工作的员工也参与到管理之中，给员工更大的授权及更有创新性的任务。极简战略匹配极简组织，可谓自上而下，从战略到结构，从组织到文化，方方面面都服务于自己的定位。

最后，删除一切冗余的服务。顾客需自带购物袋或另付钱购买塑料袋，使用购物车要付押金，退还购物车后返回押金。顾客可以直接拿东西去任意一家门店退货，阿尔迪认为如果纠缠，要客服要律师，就会产生成本，就会加到商品的零售价格当中。

总之，阿尔迪认为一切增加成本的东西都应该去掉，因此它主要销售自营品牌，不做广告营销,选址尽量在偏僻的地方,超市里甚至没有货架,货品装在可以露出半截的纸箱里。以这样的方式,可以以较低的价格出售高质量产品,这样的经营模式使阿尔迪不仅在德国排名第一,而且还扩展到欧美各国。

1.查阅相关资料,试分析阿尔迪从经营理念到商业模式、从管理模式到企业转型方面对在电子商务强烈冲击下的我国零售行业的启示。

2.根据马云提出的"新零售"的概念,试论述零售是否有"新旧之分"。你认为零售的本质是什么?

3."互联网+"是不是我国零售行业的唯一出路?请阐述原因。

本章习题库

第七章
市场细分与目标市场选择

学习目的及要求

通过本章的学习,要求掌握市场细分的概念、细分的标准,在此基础上加深对目标市场营销策略的理解,懂得影响目标市场选择的因素,根据企业所处的地位,知道该如何做好市场定位。

【引例】

谁看透了美团上线盲人版的意图?

2019年10月15日,由美团与中国盲人协会联合推出的"美团语音盲人定制应用"正式上线,将专门服务于盲人群体。

很多人对美团盲人版的使用方法表示好奇,其实很简单,用户只需要点击美团APP首页的语音按钮,说出"无障碍外卖"即可使用;或从首页点击"更多"进入更多功能页面,点击页面内的"无障碍外卖"图标进入,然后通过"语音交互"的方式完成外卖下单全流程。有一个细节值得关注,美团还将智能语音助手语速分为1~5挡,用户可根据习惯自主调节。过去,盲人用手机点外卖主要依赖于手机读屏软件,过程繁杂效率低,当误触碰到页面或有弹窗出现,读屏也就终止。

美团方数据显示,通过美团语音点餐,准确率能达到95%。美团表示未来还会围绕盲人的实际需求,继续开发美团火车票、美团打车等语音应用。

美团的这个举措可以说是收获点赞无数,互联网和人工智能需求日益强烈,盲人群体处在一种被庞杂信息拥簇却又仿佛被信息屏蔽的状态,时代的快速发展可能带给他们更大的不安全感,这是美团收获点赞的原因。特定用户群体的需求同样是刚需,在大多数企业寻找差异化、跨界谋求出路的时候,这种本质需求往往容易被忽略。

资料来源:曹亚楠.谁看透了美团上线盲人版的意图?销售与市场网,2019-11-18,有改动.

第一节 市场细分的层次与模式

一、市场细分的概念与发展

(一)市场细分的概念

市场细分,是指企业按照消费者的需求特性,把整个市场分割为不同的子市场,以用来确定目标市场的过程。市场细分首先要调查分析不同的消费者在需求、资源、地理位置、购买习惯和行为等方面的差别,然后将上述要求基本相同的消费者群分别归并为一类,形成整体市场中的若干"子市场"或"分市场"。例如,服装市场可按顾客的性别、年龄、收入等因素细分为儿童服装、女士服装、男士服装、中老年服装,以及高档、中档、普通服装等若干个子市场。不同的细分市场之间,需求差别比较明显。而在每一个细分市场内部,需求差别则比较细微。市场细分的目的是从顾客及其需求的差别中寻找和发掘出某些共同和相关的因素,以此将某一错综复杂的具体市场划分成若干分市场。市场细分是目标市场选择和市场定位的必要前提,而目标市场选择和市场定位是市场细分的必然结果。

市场细分是现代市场营销学中一个非常重要的概念,它具有以下含义:

(1)细分的市场代表不同的消费者组群,他们的需求是有差别的。现代市场营销学中,市场细分概念的核心是区分消费者需求的差别。

(2)不同的消费者组群是按相应的细分因素被区分的,所以进行市场细分的关键在于确定适当的细分因素。这样,才能使被细分后的市场具有营销意义。

(3)细分市场是企业为了选取消费者组群作为其营销对象,所以市场细分最重要的意义是选取目标市场。

(二)市场细分的发展

市场细分是美国著名市场学家温德尔·史密斯(Wendell R. Smith)于1956年提出的一个新概念。它是现代企业营销观念的一大进步,是顺应市场发展趋势而产生的,是对现代市场营销观念在认识上的一种深化。如宝洁公司发现顾客由于需要洗涤不同性质的织物,要求有性能不同的肥皂,于是改变了原来经营单一肥皂的做法,推出三种不同性能、不同牌号的洗衣皂,从而满足了不同消费者的需要。市场细分理论主要经历了三个阶段的发展。

1. 大量营销阶段

在19世纪末20世纪初,整个社会经济发展的重心和特点是强调速度和规模,市场以卖方为主导。在卖方市场条件下,企业市场营销的基本方式是大量营销,即大批量生产品种、规格单一的产品,并且通过广泛、普遍的分销渠道销售产品。如可口可乐公司就曾经使用这一战略,只生产一种容量为6.5盎司的包装和式样完全一样的可乐,以吸引所有的消费者。由于大众化营销方式具有较低的成本和销售价格,在当时的市场环境下,可以获得较高的利润,为企业所推崇。因此,企业自然没有必要研究市场需求,市场细分战略也不可能产生。

2. 产品差异化营销阶段

20世纪30年代,发生了震撼世界的资本主义经济危机,西方企业面临产品严重过剩的情况,市场迫使企业转变经营观念,营销方式开始从大量营销向产品差异化营销转变,即向市场推出许多与竞争者产品不同的,具有不同质量、外观、性能的产品。产品差异化营销与大量营销相比是一种进步,但是,由于企业仅仅考虑自己现有的设计与技术能力,而忽视对顾客需求的研究,缺乏明确的目标市场,因此产品营销的成功率依然很低。由此可见,在产品差异化营销阶段,企业仍然没有重视对市场需求的研究,市场细分也就仍无产生的基础和条件。

3. 目标营销阶段

20世纪50年代以后,在科学技术革命的推动下,生产力水平大幅提高,产品日新月异,生产与消费的矛盾日益尖锐,以产品差异化为中心的营销方式已远远不能解决企业所面临的市场问题。于是,市场迫使企业再次转变经营观念和经营方式,由产品差异化营销转向以市场需求为导向的目标营销,即企业在研究市场和细分市场的基础上,结合自身的资源与优势,选择其中最有吸引力和最能有效地为之提供产品和服务的细分市场作为目标市场,设计与目标市场需求特点相匹配的营销组合。于是,市场细分理论应运而生。

二、市场细分的层次

市场细分是提高企业市场营销运作效率的基础。每个消费者或客户都有自己独特的需求和欲望,因此每个客户可能成为一个潜在的分市场。市场细分可分为四个层次:细分、补缺、本地化和个性化。

（一）细分营销

企业根据不同的产品需求和营销反应来划分主要的细分市场。在企业的消费者众多的情况下，企业不可能为每个特定的消费者提供定制的产品，让他们都感到满意。因此，企业就必须把构成整个市场的大细分市场独立出来。例如，汽车公司将整个汽车消费市场划分成四个大的细分市场：寻求基本代步和运输需要的汽车购买者、寻求高性能汽车的购买者、寻求豪华汽车的购买者和寻求安全驾驶的汽车购买者。

（二）补缺营销

企业在市场营销的过程中一般能辨认出较大的细分市场。补缺是更具体地确定某些消费群体。这些消费群体往往属于某一个大的细分市场，但他们的需要并没有被充分地满足。企业通常采取补缺市场的办法把细分市场再细分，或确定一组有特别利益要求的消费者组成的群体。大的细分市场可以容纳多个竞争者，而补缺市场容量相当小，只能容纳一个或少数几个竞争者。

（三）本地化营销

企业必须注意市场在地理因素上的细分，按照区域对市场进行划分，根据当地消费者的需要和欲望设计营销方案。俗话说得好："到什么山唱什么歌""入乡随俗"。不同地区居民的生活方式各不相同，而处于同一地区的消费者会具有相似的消费需求。

（四）个性化营销

市场细分的最后一个层次是细分到个人、定制营销和一对一营销。随着科学技术的发展，柔性制造、机器人生产、数据库、电子邮件的广泛应用，企业提供个性化定制成为可能。这种营销方式也称为大众化定制。大众化定制是一种在大量生产准备基础上的为个人设计和传播的以满足每个顾客要求的能力。

三、市场细分的标准

（一）消费者市场的市场细分标准

市场细分的基础是客观存在的需求的差异性，引起消费者需求差异的变量很多，究竟按哪些标准进行细分，没有统一的方法或固定不变的模式。企业一般是组合运用有关变量来细分市场，而不是单一采用某一变量。概括起来，细分消费者市场的变量主要有四类，即地理变量、人口变量、心理变量以及行为变量。

1. 地理变量

按照消费者所处的地理位置、自然环境来细分市场，比如，根据国家、地区、城市规模、气候、人口密度、地形地貌等方面的差异将整体市场分为不同的分市场。

2. 人口变量

按人口统计变量，如年龄、性别、家庭规模、生命周期、收入、职业、文化程度、宗教信仰、民族、国籍、社会阶层等，划分不同的消费者群。消费者需求、偏好与人口统计变量有着很密切的关系。

（1）性别。

由于生理上的差别，男性与女性在产品需求与偏好上有很大不同，如在服饰、发型、生活必需品等方面均有差别。如眼镜、手表等生产厂商都更加注意针对男女不同特点设计产品，以受到消费者欢迎。

(2)年龄。

不同年龄的消费者有不同的需求特点,如青年人对服饰的需求与老年人的需求差异较大。青年人需要鲜艳、时髦的服装,老年人需要端庄素雅的服饰。

(3)收入。

高收入消费者与低收入消费者在产品选择、休闲时间的安排、社会交际与交往等方面都会有所不同。比如,同是外出旅游,在交通工具以及食宿地点的选择上,高收入者与低收入者会有很大的不同。正因为收入是引起需求差别的一个直接而重要的因素,在诸如服装、化妆品、旅游服务等领域根据收入细分市场相当普遍。

(4)职业与教育。

指按消费者职业的不同、所受教育的不同以及由此引起的需求差别细分市场。如,教师和演员对服装、鞋帽以及化妆品等的需求必然有很大差异。

除了上述方面,经常用于市场细分的人口统计变量还有家庭规模、国籍、种族、宗教等。实际上,大多数公司通常是采用两个或两个以上人口统计变量来细分市场。

3. 心理变量

在市场营销活动中,经常产生这种情况,即在人口因素相同的消费者中间,对同一商品的爱好和态度截然不同,这主要是由于心理因素的影响。根据购买者生活方式、所处的社会阶层、个性特点和偏好等心理因素细分市场就叫心理细分。

(1)生活方式。

生活方式是指个人或集团对消费、工作和娱乐的特定的习惯。生活方式不同,消费倾向也不同,需要的商品也不一样。企业可以把追求某种生活方式的消费者群当作自己的目标市场,专门为这些消费者生产产品。

(2)社会阶层。

社会阶层是指在某一社会中具有相对同质性和持久性的群体。处于同一阶层的成员具有类似的价值观、兴趣爱好和行为方式,不同阶层的成员则在上述方面存在较大的差异。

(3)个性。

个性是指一个人比较稳定的心理倾向与心理特征,它会导致一个人对其所处环境做出相对一致和持续不断的反应。俗语说,"人心不同,各如其面",每个人的个性都会有所不同。通常,个性会通过自信、自主、支配、顺从、保守、适应等性格特征表现出来。

(4)偏好。

这是指消费者对某种牌号的商品所持的喜爱程度。在市场上,消费者对某种牌号商品的喜爱程度是不同的。企业为了维持和扩大经营,努力寻找忠诚拥护者,并掌握其需求特征,以便从商品形式、销售方式及广告宣传等方面去满足他们的需要。

4. 行为变量

在行为细分中,根据顾客对产品的了解、态度、使用情况及其反应,将他们分为不同的群体。行为变量能更直接地反映消费者的需求差异,因而成为市场细分的最佳起点。行为变量主要包括以下几种。

(1)购买时机。

按消费者购买和使用产品的时机细分市场。例如,旅行社可为某种时机提供专门的旅游服务,文具企业专门为新学期开始提供一些学生学习用品。

(2)寻求利益。

消费者购买某种产品总是为了解决某类问题,满足某种需要。根据顾客从产品中追求的不同利益分类,是一种很有效的细分方法。如对购买手表,有的追求经济实惠、价格低廉,有的追求耐用可靠和使用维修的方便,还有的则偏向于显示出社会地位等。所以,首先必须了解消费者购买某种产品所寻求的主要利益是什么;其次要了解寻求某种利益的消费者是哪些人;最后要调查市场上的竞争品牌各自适合哪些利益,以及哪些利益还没有得到满足。

案 例

2019年1月,以138亿美元身家荣登英国首富的戴森,以高端吹风机、卷发器、吸尘器发家,但是从2013年起开始着手拓宽自己的发明领域,版图拓展到汽车行业。共建版图的还有高薪聘请来的前英菲尼迪全球总裁罗兰·克鲁格,还有来自宝马、阿斯顿·马丁、路虎、特斯拉等汽车制造商的前骨干,团队最多时达600人,甚至还耗资约17亿元人民币修建了一条16公里的新车测试跑道。人员、资金都到位,戴森为什么突然叫停?公开信息称:"虽然放弃电动车项目,但是固态电池的研发并不会停止,电池将为戴森奠定坚实的基础,引领更多创新。"

思考:查阅相关资料,试分析为什么戴森放弃电动车项目。

(3)使用状况。

根据顾客是否使用和使用程度细分市场,通常可分为从未用过、曾经用过、准备使用、初次使用、经常使用五种类型,即五个细分市场。通常大公司对潜在使用者感兴趣,注重将潜在使用者变为实际使用者;而一些小企业则只能以经常使用者为服务对象,并设法吸引使用竞争产品的顾客转而使用本公司产品。对使用状况不同的顾客,在广告宣传及推销方式等方面都有所不同。

(4)使用率。

使用率也可用来细分某些产品的市场。可先划分使用者和非使用者,然后再把使用者分为小量使用者和大量使用者。例如,有人曾经做过调查,啤酒在总用户中,年龄在25岁以下和50岁以上的为少量饮用者;啤酒的大量饮用者多数是劳动阶层,年龄为25~50岁。很显然,根据这些信息,企业可以大大改进其在定价、广告传播等方面的策略。

(5)忠诚程度。

消费者对企业的忠诚程度和对品牌的忠诚程度,也可用来细分市场。有些消费者经常变换品牌,另外一些消费者则在较长时期内专注于某一个或少数几个品牌。企业可以对消费类型进行分析,从中找出营销中所存在的问题,从而及时解决。

(6)待购阶段。

消费者对各种产品,特别是新产品,总是处于各种不同的待购阶段。有的消费者可能对某一产品确有需要,但并不知道该产品的存在;还有的消费者虽已知道产品的存在,但对产品的价值、稳定性等还存在疑虑;另外一些消费者则可能正在考虑购买。企业应该对处于不同阶段的顾客采取不同的营销手段,并要随着待购阶段的变化而随时调整营销方案。

(7)态度。

企业还可根据市场上顾客对产品的态度来细分市场。不同消费者对同一产品的态度可能有很大差异,可分为五种:热爱、肯定、冷淡、拒绝和敌意。企业可以通过调查分析,针对不同态度的顾客采取不同的营销对策。

(二)生产者市场的市场细分标准

许多用来细分消费者市场的标准,同样可用于细分生产者市场。所不同的是进行工业品市场细分时,心理因素的影响要小一些,可用一些新的标准来细分生产者市场。

1. 产品的最终用途

生产者市场经常按产品的最终用途进行细分。由于不同用途对产品的要求不同,因此要制定不同的营销策略。例如,晶体管市场可分为军事、工业、商业三个子市场。军用买主重视质量,价格不是主要因素;工业买主重视质量和服务;商业买主重视价格和交货期。企业此时可根据用户要求,将要求大体相同的用户集合成群,并据此设计出不同的营销策略组合。

2. 用户规模

用户规模决定了购买量的大小,这一因素往往也被某些企业作为市场细分的根据。以钢材市场为例,像建筑公司、造船公司、汽车制造公司对钢材需求量很大,动辄数万吨地购买;而一些小的机械加工企业,一年的购买量也不过几吨或几十吨。对于大客户,宜于直接联系,直接供应,在价格、信用等方面给予更多优惠;而对众多的小客户,则宜于使产品进入商业渠道,由批发商或零售商去组织供应。

3. 地理位置

除国界、地区、气候、地形、交通运输等条件外,生产力布局、自然环境、资源等也是重要的细分变量。用户所处的地理位置不同,其需求有很大的不同。按用户地理位置细分市场,有助于企业将目标市场选择在用户集中地区,有利于提高销售量,节省推销费用,节约运输成本。

四、市场细分的模式

市场细分的方法有多种,我们除了可以采用常用的统计学或生活方式等对市场进行细分外,还可以利用消费者偏好来细分市场。由于消费者的需求不同,他们的消费偏好往往存在差异。例如向顾客询问某一产品的两种以上属性,如对手机的外观和性能有什么要求,由此就会出现三种不同的偏好模式,如图 7.1 所示。

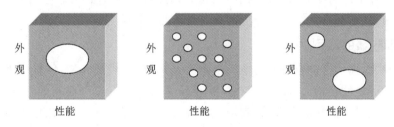

图 7.1　市场细分的偏好模式

(一)同质型偏好

市场上所有消费者对手机的两种属性的要求比较集中和一致,偏好大致相同。该市场表示无"自然分市场",至少对这两种属性而言是如此,而且市场上现存的品牌属性相近,产品定位一般都在偏好的中心。在这种情况下,企业必须同时重视外观和性能两种属性。

(二)分散型偏好

在另一个极端,购买者的偏好可能在空间平均分散,而无任何集中现象。有的看重外观,有的看重性能,且程度不一样。消费者对手机的外观和性能两种属性各有程度不同的喜爱和要求。面对这种模式,企业可以推出一种兼顾两种属性的产品,也可以侧重于某一属性的偏好,即将产品的属性定位于某些角落,以吸引那些对属性位于中心的品牌不满的购买者群。但企业无论采取哪一种方式都难以最大限度满足所有消费者的需求。

(三)群组型偏好

市场上不同偏好的购买者会形成一些集群。譬如,有的购买者偏重于外观,有的购买者偏重于性能,各自形成几个集群,称为"自然分市场"。进入市场的第一个企业有三种选择:

(1)定位于期望吸引所有群组的中心(无差别市场营销);

(2)定位于最大的分市场(集中市场营销);

(3)同时发展几个品牌,每个品牌分别定位于不同的分市场(差别市场营销)。

很显然,如果只发展一种品牌,将难以满足所有消费者的需求。

第二节 目标市场选择

在对整体市场进行有效细分后,企业必须评价各种细分市场并确定为哪些细分市场服务。目标市场,又称目标消费者群,是指企业营销活动所要满足的市场需求,即企业的服务对象。为了取得较好的营销效果,任何企业都必须选择目标市场。因为企业自身资源的限制,无法提供市场内所有消费者所需要的商品或服务。为了提高企业的经营效率,企业的营销活动就必须局限在一定的范围内,最利于发挥企业自身资源优势。

一、评估目标市场

公司评估各种不同的细分市场,寻找高利润率的目标市场时,必须考虑三个方面的因素,即目标市场的吸引力、市场竞争结构及企业的战略目标和资源能力。

(一)目标市场的吸引力

市场规模越大,提供给企业运作的空间也越大,容易形成规模经济,降低生产和营销成本,企业获得利润的可能性也越大;成长性越好,提供给企业未来发展和获利的空间也越大。企业可以利用一些历史和现实的销售数据,利用统计分析工具或计算机数据挖掘工具,大致判断出细分市场的规模和成长性。

(二)市场竞争结构

市场长期赢利能力与市场竞争结构密切相关,所以,企业在选择目标市场时需要结合市场竞争结构来分析。市场中现有竞争者数量的多少,直接决定了市场竞争的激烈程度和赢利潜力,也决定了该市场吸引力的大小。如果企业选择的是一个进入壁垒和退出壁垒都很低的市场,那么其对于竞争对手的吸引力必然是很高的,企业必须做好迎接现存的以及潜在的竞争对手挑战的准备。

(三)企业的战略目标和资源能力

以市场规模和成长性以及市场竞争结构作为选择目标市场的标准时,还必须考虑企业自身的战略目标和资源能力。一个企业的发展目标决定了企业的资源投入方向,如果该市场与企业发展目标相悖,进入该市场将分散企业的资源,进而会影响到企业长远目标的实现;如果该市场与企业发展目标相符,但企业不具备获得市场竞争优势所必需的资源能力,也不得不放弃该市场。

二、选择目标市场

通过分析和评估,企业已对细分市场的潜力、竞争结构及本企业的资源能力有了系统了解。在此基础上,可以着手进行目标市场的选择。企业可以采取的目标市场模式有五种,如图7.2所示,其中M代表市场、P代表产品。

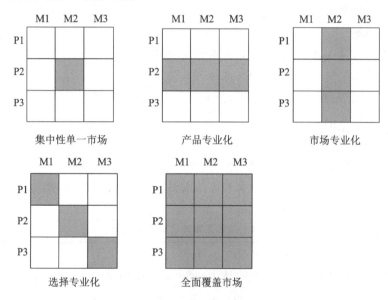

图 7.2 目标市场模式

1. 集中性单一市场

企业的目标市场无论是从市场还是从产品角度,都是集中于一个细分市场,只生产某一种产品。这种模式意味着企业只生产和经营一种标准化产品,只供应某一顾客群。例如,一些地方性品牌往往选择在一个较小的区域内以更贴近当地消费者的产品或服务展开竞争。采用该模式可能是基于下述原因:资源有限,只能覆盖一个细分市场;细分市场尚无竞争对手;该细分市场是未来扩展市场最合逻辑的突破口。具有专业化生产技能,但受限于资金实力的小企业采用这种策略,往往可以取得良好的市场业绩。但这种产品市场集中化模式,存在消费者偏好发生改变所导致的市场风险,为此企业需要在适当的时机进军其他市场。

2. 产品专业化

企业专门生产一类产品供应不同的顾客市场,这种目标市场模式就是产品专业化模式。例如,某仪器制造企业只生产供大学、政府科研机构和企业实验室使用的各种型号和规模的显微镜,不生产其他仪器。产品专业化模式有利于企业创造专业化生产和研发的优势。

3. 市场专业化

企业选择某一类市场为目标市场,并为这一市场生产开发性能有所区别的同类产品,这种目标市场模式就是市场专业化模式。例如,一家电冰箱厂选择大中型旅游饭店为目标市场,根据其需要生产100升、300升、500升等几种不同容器的电冰箱,以满足这些饭店不同部门(如客房、食堂、冷饮部等)的需要。这种市场专业化模式可以帮助企业树立良好的专业化声誉,多产品经营在一定程度上也分散了市场风险。但对企业的生产能力、经营能力、资金实力提出了更高要求。

4. 选择专业化

企业有选择地进入几个不同的细分市场,为不同的顾客群提供不同性能的同类产品。选择专业化模式最大优点在于能够分散市场风险,但选择的细分市场间可能缺乏内在的逻辑联系,属于非相关的多元化发展,很难获得规模经济,而且对单个市场的规模要求比较高,还要求企业具备很强的市场运作能力。

5. 全面覆盖市场

企业决定全方位进入各个细分市场,分别为这些市场提供不同的产品。只有实力雄厚的大企业才能采取这种市场覆盖模式。例如,可口可乐公司在饮料市场,宝洁公司在全球家庭洗涤用品市场,通用汽车公司在全球汽车市场,都采用了全面覆盖模式。

三、目标市场战略

(一)三种基本的目标市场战略

企业在市场细分的基础上,根据主客观条件选择合适的目标市场为其服务。企业一般可采用三种不同目标市场战略,即无差异化战略、差异化战略和集中化战略,如表7.1所示。

表 7.1 三种基本的目标市场战略

目标市场战略	内　　涵	营销组合
无差异化战略	将整体市场作为目标市场,推出单一的标准化产品	只设计一种营销组合
差异化战略	选择几个细分市场作为目标市场,满足不同需求,推出差别化产品	为不同的细分市场设计不同的市场营销方案
集中化战略	将一个细分市场或一个细分市场再细分后作为目标市场,提供专业化的生产和销售	单一的营销组合或多样化的营销组合

1. 无差异化战略

无差异化战略,也称无差异性市场营销战略,是指企业不进行市场细分,以整体市场为自己的目标市场,以单一的产品和单一营销战略满足整个市场的共同需求。采用此种战略时,企业忽略了需求的差异,认为所有消费者对某一产品都有共同的需要,因而希望凭借大众化的分销渠道、大量的广告媒体以及相同的主题,在大多数消费者心目中建立产品形象。这种战略一般适应于产品具有广泛需求,可以大批量生产,市场是同质的,而且企业具有广泛的分销渠道以及大规模单一生产线的条件下采用。采取无差异性市场营销战略的优点是:可以降低生产、存货和运输成本,节约大量的调研、开发、广告等费用。但是这种市场战略也存在许多缺点,即这种战略对于大多数产品是不适用的。因为市场处于一个动态变化的不断发展的过程,所以一种产品长期被所有消费者接受是极少的,而且当几家同类大企业同时采用这一战略时,就会造成激烈的市场竞争。

2. 差异化战略

以市场细分为基础,选取其中几个细分市场为目标市场,针对不同目标市场的特点,分别为这些目标市场设计不同的产品和营销组合,以满足各个细分市场的差异化需求,就是差异化战略。如宝洁公司洗衣粉类产品有强力去污的"碧浪"、去污很强的"汰渍"、物美价廉的"熊猫";洗发用品有潮流一族的"海飞丝"、优雅的"潘婷"、新一代的"飘柔"、品位代表的"沙宣"等。

采用差异化战略的优点是小批量、多品种、生产机动灵活,针对性强,能满足不同消费者的需求,特别是能繁荣市场。但是,这种战略的实施,要求企业将其资源按照不同的营销组合的需要进行配置。由于品种多,销售渠道和方式、广告宣传多样,产品改进成本、生产制造成本、管理成本、存货成本、营销成本就会大大增加,等于将企业资源分散了,这对于资本本来就十分有限的中小企业来说,是最为不利的。因此,差异化战略并非任何企业都可以采用,只有资源十分雄厚的大型、特大型企业可以采用,中小型企业无力问鼎。

3. 集中化战略

集中化战略,又称密集型营销战略,是指企业在市场细分的基础上,选择一个或几个相似的细分市场作为目标市场,集中企业资源开展营销活动。采用这种市场战略的企业,力求能在一个或几个分市场上占有较大的份额。集中企业的优势力量,对选定的细分市场采取攻势营销战略,以取得在该市场上的优势地位。

集中化战略,由于能够在较小的市场上切实满足一部分消费者的独特需求,形成经营特色和产品信誉,在市场上获得局部优势,因而能够在较小的市场上取得较大的成功。采用集中化战略也有一定的风险性,因为所选的目标市场比较狭窄,一旦细分市场突然发生变化,消费者的偏好发生转移,或出现新的更具生命力的替代产品,或出现强有力的竞争对手,这时企业如果不能随机应变,就会陷入困境,甚至会导致在竞争中失败。

(二)选择目标市场战略的主要依据

企业在最终决定采用何种目标市场战略之前,应全面考虑以下因素。

1. 企业资源能力

资源能力主要指企业的人力、财力、物力、生产能力、技术能力和销售能力等。企业需要根据自身资源能力,选择合适的目标市场战略。当企业的资源能力很强时,就可采用无差异化战略和差异化战略;若实力不足,最好采用集中化战略。

2. 产品特性

对于一些类似性很强的产品以及不同工厂或地区生产的在品种、质量方面相差较小的同类产品,宜采用无差异化战略。而另外一些产品,如照相机、服装等,消费者的要求差别很大,宜采用差异化战略或集中化战略。

3. 市场需求特点

如果一个市场中的消费者有类似的需求偏好,对营销组合有基本一致的反应,宜采用无差异化战略。否则,宜采用差异化战略或集中化战略。

4. 产品生命周期

一般来说,企业的新产品在投入期和成长期,可采用无差异化战略,以探测市场与潜在顾客的需求,也有利于节约市场开发费用。当产品进入成熟期或衰退期时,则应采取差异化战略,以开拓新的市场;或采取集中化战略,以维持和延长产品生命周期。

5. 竞争者的市场战略

市场竞争是一个相互博弈和制衡的过程。在市场竞争激烈的情况下,企业采取哪种市场战略,往往视竞争者所采取的战略而定。如果竞争者实力较强并实施无差异化战略,那么,本企业宜采取差异化战略和集中化战略与其抗衡;如果竞争对手采取差异化战略,企业则应进一步细分市场,采取更为细致的差异化战略或者集中化战略,才能展开有效的竞争。

> 课外视野　史玉柱、马云:如何分享创业项目的市场定位
> 视频来源　优酷网

第三节　市 场 定 位

企业在确定目标市场后,还要在目标市场上给本企业产品做出具体的市场定位决策,让企业的产品在目标消费者的心中确立一种独特的观念和形象。市场细分和目标市场选择是寻找"靶子",而市场定位就是将"箭"射向靶子。

一、市场定位的概念与方式

(一)市场定位的概念

市场定位是适应市场竞争的加剧而产生的营销观念。1972年,美国的两位广告经理阿尔·里斯和杰克·特劳特在《广告时代》上发表了"定位时代"的系列文章之后,"定位"一词开始广为流传。菲利普·科特勒对市场定位的定义是:所谓市场定位就是对公司的产品进行设计,从而使其能在目标顾客心目中占有一个独特的、有价值的位置的行动。市场定位的实质是使本企业与其他企业严格区分开来,并使顾客明显感觉和认知这种差别。市场定位的目的是影响顾客心理,增强企业以及产品的竞争力,扩大产品销售,增加企业的经济效益。

在理解市场定位的实质时应把握以下几点。

1. 定位的目的

定位的目的在于"攻心",即在消费者心中确立位置,而不是在某个空间上定个位置。定位的实质就是在消费者心里下功夫,是打"攻心战",让消费者从内心里认同和接受。

2. 定位的前提

定位的前提就是要周密地进行调查研究,一是调查了解消费者对某类产品各种属性的重视程度,二是要调查目前竞争对手的市场位置,以便"知己知彼"。

3. 定位的手段

定位的手段就是制造差异,主要是制造与竞争对手的差异。制造区别于竞争对手的差异是有效定位的基本手段。没有这种差异,消费者心目中的印象就会模糊不清,就不利于企业取得竞争优势。

(二)市场定位的方式

1. 根据竞争定位

一方面,企业可以通过将自己同市场声望较高的某一同行企业进行比较,借助竞争者的知名度来实现自己的市场定位。例如,苏州将自己在旅游市场上定位于"东方威尼斯"就是典型的利用竞争者定位的形式。另一方面,企业可以将产品定位于与竞争者直接有关的不同属性或利益,主要突出企业自身的优势,如技术可靠性程度高、售后服务方便快捷以及其他顾客欢迎的因素等,从而在竞争者中突出自己的形象。例如,某企业将其牛奶产品定位为不含防腐剂和抗生素,间接地暗示了其他牛奶企业在牛奶中添加防腐剂和抗生素,从而突出了自己的竞争优势。

2. 根据产品属性和利益定位

产品本身的属性以及由此而获得的利益能使消费者体会到它的定位。如大众汽车的"豪华气派",丰田汽车的"经济可靠",沃尔沃汽车的"耐用";某冰箱在同容积冰箱中耗电最少,给顾客提供"省电"的利益。如果企业产品的一种或几种属性是竞争者所没有或有所欠缺的,同时又可以为消费者带来利益,这时采用按产品属性和利益定位的策略,往往容易收到良好效果。

3. 根据产品的用途定位

根据产品使用场合及用途定位。如"金嗓子喉宝"专门用来保护嗓子,"丹参滴丸"专门用来防止心脏疾病。为老产品找到一种新用途,是为该产品创造新的市场定位的好方法。例如,杜邦的尼龙最初在军事上用于制作降落伞,后来许多新的用途——作为袜子、衬衫、地毯、汽车轮胎、椅套的原料等,一个接一个地被发现。又如网络的研究也开始于军事领域,随后广泛应用于通信、日常生活、汽车工业等。

4. 根据产品价格和质量定位

对于那些消费者对价格和质量都很关心的产品,选择价格和质量作为市场定位的因素是突出企业形象的好方法。企业可以采用"质优价高"定位和"质优价低"定位。当企业产品价格高于同类产品时,企业总是强调其产品的高质量和物有所值,说服顾客支付溢价来购买其产品。例如,海尔集团的家电产品很少卷入价格战,一直维持其同类产品中的较高价格,但其销售却一直稳定增长,就体现了其产品"质优价高"的定位。

5. 根据产品的价值定位

企业常根据产品为消费者带来的品位和价值来选择目标市场。产品的价值定位实际上是在满足人们表现身份和地位的要求,其实并不是产品本身能带来什么利益,而是产品所给人的一种心理感受,是一种品位和个性的体现。例如,鳄鱼服装在国外塑造的是一个 40 岁左右的成功男士形象,因此穿鳄鱼服装,代表着一种成熟、稳重与成功,是一种追求品位和体现身份的表现,这里的定位就是以价值为导向的。

6. 根据情感心理定位

企业以市场细分为前提针对某个子市场、某些特定消费者进行促销,使这些消费者认为企业的产品是特地为他们生产而且适合他们使用,从而满足他们的心理需要,促使他们对企业产生信任感。也就是说,运用产品直接或间接地冲击消费者的感情体验而进行定位。例如,普通手表是用来看时间的,但是如果戴一个情侣表感觉就不一样了,消费者不是为了看钟点,而是表达一种情感心理。

7. 多重定位方式

这是将市场定位在几个层次上，或者依据多重因素对产品进行定位，给消费者的感觉是产品有很多特征、多重效能。例如，"两面针"中草药药物牙膏兼具洁齿和改善口腔问题多重功效。作为市场定位体现的企业和产品形象，都必须是多维度、多侧面的立体，但这种方式应该避免因描述的特征过多而冲淡企业及产品的形象。

案 例

白酒给大家的传统印象是厚重、交际、历史悠久，具有身份和地位的象征，除了在酒桌之上，几乎所有的年轻人都对白酒不是那么感兴趣。随着年轻一代"80后""90后"的成长带来的消费快速升级，白酒这个行业正处于变革的风口，市场上找不到一款专门为年轻人打造的白酒，而这恰恰是江小白所看见的趋势和机会。

江小白抓住了这个风口，将产品定位为80、90一代的都市白领、青年群体，产品定位非常清晰，为年轻人量身打造轻口味纯高粱酒。在名酒企业都标榜高端、传统、历史悠久之际，江小白则创新定位在青年一代。江小白将高粱酒的利口化总结为"SLP产品守则"：smooth入口更顺，light清爽，pure纯净，更符合青年一代的口味。一个名不见经传的小酒企，靠精准定位市场和用户，通过产品创新和社会化营销，用了短短一年时间，就在白酒市场上赢得一席之地，在"三小"领域（小品类、小市场、小众人群）中培养出一个小众畅销品牌。在年轻消费者心中形成了一套品牌逻辑：江小白＝"80后""90后"＝情绪化酒精饮料，占领了"80后""90后"的消费心智。

思考：江小白采取的是哪种市场定位方式？说明理由。

二、市场定位步骤

（一）识别企业的潜在竞争优势

所谓竞争优势，就是在市场竞争过程中相对于竞争者所表现出来的优势，具备竞争优势的产品或服务自然会受到消费者欢迎。这一步骤的中心任务是回答以下三个问题：一是竞争对手的产品定位如何，二是目标市场上顾客欲望满足程度如何以及确实还需要什么，三是针对竞争者的市场定位和潜在顾客的真正需要企业应该及能够做什么。要回答这三个问题，企业市场营销人员必须通过一切调研手段，系统地设计、搜索、分析并报告有关上述问题的资料和研究结果。

（二）选择恰当的竞争优势

选择竞争优势实际上就是一个企业与竞争者各方面实力相比较的过程。比较的指标应是一个完整的体系，才能准确地选择相对竞争优势。通常的方法是分析、比较企业相对于竞争者在经营管理、技术开发、采购、生产、市场营销、财务和产品等七个方面究竟哪些是强项，哪些是弱项。借此选出最适合本企业的优势项目，以初步确定企业在目标市场上所处的位置。企业可以只推出一种产品差异，即单一差异定位。例如，宝洁公司的"舒肤佳"香皂始终宣传其杀菌功能——促进全家健康。

（三）规划及落实竞争优势

选定目标市场和选择恰当的竞争优势之后，这些竞争优势不会自动在市场上得到充分的体现,企业营销人员必须制定相应的营销战略,确保传达给市场的产品定位信息可以在目标消费群体的心目中创造预期的认知。例如通过广告传达核心优势战略地位,同时,各项促销活动及产品的销售渠道也应传递相应的信息。

三、市场定位策略

市场定位的实质是竞争定位,因此可以采用三种基本定位策略来应对竞争,即直接对抗定位、避强定位、重新定位。这三种定位均需要通过差异化手段来实现。

(一)直接对抗定位策略

企业根据自身的实力,为占据较佳的市场位置,不惜与市场上占支配地位的、实力最强或较强的竞争者发生正面竞争,从而使自己的产品进入与对手相同的市场位置。通过与最强大竞争对手的直接较量提高自己的竞争力,赢得消费者认同。如百事可乐与可口可乐间的竞争,就是直接对抗定位的例子。

(二)避强定位策略

企业力图避免与实力最强或较强的其他企业直接发生竞争,将自己的产品定位于另一市场区域内,使自己的产品在某些特征或属性方面与最强或较强的对手有显著的差别。避强定位策略可称为"空档定位",即寻找为许多消费者所重视,但尚未被开发的市场空间。例如,"七喜"面对"可口可乐"宣称"我不是可乐,我可能比可乐更好",以突出自己不含咖啡因的特点。

(三)重新定位策略

重新定位又称二次定位或再定位,是指企业变动产品特色以改变目标顾客群对其原有的印象,使目标顾客群对其产品新形象有一个重新的认识过程。企业实施某种定位方案一段时间之后,有可能会发现效果并不理想,或者没有足够的资源实施这一方案,此时,应对该产品进行重新定位。

企业在产品定位过程中应避免犯以下错误,否则都会影响企业在顾客心目中的形象。

(1)定位过低,使顾客不能真正认识到企业的独到之处;
(2)定位过高,使顾客不能正确了解企业;
(3)定位混乱,与企业推出的主题过多或产品定位变化太频繁有关;
(4)定位怀疑,顾客很难相信企业在产品特色、价格或制造方面的有关宣传,对定位真实性产生怀疑。

本章小结

目标市场营销战略决策过程包括三个步骤:一是市场细分,二是目标市场选择,三是市场定位。市场细分是指企业按照消费者的一定特性,把原有的市场分割为两个或两个以上的子市场,以确定目标市场的过程。按照识别细分市场,收集研究信息,再拟定综合评价标准,然后确定营销因素,接着估计市场潜力,再分析市场营销机会,最后提出市场营销策略的步骤进行。

消费者市场和生产者市场都有其市场细分的标准。前者的市场细分变量有地理变量、人口变量、心理变量和行为变量,后者的市场细分变量有产品的最终用途、用户规模和地理位置。企业在市场细分的基础上形成了三种不同的目标市场战略,即无差异化战略、差异化战略和集中化战略。

市场定位是指企业选择好细分市场,并明确了目标市场战略后,为企业的产品谋求有利的市场地位,以便在消费者心中形成鲜明的产品个性特征,从而提高产品的市场竞争力。市场定位的方式有以下七种:根据竞争定位、根据产品属性和利益定位、根据产品的用途定位、根据产品价格和质量定位、根据产品的价值定位、根据情感心理定位、多重定位方式。市场定位的全过程可以通过识别企业的潜在竞争优势、选择恰当的竞争优势、规划及落实竞争优势三大步骤来完成。

关 键 概 念

市场细分(market segmentation)　　差异化(differentiated)
目标市场(target market)　　　　　　无差异化战略(undifferentiated strategy)
差异化战略(differentiated strategy)　　集中化战略(centrality strategy)
市场定位(market positioning)

复习思考题

一、问答题

1. 市场细分的主要变量有哪些?
2. 有效市场细分的主要标志是什么?
3. 市场细分和目标市场的关系是什么?
4. 企业应该如何选择目标市场?
5. 可供企业选择的目标市场战略主要有哪些?
6. 市场定位的策略主要有哪些?

二、不定项选择题

1. (　　)差异的存在是市场细分的客观依据。
   A. 产品　　　　　　　　　　　B. 价格
   C. 需求偏好　　　　　　　　　D. 细分

2. 市场细分是根据(　　)的差异对市场进行划分。
   A. 买方　　　　　　　　　　　B. 卖方
   C. 产品　　　　　　　　　　　D. 中间商

3. 企业决定生产各种产品,但只向某一顾客群供应,这是(　　)。
   A. 集中性单一市场　　　　　　B. 产品专业化
   C. 市场专业化　　　　　　　　D. 选择专业化

4. 采用(　　)模式的企业应具有较强的资源和营销实力。
   A. 集中性单一市场　　　　　　B. 市场专业化
   C. 产品专业化　　　　　　　　D. 全面覆盖市场

5. 市场定位是(　　)在细分市场的位置。
   A. 塑造一家企业　　　　　　　B. 塑造一种产品

C. 确定目标市场　　　　　　　　　D. 分析竞争对手

三、实训练习

1. 通过因特网搜集资料,通过对不同年龄层次消费者的调查,分析消费者对手机的需求,并将他们进行市场细分。

2. 请联系实际分析如何成功地进行市场定位。

四、案例分析

湖南卫视综艺凭什么能牢牢稳坐省级卫视老大?

湖南卫视自1997年开播至今已有22个年头,可以说湖南卫视的任何一档综艺节目的收视率都是名列前茅,百分之八九十都是爆款。为什么唯独湖南卫视娱乐节目做得如此轰动成功呢?

答案:湖南卫视的综艺是流量的象征,如果你是一个明星,没上过湖南卫视的综艺节目,那么你就不够红;湖南卫视的综艺是娱乐的代名词,如果你是一名观众,你没看过湖南卫视的综艺节目,那么你的娱乐生活就不够燃;湖南卫视是收视的代名词,无论是综艺还是电视剧,个个让制片方喜笑颜开,广告收入收钱收到手软。湖南卫视就是这么神奇,就是这么流行,就是真的火爆。

到底是什么原因让湖南卫视的综艺如此火爆流行呢?

第一:"快乐中国"的娱乐节目理念定位。

1997年开播的湖南卫视率先推出首个综艺娱乐节目,更是最早确立"快乐中国"的频道宣传口号,从此在此理念的指导下制作综艺节目。《快乐大本营》是最早的也是最具代表性的娱乐节目,20年后生命力仍然旺盛,吸引着一代代的年轻人。在有了娱乐的栏目定位之后,湖南卫视的制作团队还及时观察分析把握市场风向,制造爆款,引领一类综艺节目火爆全国,如草根选秀《超级女声》,此后的音乐类选秀节目层出不穷。

第二:最早打造明星主持群。

《快乐大本营》打造培养了何炅、谢娜、吴昕、李维嘉、杜海涛主持群;《天天向上》打造了以汪涵为代表的主持群。近年来,湖南卫视又培养出了"四小花旦"梁田、沈梦辰、刘烨、靳梦佳。主持群的打造,是主持人品牌化的打造,对节目的收视以及整个电视台都有着巨大的便利作用。何炅、汪涵除了自己固有的王牌节目《快乐大本营》《天天向上》,还加入新推出的综艺节目,能够让观众瞬间追随,更加亲切,不需要适应性。

第三:雄厚的资金支持,明星嘉宾泛滥。

湖南卫视的娱乐节目率先在中国打响,赢得市场与口碑,为湖南卫视赚取了第一桶广告金,从此广告收入爆炸性增长,加上省委省政府十分重视并加大力度扶持湖南广电,使得湖南广电成为湖南经济发展贡献的主力军。有了雄厚的资金就可以请当红明星,长时间与娱乐圈当红明星合作,并且建立了良好的合作机制,给节目的录制以及宣传带来极大便利。

当红明星是收视率的牵引者,每位当红明星背后都具有强大的收视号召,可以说得当红明星者得流量,得流量者得市场,得市场者得天下。

当然,在湖南卫视保持强劲的综艺市场竞争力的同时,其他省级卫视也在奋力追击,势头发展强劲的有浙江卫视、东方卫视、江苏卫视。北京卫视、安徽卫视也不错。湖南卫视的老大地位能否一直保持下去,是否会被超越,答案只能交给时间。

资料来源:中国传媒梦工坊.湖南卫视综艺凭什么能牢牢稳坐省级卫视老大？腾讯网,2019-8-28,有改动.

1. 湖南卫视的品牌定位是什么？阐述原因。
2. 湖南卫视主要的目标市场有哪些？与其他省级卫视的差异性主要体现在哪些方面？
3. 如果你作为其他省级卫视的决策者要赶超湖南卫视,可以从哪些方面采取相应的措施？

本章习题库

第八章

产品策略

> **学习目的及要求**

掌握产品整体概念及其层次，了解产品整体概念对于营销管理的意义，理解产品组合、产品项目、产品线等相关概念；掌握产品线策略及产品组合的评价方法。理解产品生命周期概念及其阶段划分，掌握各阶段的营销策略；了解新产品开发策略、品牌定位策略与品牌推广策略。

【引例】

淡化"SOD 蜜"的大宝还能不能"天天见"？

以"大宝天天见"广为人知的大宝再次回到了人们的视野中，推出了一款高端精华"小金瓶"，这已是大宝再次发力高端市场。2018 年，大宝推出了首款超过百元的高端精华"小红帽"。然而，此前大宝一直以"SOD 蜜"被人熟知。

大宝被强生收购以后，产品线拓展了很多，但 SOD 蜜依然是爆品，可十块钱的价格，利润肯定不高。推出贵一点的产品，这对于护肤品市场逐渐趋向于高端化的大环境来讲，大宝似乎做出了正确的选择。可就市场表现来看，无论是"小金瓶"还是"小红帽"都销量平平。

对此，可以从不同的角度去看待这件事。一方面，SOD 蜜一直是大宝最核心的品牌资产，但这么多年过去了，大宝能拿得出手的依然只有一个 SOD 蜜。加之海外护肤品品牌涌入国内，护肤品市场竞争趋近白热化，各种科技含量满满的护肤品层出不穷，大宝 SOD 蜜也早在竞争中沦为了商超低端护肤品。大宝淡化 SOD 蜜，主推高端线产品算是个必然结果。

另一方面，SOD 在当时的市场环境中是一个很好的成分，可如今，大宝的很多产品不再局限于 SOD 蜜，高端系列更是没有提及曾经红极一时的 SOD 蜜。没有了 SOD 蜜作为卖点和噱头的大宝，也没有具有核心竞争力的技术和配方来支持产品的发展。另外，大宝长期占领商超渠道，却没有进入丝芙兰和屈臣氏，很难在线下大量售卖高端产品。产品定位与渠道不匹配，是会大大降低产品的存活率的。

淡化 SOD 成分，发力高端线的大宝，你会买账吗？

资料来源：销售与市场网，有改动.

第一节　产品与产品组合

一、产品整体概念

人们通常理解的产品是指具有某种特定物质形状和用途的物品，是看得见、摸得着的东西。这是一种狭义的定义。而市场营销学认为，广义的产品是指人们通过购买而获得的能够满足某种需求和欲望的物品的总和，它既包括具有物质形态的产品实体，又包括非物质形态的利益，这就是产品整体概念。

产品整体概念包含核心产品、形式产品、附加产品和心理产品四个层次，如图 8.1 所示。

(1) 核心产品也称实质产品，是指消费者购买某种产品时所追求的利益，是顾客真正要买的东西，因而在产品整体概念中也是最基本、最主要的部分。消费者购买某种产品，并不是为了占有或获得产品本身，而是为了获得能满足某种需要的效用或利益。因此，企业在开发产品、宣传

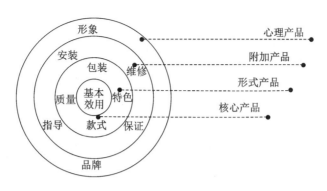

图 8.1 整体产品示意图

产品时应明确产品能提供的利益,产品才具有吸引力。

(2)形式产品是核心产品借以实现的形式,即向市场提供的实体和服务的形象。如果形式产品是实体物品,则它在市场上通常表现为产品质量水平、外观特色、式样、品牌名称和包装等。产品的基本效用必须通过某些具体的形式才得以实现。市场营销者应首先着眼于顾客购买产品时所追求的利益,以求更完美地满足顾客需要,从这一点出发再去寻求利益得以实现的形式,进行产品设计。

(3)附加产品是顾客购买形式产品时所获得的全部附加服务和利益,包括提供信贷、免费送货、质量保证、安装、售后服务等。由于产品的消费是一个连续的过程,既需要售前宣传产品,又需要售后持久、稳定地发挥效用,因此,服务是不能少的。

(4)心理产品指产品的品牌和形象提供给顾客的心理上的满足。产品的消费往往是生理消费和心理消费相结合的过程,随着人们生活水平的提高,人们对产品的品牌和形象看得越来越重,因而心理产品也是产品整体概念的重要组成部分。

案 例

让大人为小孩子的好奇心买单

有人说,买奇趣蛋完全是奔着收集玩具去的,巧克力一般不会吃;也有人说,"奇趣蛋的玩具一点都不精致,甚至有点粗制滥造"……即便如此,过甜的巧克力与并不精致的玩具组合在一起,却实现了一年在全球卖出 35 亿个的销售成绩。

健达奇趣蛋不仅打出"一次性满足三个愿望:美味+玩具+惊喜"的产品卖点,小小的玩具里居然还包含了说明书,让小孩子可以动手拼装出完整的玩具。麻雀虽小,却也五脏俱全。在家长眼中,奇趣蛋的惊喜在于每次都能变出不同玩具哄小孩,简单的 DIY 过程对孩子开发思维有帮助,而 10 元左右的价格也显得亲民,几乎是最具性价比的哄小孩工具。更何况奇趣蛋推出了"男孩版"和"女孩版",瞄准不同消费者的偏好。

也许奇趣蛋的产品并不是最好的,但因为出色的定位让其在食物和玩具的交界处找到了自己的生存空间,让小孩子着迷,让家长为其买单,至今还稳稳扎根在市场上。

想一想:试分析健达奇趣蛋整体产品的层次。

二、产品整体概念对市场营销管理的意义

产品整体概念是对市场经济条件下产品概念的完整、系统、科学的表述,它对市场营销管理

的意义表现在以下几个方面。

1. 有利于指导整个市场营销管理活动

产品整体概念以消费者基本利益为核心,指导整个市场营销管理活动,是企业贯彻市场营销观念的基础。企业市场营销管理的根本目的就是要保证消费者的基本利益。消费者追求的基本利益大致包括功能和非功能两方面的要求。消费者对前者的要求是出于实际使用的需要,而对后者的要求则往往是出于社会心理动机。产品整体概念,正是明确地向产品的生产经营者指出,要竭尽全力地通过形式产品和附加产品去满足核心产品所包含的一切功能和非功能的要求,充分满足消费者的需求。

2. 有利于确立产品的市场地位

营销人员要把对消费者提供的各种服务看作是产品实体的统一体。由于科学技术在今天的社会中能以更快的速度扩散,也由于消费者对切身利益关切度的提高,营销者的产品以独特形式出现越来越困难,消费者也就越来越难以营销者产品的整体效果来确认哪个厂家、哪种品牌的产品是自己喜爱和满意的。对于营销者来说,产品越能以一种消费者易觉察的形式来体现消费者购物选择时所关心的因素,越能获得好的产品形象,进而确立有利的市场地位。

3. 有利于形成产品的特色

不同产品项目之间的差异是非常明显的。这种差异或表现在功能、设计风格、品牌、包装的独到之处,甚至表现在与之相联系的文化因素上,或表现在产品的附加利益上,如各种不同的服务,可使产品各具特色。总之,在产品整体概念的四个层次上,企业都可以形成自己的特色,而与竞争产品区别开来。

三、产品组合策略

(一)产品组合及其相关概念

产品组合是指企业生产经营的各种不同类型产品之间质的组合和量的比例。产品组合由全部产品线和产品项目构成。产品线是指在技术上和结构上密切相关,具有相同的使用功能,规格不同而满足同类需求的一组产品。如施乐公司的产品线包括复印机、传真机、投影仪、电子白板、电话交换机、大型工程图复印及缩印机、多功能超速复印机等。产品项目是指产品线内不同品种、规格、质量和价格的特定产品。很多企业都拥有众多的产品项目,如雅芳化妆品公司有1300个以上的产品项目,而通用电气公司则有25万个产品项目。

产品组合通常用宽度、长度、深度和关联度来衡量。产品组合的宽度指企业拥有的不同产品线的数目;产品组合的长度指每条产品线内不同规格的产品项目的数量;产品组合的深度是指产品线上具有的平均产品项目数;产品组合的关联度则是指企业各条产品线在最终用途、生产条件、分配渠道或其他方面的密切相关程度。

产品组合的宽度越大,说明企业的产品线越多;反之,宽度窄,则产品线少。同样,产品组合的深度越大,企业产品的规格、品种就越多;反之,深度浅,则产品就越少。产品组合的深度越浅,宽度越窄,则产品组合的关联度越大;反之,则关联度小。

产品组合的宽度、长度、深度和关联度对企业的营销活动会产生重大影响。一般而言,增加产品组合的宽度,即增加产品线和扩大经营范围,可以使企业获得新的发展机会,更充分地利用企业的各种资源,也可以分散企业的投资风险;增加产品组合的长度和深度,会使各产品线具有更多规格、型号和花色的产品,更好地满足消费者的不同需要与偏好,增强行业竞争力;增加产品组合的关联度,则可发挥企业在其擅长领域的资源优势,避免进入不熟悉行业可能带来的经营风险。因此,产品组合决策就是企业根据市场需求、竞争形势和企业自身能力对产品组合的宽度、长度、深度和关联度方面做出的决策。

(二)产品线策略

在规划产品线策略时,主要有三种方法:产品线延伸、产品繁殖和产品改良。通过产品线策略的制定,可以达成渗透市场、争夺市场和稳固既有市场地位的目标。

1.产品线延伸策略

大多数公司在开始时,都是先提供少数的产品线,在一部分市场销售,当市场行情不错,有更多的机会时,公司就跨越原有范围,开始追加产品线于其他细分市场,这就是在进行产品线延伸的工作。产品线延伸有两种方式:单向延伸和双向延伸,如图8.2所示。

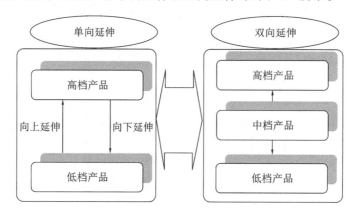

图 8.2 产品线延伸策略

(1)单向延伸。

单向延伸可以分为两种形态:向下延伸和向上延伸。向下延伸是在高档产品线中增加低档产品项目。实行这一决策的主要目的是:利用高档名牌产品的声誉,吸引购买力水平较低的顾客慕名购买此产品线中的廉价产品;高档产品销售增长缓慢,企业的资源设备没有得到充分利用,为赢得更多的顾客,将产品线向下延伸;企业最初进入高档产品市场的目的是建立品牌信誉,然后再进入中、低档市场,以提高市场占有率和销售增长率;补充企业的产品线空白。实行这种策略也有一定的风险。如处理不慎,会影响企业原有产品特别是名牌产品的市场形象,而且也有可能激发更激烈的竞争对抗。虽然新的低档产品项目可能会蚕食掉较高档的产品项目,但某些公司的重大失误之一就是始终不愿意填补市场上低档产品的空隙。麦当劳在推出20元、30元、40元的早餐套餐之后,又成功推出了6元、10元的早餐套餐,维持了既有的良好形象,同时也消除了一些客户关于麦当劳太贵的抱怨,从而促成更多的顾客光临。

向上延伸是在原有的产品线内增加高档产品项目。实行这一策略的条件是:高档产品市场具有较大的潜在增长率和较高利润率;企业的技术设备和营销能力已具备进入高档产品市场的条件;企业要重新进行产品线定位。采用这一策略也要承担一定的风险,要改变产品在顾客心目中的地位是相当困难的,处理不慎,还会影响原有产品的市场声誉。

(2)双向延伸。

双向延伸是将产品线朝上下两个方向发展,以赢得更多的顾客群。

2. 产品繁殖策略

日本厂商都精于运用此种策略,卡西欧和夏普几乎每年都推出一系列不同样式和功能的计算器,东芝在小型传真机上样式繁多。

每一项产品一定要有足够数量的消费群才能在市场上存在,能够对企业的利润有贡献才有积极意义。有些企业为了产品组合的完整性,而尽量增多产品的种类与品质,虽然也能达成产品种类多样性的策略目的,但是也要注意过多的产品也会给消费者带来选择上的困难,同时也会增加更多的报表填写和库存管理费用。

3. 产品改良策略

产品改良策略也称为产品再推出策略,即将产品的某一部分给予显著变革,以便吸引新顾客、维持老顾客的营销策略。产品改良的最好办法就是对产品整体概念的不同层次进行调整,具体包括:

(1)品质改良,指提高产品的耐久性、可靠性、安全性等,如洗衣机制造商把普通洗衣机改为漂洗、甩干多功能的自动、半自动洗衣机等。

(2)特性改良,增加产品新的特性(如大小、质量、材料、附加物等),以此扩大产品的多方面适用性,提高其安全性,使之更方便使用。例如,某机械厂给手扶割草机加装动力装置,使割草机加快了割草速度;而后又进行操作方面的改进,使之便于操作;后来有的制造商又在工程技术上设计出更具安全特性的产品;最后一些制造商又为该机器增加了具有转化作用的特性,使割草机又可作扫雪机。这种特性改良策略花费少、收益大,能树立进步和领先的企业形象,但是易被模仿,故只有率先革新才能获利。

(3)式样改良,基于美学欣赏观念而进行款式、外观及形态的改良,形成新规格、新花色的产品,从而刺激消费者,引起新的需求。如电子表制造商将电子表机芯装在项链上变为项链电子表,装在圆珠笔上变为电子表圆珠笔等,这样使电子表销售一直处于成熟期。

(4)附加产品改良,向消费者提供良好服务、优惠条件、技术咨询、质量保证、消费指导等。

(三)产品组合的评价方法

产品组合策略是根据企业生产经营能力和市场环境做出的决策,即在风险情况、利润水平和其他限制条件一定的情况下,企业从多种可能的产品中选择出能使企业增值获利最大的部分产品进行重点投入。由于市场需求和竞争形势的变化,产品组合中的每个项目,必然会随着市场环境变化而有所变化,有的快速增长,也有一些趋于衰弱。为此,企业需要经常分析产品项目的发展潜力或趋势,来确定企业资源的投入方向。确定不同产品的投资策略和企业最优产品组合,可以采用三维产品组合分析法。

三维产品组合分析法以销售增长率、市场占有率和盈利率作为三维坐标,每个指标分为高低两个层次,以此为基础进行产品组合分析。三维坐标加上高低两个层次共得到八种不同情况的产品组合,如图 8.3 所示,每一种产品组合的基本投资策略都有所不同。这个八区域的产品组合,提供了企业对产品经营增值决策更佳的思考及对策。

如图 8.3 所示:第 5 区域属于最佳产品,三项指标均高,企业应该大力发展;第 1、3、6 区域属于前途产品,企业可进行稳定的资源投入,以充分发挥资源的效力;第 2、8 区域属于维持产

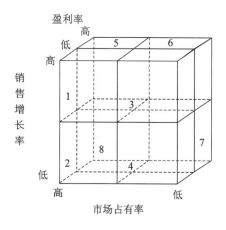

图 8.3 三维产品组合分析图

品,应视市场需求予以改进或维持生产;第 7 区域属于冒险产品,企业可努力投资,冒一定风险后可能发展成为最有前途的产品;第 4 区域属于淘汰产品。如果企业的大多数产品项目均处于 1、2、3、4 号位置上,再加一定量的 5 号位产品,就是最佳的产品组合。企业所能要求的最佳产品组合,是在市场环境和企业资源可以预测到的变动范围内,始终使企业获得最大利润或者接近于最大利润的产品组合。它是一个动态的优化问题,只能通过不断开发新产品和剥离衰退产品来实现。

由此可见,资源集中应该以最佳产品组合为导向,在最佳产品组合的范围内优化配置各类资源,充分发挥资源的最大效用,达到最佳产品组合的动态平衡,通过资源集中效力来打造企业可持续发展的竞争优势。

第二节 产品生命周期

一、产品生命周期的概念及阶段划分

(一)产品生命周期的概念

产品生命周期理论是美国哈佛大学教授雷蒙德·弗农于 1966 年在其《产品周期中的国际投资与国际贸易》一文中首次提出的。产品生命周期是指产品的市场寿命,即一种新产品从开始进入市场到被市场淘汰的整个过程。一种产品进入市场后,产品的销售量和利润都会随时间推移而改变,呈现一个由少到多、由多到少的过程,就如同人的生命一样,由诞生、成长到成熟,最终走向衰亡。这就是产品的生命周期现象。产品只有经过研究开发、试销,然后进入市场,它的市场生命周期才算开始。产品退出市场,则标志着生命周期的结束。

(二)产品生命周期的阶段划分

典型的产品生命周期一般可以分成四个阶段,即进入期(或导入期)、成长期、成熟期和衰退期,如图 8.4 所示。

产品生命周期曲线的特点:在产品开发期间该产品销售额为零,公司投资不断增加;在引入

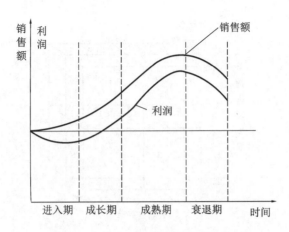

图 8.4 产品生命周期的四个阶段

期,销售缓慢,初期利润通常偏低或为负数;在成长期,销售快速增长,利润也显著增加;在成熟期,利润在达到顶点后逐渐走下坡路;在衰退期,产品销售量显著衰退,利润也大幅度滑落。

1. 第一阶段:进入期

进入期指产品从设计投产直到投入市场进入测试阶段。新产品投入市场,便进入了导入期。此时产品品种少,顾客对产品还不了解,除少数追求新奇的顾客外,几乎无人实际购买该产品。生产者为了扩大销路,不得不投入大量的促销费用,对产品进行宣传推广。该阶段由于生产技术方面的限制,产品生产批量小,制造成本高,广告费用大,产品销售价格偏高,销售量极为有限,企业通常不能获利,反而可能亏损。

2. 第二阶段:成长期

当产品进入导入期,销售取得成功之后,便进入了成长期。成长期是指产品试销效果良好,购买者逐渐接受该产品,产品在市场上站住脚并且打开了销路。这是需求增长阶段,需求量和销售额迅速上升。生产成本大幅度下降,利润迅速增长。与此同时,竞争者看到有利可图,将纷纷进入市场参与竞争,使同类产品供给量增加,价格随之下降,企业利润增长速度逐步减慢,最后达到生命周期利润的最高点。

3. 第三阶段:成熟期

成熟期指产品开始大批量生产并稳定地进入市场销售。经过成长期之后,随着购买产品的人数增多,市场需求趋于饱和。此时,产品普及并日趋标准化,成本低而产量大。销售增长速度缓慢直至转而下降,由于竞争的加剧,同类产品生产企业不得不在产品质量、花色、规格、包装、服务等方面加大投入,在一定程度上增加了成本。

4. 第四阶段:衰退期

衰退期是指产品进入了淘汰阶段。由于科技的发展以及消费习惯的改变等原因,产品的销售量和利润持续下降,产品在市场上已经老化,不能适应市场需求,市场上已经有其他性能更好、价格更低的新产品足以满足、消费者的需求。此时成本较高的企业就会由于无利可图而陆续停止生产,该类产品的生命周期也就陆续结束,以至最后完全撤出市场。

产品生命周期是一个很重要的概念,它和企业制定产品策略以及营销策略有着直接的联系。管理者要想使产品有一个较长的销售周期,以赚取足够的利润来补偿在推出该产品时所做出的一切努力和经受的一切风险,就必须认真研究和运用产品的生命周期理论。此外,产品生命周期也是营销人员用来描述产品和市场运作方法的有力工具。

二、产品生命周期各阶段的营销策略

(一)导入期的营销策略

产品的导入期,一般是指新产品试制成功到进入市场试销的阶段。在产品导入期,由于消费者对产品十分陌生,企业必须通过各种促销手段把产品引入市场,力争提高产品的市场知名度;另一方面,导入期的生产成本和销售成本相对较高,企业在给新产品定价时不得不考虑这个因素。所以,在导入期,企业营销的重点主要集中在促销和价格方面,一般有四种可供选择的市场策略。

1. 高价快速策略

这种策略的形式是:采取高价格的同时,配合大量的宣传推销活动,把新产品推入市场。其目的在于先声夺人,抢先占领市场,并希望在竞争还没有大量出现之前就能收回成本、获得利润。适合采用这种策略的市场环境为:有很大的潜在市场需求量;这种产品的品质特别高,功效又比较特殊,很少有其他产品可以替代,消费者一旦了解这种产品,常常愿意出高价购买;企业面临着潜在的竞争对手,想快速地建立良好的品牌形象。

2. 选择渗透策略

这种策略的特点是:在采用高价格的同时,只做很少的促销努力。高价格的目的在于能够及时收回投资,获取利润;低促销的方法可以减少销售成本。这种策略主要适用于以下情况:产品的市场比较固定、明确;大部分潜在的消费者已经熟悉该产品,他们愿意出高价购买;产品的生产和经营有相当的难度和要求,普通企业无法参加竞争,或由于其他原因使潜在的竞争不迫切。

3. 低价快速策略

这种策略的方法是:在采用低价格的同时做出巨大的促销努力。其特点是可以使产品迅速进入市场,有效地限制竞争对手的出现,为企业带来巨大的市场占有率。该策略的适应性很广泛。适合该策略的市场环境是:商品有很大的市场容量,企业可望在大量销售的同时逐步降低成本;消费者对这种产品不太了解,对价格又十分敏感;潜在的竞争比较激烈。

4. 缓慢渗透策略

这种策略的方法是:在新产品进入市场时采取低价格,同时不做大的促销努力。低价格有助于市场快速接受产品;低促销又能使企业减少费用开支,降低成本,以弥补低价格造成的低利润或者亏损。适合这种策略的市场环境是:产品的市场容量大;消费者对产品有所了解,同时对价格又十分敏感;当前存在某种程度的竞争。

(二)成长期的营销策略

产品的成长期是指新产品试销取得成功以后,转入成批生产和扩大市场销售额的阶段。在产品进入成长期以后,有越来越多的消费者开始接受并使用,企业的销售额直线上升,利润增加。在此情况下,竞争对手也会纷至沓来,威胁企业的市场地位。因此,在成长期,企业的营销重点应该放在保持并且扩大自己的市场份额,加速销售额的上升方面。另外,企业还必须注意成长速度的变化,一旦发现成长的速度由递增变为递减时,必须适时调整策略。这一阶段适用

的具体策略有以下几种:

(1)积极筹措和集中必要的人力、物力和财力,进行基本建设或者技术改造,以利于迅速增加或者扩大生产批量。

(2)改进产品的质量,增加产品的新特色,在商标、包装、款式、规格和定价方面做出改进。

(3)进一步开展市场细分,积极开拓新的市场,创造新的用户,以利于扩大销售。

(4)努力疏通并增加新的流通渠道,扩大产品的销售面。

(5)改变企业的促销重点。例如,在广告宣传上,从介绍产品转为树立形象,以利于进一步提高企业产品在社会上的声誉。

(6)充分利用价格手段。在成长期,虽然市场需求量较大,但在适当时候企业可以降低价格,以增加竞争力。当然,降价可能暂时减少企业的利润,但是随着市场份额的扩大,长期利润还可望增加。

(三)成熟期的营销策略

产品的成熟期是指产品进入大批量生产,而在市场上处于竞争最激烈的阶段。通常这一阶段比前两个阶段持续的时间更长,大多数产品均处在该阶段,因此管理层也大多数是在处理成熟产品的问题。

在成熟期,有的弱势产品应该放弃,以节省费用开发新产品;但是,同时也要注意到原来的产品可能还有其发展潜力,有的产品就是由于开发了新用途或者新的功能而进入新的生命周期。因此,企业不应该忽略或者仅仅是消极地防卫产品的衰退。一种优越的攻击往往是最佳的防卫。企业应该系统地考虑市场、产品及营销组合的修正策略。

1. 市场修正策略

市场修正策略即通过努力开发新的市场,来保持和扩大自己的产品市场份额。

(1)通过努力寻找市场中未被开发的部分,例如,使非使用者转变为使用者。

(2)通过宣传推广,促使顾客更频繁地使用或每一次使用更多的量,以增加现有顾客的购买量。

(3)通过市场细分,努力打入新的市场区域,例如地理、人口、用途的细分。

(4)赢得竞争者的顾客。

2. 产品改良策略

企业可以通过产品特征的改良来提高销售量,例如:

(1)品质改良,即增加产品的功能性效果,如耐用性、可靠性、速度及口味等。

(2)特性改良,即增加产品的新的特性,如规格大小、重量、材料质量、添加物以及附属品等。

(3)式样改良,即增加产品美感。

3. 营销组合调整策略

营销组合调整策略即企业通过调整营销组合中的某一因素或者多个因素以刺激销售,例如:

(1)通过降低售价来加强竞争力。

(2)改变广告方式以引起消费者的兴趣。

(3)采用多种促销方式,如大型展销、附赠礼品等。

(4)扩展销售渠道,改进服务方式或者货款结算方式等。

(四)衰退期的营销策略

衰退期是指产品逐渐老化,转入产品更新换代的时期。当产品进入衰退期时,企业不能简单地一弃了之,也不应该恋恋不舍,一味维持原有的生产和销售规模。企业必须研究产品在市场上的真实地位,然后决定是继续经营下去,还是放弃经营。

1. 维持策略

维持策略即企业在目标市场、价格、销售渠道、促销等方面维持现状。由于这一阶段很多企业会退出市场,因此,对一些有条件的企业来说,并不一定会减少销售量和利润。使用这一策略的企业可配以产品延长寿命的策略。企业延长产品寿命的途径是多方面的,最主要的有以下几种:

(1)通过价值分析,降低产品成本,以利于进一步降低产品价格。
(2)通过科学研究,增加产品功能,开辟新的用途。
(3)加强市场调查研究,开拓新的市场,创造新的内容。
(4)改进产品设计,以优化产品性能、质量、包装、外观等,从而使产品生命周期不断实现再循环。

2. 缩减策略

缩减策略即企业仍然留在原来的目标上继续经营,但是根据市场变动的情况和行业退出障碍水平在规模上做出适当的收缩。如果把所有的营销力量集中到一个或者少数几个细分市场上,以加强这几个细分市场的营销力量,也可以大幅度降低市场营销的费用,以增加当前的利润。

3. 撤退策略

撤退策略即企业决定放弃经营某种产品以撤出该目标市场。在撤出目标市场时,企业应该主动考虑以下几个问题:

(1)将进入哪一个新区域,经营哪一种新产品,可以利用以前的哪些资源。
(2)品牌及生产设备等残余资源如何转让或者出卖。
(3)保留多少零件存货和服务以便在今后为过去的顾客服务。

第三节 新产品开发

一、新产品的概念

市场营销学中所说的新产品可以从市场和企业两个角度来认识。对市场而言,第一次出现的产品是新产品;对企业而言,第一次生产销售的产品是新产品。所以市场营销学中所讲的新产品同科学技术发展意义上的新产品是不相同的。市场营销学上新产品的概念指:凡是消费者认为是新的、能从中获得新的满足的、可以接受的产品都属于新产品。

二、新产品的分类

新产品从不同角度或按照不同的标准有多种分类方法。常见的分类方法有以下几种。

(一)从市场角度和技术角度分类

从市场角度和技术角度,可将新产品分为市场型新产品和技术型新产品两类。

1. 市场型新产品

市场型新产品是指产品实体的主体和本质没有什么变化,只改变了色泽、形状、装潢等的产品,不需要使用新的技术。其中也包括因营销手段和要求的变化而引起消费者"新"的感觉的流行产品。如某种酒瓶由圆形改为方形或其他异形,它们刚出现时也被认为是市场型新产品。

2. 技术型新产品

技术型新产品是指由于科学技术的进步和工程技术的突破而产生的新产品。不论是功能还是质量,它与原有的类似功能的产品相比都有了较大的变化。如不断翻新的手机或电视机,都属于技术型新产品。

(二)按新产品新颖程度分类

新产品按新颖程度,可分为全新新产品、换代新产品、改进新产品、仿制新产品和新牌子产品。

1. 全新新产品

全新新产品指采用新原理、新材料及新技术制造出来的前所未有的产品。全新新产品是应用科学技术新成果的产物,它往往代表着科学技术发展史上的一个新突破。它的出现,从研制到大批量生产,往往需要耗费大量的人力、物力和财力,这不是一般企业所能胜任的。因此,它是企业在竞争中取胜的有力武器。

2. 换代新产品

换代新产品指在原有产品的基础上采用新材料、新工艺制造出的适应新用途、满足新需求的产品。它的开发难度较全新新产品小,是企业进行新产品开发的重要形式。

3. 改进新产品

改进新产品指在材料、构造、性能和包装等某一个方面或几个方面,对市场上现有产品进行改进,以提高质量或实现多样化,满足不同消费者需求的产品。它的开发难度不大,也是企业产品发展经常采用的形式。

4. 仿制新产品

仿制新产品指对市场上已有的新产品在局部进行改进和创新,但保持基本原理和结构不变而仿制出来的产品。落后国家对先进国家已经投入市场的产品的仿制,有利于填补国家生产空白,提高企业的技术水平。在生产仿制新产品时,一定要注意知识产权的保护问题。

5. 新牌子产品

新牌子产品指在对产品实体微调的基础上改换产品的品牌和包装,带给消费者新的消费利益,使消费者得到新的满足的产品。

三、新产品的开发方式

新产品的开发方式包括独立研制开发、技术引进、研制与技术引进相结合、协作研究、合同式新产品开发和购买专利等。

1. 独立研制开发

独立研制开发指企业依靠自己的科研力量开发新产品。它包括三种具体的形式:

(1)从基础理论研究开始,经过应用研究和开发研究,最终开发出新产品。一般是技术力量和资金雄厚的企业采用这种方式。

(2)利用已有的基础理论,进行应用研究和开发研究,开发出新产品。

(3)利用现有的基础理论和应用理论的成果进行开发研究,开发出新产品。

2. 技术引进

技术引进指企业通过购买别人的先进技术和研究成果,开发自己的新产品,既可以从国外引进技术,也可以从国内其他地区引进技术。这种方式不仅能节约研制费用,避免研制风险,而且还节约了研制的时间,保证了新产品在技术上的先进性。因此,这种方式被许多开发力量不强的企业所采用。但这种方式难以在市场上形成绝对的优势,也难以拥有较高的市场占有率。

3. 研制与技术引进相结合

研制与技术引进相结合指企业在开发新产品时既利用自己的科研力量研制,又引进先进的技术,并通过对引进技术的消化吸收与企业的技术相结合,创造出本企业的新产品。这种方式使研制促进引进技术的消化吸收,使引进技术为研制提供条件,从而可以加快新产品的开发。

4. 协作研究

协作研究指企业与企业、企业与科研单位、企业与高等院校之间协作开发新产品。这种方式有利于充分使用社会的科研力量,发挥各方面的长处,有利于把科技成果迅速转化为生产力。

5. 合同式新产品开发

合同式新产品开发指企业雇用社会上的独立研究人员或新产品开发机构,为企业开发新产品。

6. 购买专利

购买专利指企业通过向有关研究部门、开发企业或社会上其他机构购买某种新产品的专利权来开发新产品。这种方式可以大大节约新产品开发的时间。

四、开发新产品的程序

开发新产品的程序因企业的性质、产品的复杂程度、技术要求及企业的研究与开发能力的差别而有所不同。一般来说,要经历产生构思、筛选构思、概念形成与测试、初拟营销计划、商业分析、产品开发、市场试销和正式上市八个阶段。

1. 产生构思

新产品构思,是指新产品的设想或新产品的创意。企业要开发新产品,就必须重视寻找创造性的构思。构思的来源很多,主要有以下六个方面。

(1)顾客。生产产品是为了满足消费者的需求,因此顾客的需求是新产品构思的重要来源。了解消费者对现有产品的意见和建议,掌握消费者对新产品有何期望,便于产生构思的灵感。

(2)企业职工。企业职工最了解产品的基本性能,也最容易发现产品的不足之处,他们的改进建议往往是企业新产品构思的有效来源。

(3)竞争对手。分析竞争对手的产品特点,可以知道哪些方面是成功的,哪些方面是不成功的,从而对其进行改进。

(4)科技人员。许多新产品都是科学技术发展的结果。科技人员的研究成果往往是新产品构思的一项重要来源。

(5)中间商。中间商直接与顾客打交道,最了解顾客的需求。收集中间商的意见是构思形成的有效途径。

(6)其他来源。可作为新产品构思来源的其他渠道还比较多,如大学、科研单位、专利机构、市场研究公司、广告公司、咨询公司、新闻媒体等。

2. 筛选构思

这一阶段是对前一阶段收集的大量构思进行评估,研究其可行性,尽可能地发现和放弃错误的或不切实际的构思,以较早避免资金的浪费。一般分两步对构思进行筛选。第一步是初步筛选,首先根据企业目标和资源条件评价市场机会的大小,从而淘汰那些市场机会小或企业无力实现的构思;第二步是仔细筛选,即对剩下的构思利用加权平均评分等方法进行评价,筛选后得到企业所能接受的产品构思。

3. 概念形成与测试

产品概念是指企业从消费者角度对产品构思所做的详尽描述。企业必须根据消费者对产品的要求,将形成的产品构思开发成产品概念。通常,一种产品构思可以转化为许多种产品概念。企业对每一个产品概念,都需要进行市场定位,分析它可能与现有的哪些产品产生竞争,以便从中挑选出最好的产品概念。

4. 初拟营销计划

产品概念确定后,企业就要拟定一个初步的市场营销计划,并在以后阶段不断发展完善。

5. 商业分析

商业分析是指对新产品的销售额、成本和利润进行分析,如果能满足企业目标,那么该产品就可以进入产品的开发阶段。

6. 产品开发

新产品构思经过一系列可行性论证后,就可以把产品概念交给企业的研发部门进行研制,开发成实际的产品实体。产品开发包括设计、试制和功能测试等过程。这一阶段是把产品构思转化为在技术上和商业上可行的产品,需要投入大量的资金。

7. 市场试销

新产品开发出来后,一般要选择一定的市场进行试销,注意收集产品本身、消费者及中间商的有关信息,以便有针对性地改进产品,调整市场营销组合,并及早判断新产品的成效。值得注意的是,并不是所有新产品都必须经过试销,通常是选择性大的新产品需要进行试销,选择性小的新产品不一定试销。

8. 正式上市

如果新产品的试销成功,企业就可以将新产品大批量投产,推向市场。要注意研究选择适当的投放时机和地区、市场销售渠道以及销售促进策略。

五、新产品开发策略

1. 进攻式开发策略

进攻式开发策略又称为抢占市场策略或先发制人策略。企业抢先开发新产品,投放市场,使企业的某种产品在激烈的市场竞争中处于领先地位。这样的企业认为第一个上市的产品才是正宗的产品,具有强烈的占据市场"第一"的意识。具有较强的科技开发能力,有雄厚的财力保障,开发出的新产品不易在短期内为竞争者模仿,决策者具有敢冒风险的精神的企业可采用这种开发策略。

2. 防御式开发策略

防御式开发策略又称为模仿式开发策略。它不是企业被动性防御,而是企业主动性防御。企业并不投资研制新产品,而是当市场出现成功的新产品后,立即进行仿制并适当改进,消除上市产品的最初缺陷而后来居上。具有高水平的技术情报专家,能迅速掌握其他企业研究动态、动向和成果,具有高效率研制新产品的能力,能不失时机地快速解决别人没解决的消费者关心的问题的企业可采用这种开发策略。

3. 系列化开发策略

系列化开发策略又称为系列延伸策略。企业围绕产品上下左右前后进行全方位的延伸,开发出一系列类似的但又各不相同的产品,形成不同类型、不同规格、不同档次的产品系列。如电冰箱的使用能够延伸出对电冰箱断电保护器、冰箱除臭剂、保鲜膜、冰糕盒的需求等。企业针对消费者在使用某一产品时所产生的新的需求,推出特定的系列配套新产品,可以加深企业产品组合的深度,为企业新产品开发提供广阔的天地。

4. 差异化开发策略

差异化开发策略又称为产品创新策略。市场竞争使市场上产品同质化现象非常严重,企业要想使产品在市场上受到消费者的青睐,就必须创造出与众不同的、有自己特色的产品,满足不同消费者的个性化需求。这就要求企业必须进行市场调查,分析市场,追踪市场变化情况。

5. 超前式开发策略

超前式开发策略又称为潮流式开发策略。企业根据消费者受流行心理的影响,模仿电影、戏剧、体育、文艺等明星的流行生活特征开发新产品。一般产品的生命周期可以分为导入期、成长期、成熟期和衰退期四个阶段,而消费流行周期和一般产品的生命周期极为相似,包括风格型产品生命周期、时尚型产品生命周期、热潮型产品生命周期等特殊类型。

6. 滞后式开发策略

滞后式开发策略也称为补缺式开发策略。消费需求具有不同的层次,一些大企业往往放弃赢利少、相对落后的产品,这必然形成一定的市场空档。如国内洗涤用品市场几乎被几个"寡头企业"所瓜分,无论城乡,无论发达地区还是欠发达地区,到处都是"寡头企业"的知名产品。似乎其他后来者已很难进入市场。实际情况却是,各地尤其是在中西部农村,一些实力偏弱的小企业的中低档次的洗涤用品仍销售得很好,它们在各大品牌产品的冲击下,仍能获得可观的市场份额。具有补缺市场需求能力,而技术、资金实力相对较弱的小企业可采用这种开发策略。

第四节 品牌策略

研究品牌策略,首先要明确品牌的定义。品牌(brand)一词,最早来源于古挪威文字"brandr",而在英语中"brand"一词是指印记(古代烙在犯人身上)、标记(古代烙在牲口身上,表示主人的所有权)。随着市场经济的出现与发展,品牌逐渐成为某一类产品的独特标记,并且具有非常重要的市场营销学方面的意义。

一、品牌的定义、特征与构成

(一)品牌的定义

对于品牌的定义,不同的学者有不同的看法,综合各种观点,可以从以下五个角度对品牌加以定义。

1. 品牌是产品或服务属性的反映

品牌基本的特征即品牌是企业产品和服务属性的反映。品牌这个基本特征反映出其具有的产品或服务的识别功能。企业通过某些词汇、标志、图案或这些元素的组合,构成自己的品牌,将自己的产品和服务与竞争对手的区别开来。美国市场营销协会(AMA)将品牌定义为用来识别一个或一类产品以及劳务的名称、术语、象征、记号或设计及其组合,目的是和其他竞争者的产品以及劳务区别开来。

2. 品牌是企业形象的名片

品牌拥有丰富的内涵,并且代表着企业的个性。正如著名广告学家大卫·奥格威所言,品牌是一种十分复杂的象征,它是产品的属性、名称、包装、价格、历史、声誉、广告风格等要素的无形组合。品牌同时也由于消费者对其使用的印象及消费者自身的经验而有所界定。品牌是企业的象征,是企业形象的名片。

3. 品牌是重要的无形资产

品牌是能给拥有者带来溢价、产生增值的一种无形资产,它的载体是用以和其他竞争者的产品或劳务相区分的名称、术语、象征、记号或设计及其组合,增值的源泉来自在消费者心智中形成的关于其载体的印象。在今天,无形资产对于企业的重要性已经超过了有形资产,品牌更是企业获取利润、提升竞争力和扩大经营规模的源泉。

4. 品牌是消费者的一种体验

对于品牌,消费者往往会产生丰富的联想。今天的品牌不仅仅是一个名称、一种标志,更是一种情感、一种体验。品牌已经融入了消费者的生活之中,对于强势品牌,消费者往往会产生亲切感,会引发思考、唤醒情感,并能体会到品牌背后所蕴含的文化。在今天,很多企业在创建强势品牌的过程中,关注点不再局限于提高品牌的知名度和消费者的忠诚度,基于体验营销的品牌定位也成了一种重要的策略。

5. 品牌是企业各种关系的总和

在当今社会中,越来越多的学者提出了品牌制胜的观点,而其中的核心就在于品牌从本质上讲是企业各种关系的总和。这不仅体现在企业和消费者的关系上,还有企业和政府、企业和媒体的关系,往往都通过品牌体现出来。消费者对品牌的情感、政府对品牌的支持、媒体和品牌的合作,这些复合关系的总和恰恰就是企业品牌本身。

> **案 例**
>
> ### 明明都是999,一个经典一个low
>
> 2019年七夕过后微博热门话题#你的第一支999是谁送的#留言区竟然出现了"999皮炎平",真是一个懂套路的戏精!我们可以质疑乱入事件是999皮炎平有预谋的营销,毕竟迪奥999作为口红界的大姐大,在彩妆界可以说是无人不知。但这并不妨碍999皮炎平进行话题营

销,毕竟"我想要买999,而你问我是不是皮炎很严重"这样的段子很容易在网上流传开来。

不久前,999皮炎平开始官宣卖口红,但"跨界"并不等于"会玩",制造话题也不一定能出道!新品名为"恋爱止痒三口组",三支口红组合难道可以这样缩略?一是吻别渣男的"鹤顶红",二是一擦静心的"夕阳红",三是表白必胜的"够坦橙"。巧借迪奥999与自身相关联,这想法本身没有错,不过长年累月治皮炎、去脚气的皮炎平竟然卖起了"止痒"的口红,难道是觉得消费者人傻多金?还是太想做个会玩的国潮品?

想一想:999皮炎平如何蹭迪奥999的热度?这样做的原因是什么?

(二)品牌的特征

1. 专有性

品牌是用以识别生产者或销售者的产品或服务的。品牌拥有者经过法律程序的认定,即享有品牌的专用权,其他企业或个人不能仿冒、伪造,不得再用。

2. 文化性

品牌具有一定的个性,或者说品牌是文化的象征。例如,耐克体现了运动的、粗犷的个性;凌志体现了自负的、富有的性格。

3. 溢价性

消费者对喜爱的品牌,愿意付出更高的价钱,因此,品牌资产可以被视为将商品或服务冠上某种品牌后产生的额外收益。管理人员把这种额外收益反映到企业的财务中,以无形的形式出现在企业的会计账上,利用其无形资产强化品牌价值,从而在市场上进行交易。

4. 不确定性

由于市场需求不断变化,竞争不断加剧,企业与产品的品牌必须不断创新,质量与服务需要不断提高,否则将会给品牌的发展带来障碍,加大品牌的风险系数,使品牌效益表现出不确定性。

5. 联想性

一般情况下,品牌通过文字、图案、符号等直接物质载体呈现出来,通过产品的质量、服务、知名度、市场占有率等间接物质载体来体现,使品牌有形化,这就使人们对品牌的诉求和内涵产生了一定的联想。

6. 扩张性

品牌拥有者可以凭借品牌的优势进行横向或纵向延伸,以扩大企业的经营范围,增强企业的实力。

(三)品牌的构成

1. 优异的质量

产品的品质是消费者对品牌产生好感和忠诚的重要原因,是知名品牌得以建立的基础。许多消费者之所以不惜高价购买某种知名品牌,就是因为该品牌代表了企业对消费者在产品质量方面的承诺,消费者可以通过选择品牌来达到追求高品质产品的目标。

2. 完善的服务

随着市场竞争的加剧,产品越来越同质化,因此,服务日益成为竞争的核心,它通过为消费者提供一种独一无二的体验和感受，让消费者对企业的品牌形成依赖。总结分析市场中的知名品牌可以发现，它们无一不将提升自身的服务水平作为企业品牌建立的秘密武器，通过这些隐性或显性服务的提供，为消费者带来超值的体验。

3. 良好的品牌形象

品牌形象是指关于品牌各要素的图像及概念的集合体，主要是品牌知识及人们对品牌的态度，尤其是消费者对品牌的评价与认知。品牌形象与品牌是一个不可分割的整体，它通过一些社会公众尤其是消费者的外在感受来反映企业内在的品牌实质，并能通过消费者与消费者之间的沟通与传播，形成一种强有力的推动效应，使企业品牌能够获得消费者的认可，进而达到顾客忠诚度的提升。

4. 企业文化

企业文化是企业形成的共同遵守的价值观、理念和行为方式的总和，重点是企业价值观、企业理念和行为方式的塑造，它体现了企业的个性，是企业生产与发展的指导思想。同时，品牌的文化性决定了品牌只有体现一定的个性或是独特的情感诉求才能引起消费者的共鸣，从而形成消费者对企业品牌的依赖和忠诚。此外，品牌与文化两者之间互相影响和促进，文化支撑着品牌的丰富内涵和联想空间，品牌则通过一定的个性来展示企业特有的文化吸引力，也需要依赖文化来增强品牌的附加值。所以，企业文化为品牌的建设和形成提供了营养丰富的土壤，使企业品牌充满生机与活力。

5. 科学的管理

管理是品牌得以创建、发展并发挥作用的基础，只有建立在科学管理基础之上的品牌才是持久与充满活力的，才能推动企业其他方面的发展。企业通过管理不断推出优质的产品与服务；利用管理合理、高效地进行品牌推广活动；利用管理进行品牌的扩展与延伸，扩大企业的经营范围；利用管理解决品牌经营过程中的困境和危机，增强品牌的抗风险能力；利用管理及时地维护与更新品牌内涵与形象，使品牌长久不衰。

6. 广告与公关

在市场竞争日趋白热化的今天，想要使企业的品牌在市场上、在消费者心目中产生一定程度的影响，广告与公关活动是必不可少的。通过广告，可以向消费者传达产品的功效、情感诉求以及体验，使品牌能够对消费者形成一定的刺激，这样消费者对品牌形成忠诚和依赖才有可能成为现实，否则品牌很难在竞争激烈的市场中占有一席之地。此外，公关活动也是不可代替的，它通过一系列的社会公益活动等提升品牌在公众，尤其是消费者心目中的形象，进而提升品牌的知名度与美誉度，也能增强消费者对品牌的喜好程度，为企业带来良好的经济效益和社会效益。

二、品牌定位

（一）品牌定位的概念和步骤

品牌定位是指建立或塑造一个与目标市场有关的品牌形象的过程和结果，即为某个特定品牌确立一个适当的市场位置，使商品在顾客心目中占领一个有利的位置，当某种需要一旦产生，人们会首先想到这一品牌。品牌定位能够使消费者切身感受和理解品牌所传达的信息,对品牌所反映的产品个性、文化体验以及情感诉求形成更快更牢的记忆,进而更容易产生品牌偏好和购买行动。品牌定位的过程就是挖掘消费者兴趣和需求的过程,企业通过这种人为的区分,为自己的品牌树立一个明确的、有别于竞争对手的、符合消费者需要的形象。品牌定位主要包括五个步骤,如图 8.5 所示。

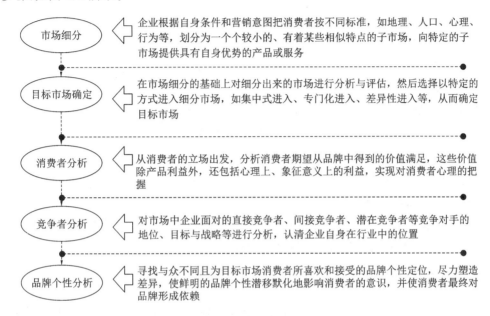

图 8.5　品牌定位的步骤

(二)品牌定位策略

品牌定位策略多种多样,典型的品牌定位策略主要有以下几种。

1. 产品定位

根据产品的属性、消费者对产品感兴趣的利益点(其他产品不具备的)及产品的设计、类别、质量、价格和功能进行定位,如法拉利的奔放与冒险、奔驰的稳重与实力等。

2. 领导者定位

领导者定位是指企业追求品牌成为本行业中领导者的市场定位,比如可口可乐的"只有可口可乐,才是真正的可乐"。

3. 跟随者定位

跟随者定位指避开领导品牌,寻找空档加以填补,寻找为许多消费者所重视的、但尚未被开发的市场空间。如 20 世纪 50 年代,美国风靡宽敞型轿车,大众甲壳虫轿车以其实惠的价格、低油耗、结构简单而实用、质检严格而性能可靠作为卖点,广告表现采用反传统的逆向定位手法,故意强调自己的缺点,以退为进,正话反说,引出大众甲壳虫轿车的优点,使用大标题、大图片以及幽默、荒诞等出人意料的表现方法和技巧,创作了"想一想还是小的好!"的广告,一下打动了美国消费者。

4. 竞争者定位

竞争者定位指通过与竞争品牌比较,指出其缺点或弱点,改变竞争品牌在消费者心目中现有的形象来确定自己的市场地位。如 2004 年泰诺在广告中称"有千百万人是不应当使用阿司匹林的"。因为阿司匹林能侵蚀血管壁,引发气喘或者过敏反应,并能导致隐藏性的胃肠出血。结果凭借这一广告,泰诺一举击败了老牌的阿司匹林,成为首屈一指的品牌止痛和退烧药。

5. 家族成员定位

家族成员定位指通过强调自己是某个有声望集体的成员来进行定位,如美国克莱斯勒汽车公司宣布自己是美国"三大汽车公司之一"。

6. 品牌再定位

品牌再定位也叫重新定位,通过打破消费者心中所保持的原有位置与结构,使

事物按照新的观念在消费者心目中重新排位,调整关系,以创造一个有利于自己的新秩序。如万宝路香烟将品牌名称"Marlboro"拆解为"Men always remember ladies because of romance only(因为有浪漫,所以男人总是忘不了女人)"。

7. 目标消费者定位

根据目标消费者的购买目的、使用场合、使用者、消费心理,通过为消费者解决问题进行定位,如"金利来,男人的世界""送礼只送脑白金"等。

三、品牌推广

品牌推广是指在品牌定位和发展战略的约束和指导下,为实现阶段性的品牌发展目标,整合品牌广告、销售和公关等方面,使品牌在消费者中传播,使消费者对该品牌逐渐认识,累积品牌资产、提升品牌价值。品牌推广的核心是综合利用各种工具进行传播和推广,把品牌的特征信息充分传递给消费者,进而得到消费者的认可。

品牌推广的目的主要在于把消费者理性消费产品的过程变成感性消费产品的过程,增强消费者对品牌的忠诚和依赖,从而占领市场,提高品牌影响力。在品牌推广的过程中,企业应遵循以下主要原则。

1. 核心价值原则

品牌推广要始终以品牌的核心价值为中心,否则难以在消费者心目中建立一个清晰而独特的品牌形象。

2. 长期建设原则

品牌推广应是一个长期的过程,只有通过长期持续稳定的投入,才能使消费者对品牌形成记忆,产生依赖。

3. 整合传播原则

品牌推广应根据各种传播方式的特点,整合各种传播手段,向消费者传递一个品牌的核心价值,并形成一个统一的品牌形象。

4. 成本效益原则

品牌推广应该考虑投入与产出的关系,还应考虑到企业的资源总量,不可不顾及企业的实

际而盲目进行推广。

品牌能否在市场上、在消费者心目中形成一定的知名度、美誉度,能否长久不衰,关键还在于品牌推广策略的选择。目前,国内外学者对品牌推广策略的研究很多,包括传统的推广策略(比如销售推广策略、广告推广策略、公共关系推广策略等)以及一些适应社会发展和反映新时代要求的推广策略(如整合推广策略等),这些策略各有特点,它们在成本、效益以及侧重点等方面都存在重大的区别。因此,企业应根据市场类型、竞争情况等来选择最佳的品牌推广策略。常见的几种品牌推广策略对比如表8.1所示。

表8.1 常见的几种品牌推广策略对比

品牌推广策略	典型方式		主要注意事项
品牌销售推广	降价	降低产品利润空间,提高产品的市场竞争力,实现薄利多销	1. 降价、折扣等销售推广方式有利也有弊,应结合企业的品牌战略来进行选择; 2. 在选取销售方式时,要考虑产品所处的生命周期阶段和品牌的成长阶段
	折扣	降低产品的售价来吸引消费者,进而促进销售	
	赠品	消费者购买产品的同时可得到一份非该产品的物品	
	以旧换新	用旧产品作为优惠凭证进行促销激励	
	展销会	利用行业协会等机构组织的商品展览会或展销会陈列、表现和示范产品	
品牌广告推广	广告	通过各种传媒向消费者传播品牌信息、诉说品牌情感,构建品牌个性,对消费者形成强大的品牌影响力	1. 结合产品性质、消费者接触媒体习惯等选择媒体; 2. 掌握广告发布时机; 3. 广告口号要品牌化; 4. 创造产品附加值; 5. 广告推广要音形具备
品牌公关推广	宣传性公关	主要通过媒体宣传与事件营销方式传播企业品牌有关信息,提高品牌知名度和美誉度	1. 企业管理者应该熟悉各种品牌公关方式的利弊; 2. 事前进行系统的品牌公关规划,建立完备的危机预警机制; 3. 需要具备较强的危机处理能力
	赞助性公关	赞助科学、教育、体育等事业,支持社区福利事业,参与国家重大社会活动,塑造品牌形象	
	服务性公关	通过各种实惠性服务,以行动获得公众的了解、信任和好评	
	新闻公关	通过有组织的实施新闻事件,来扩大品牌影响力	
品牌整合推广	整合利用以上各种典型方式实现品牌形象的塑造和推广		1. 要合理分配各种推广策略投入以及策略组合方式; 2. 要注意各种推广策略在传播品牌信息和塑造品牌形象方面的一致性

本 章 小 结

产品整体概念包含核心产品、形式产品、附加产品和心理产品四个层次。

产品组合是指企业生产经营的各种不同类型产品之间质的组合和量的比例。产品组合通常用宽度、长度、深度和关联度来衡量。

产品生命周期是指产品的市场寿命,即一种新产品从开始进入市场到被市场淘汰的整个过程,一般可以分成四个阶段,即进入期(或导入期)、成长期、成熟期和衰退期。

市场营销学中消费者认为是新的、能从中获得新的满足的、可以接受的产品都属于新产品。新产品的开发方式包括独立研制开发、技术引进、研制与技术引进相结合、协作研究、合同式新产品开发和购买专利等。

品牌定位是指建立或塑造一个与目标市场有关的品牌形象的过程和结果,即为某个特定品牌确立一个适当的市场位置,使商品在顾客心目中占领一个有利的位置。品牌推广是指在品牌定位和发展战略的约束和指导下,为实现阶段性的品牌发展目标,整合品牌广告、销售和公关等方面,使品牌在消费者中传播,使消费者对该品牌逐渐认识,累积品牌资产、提升品牌价值。

关 键 概 念

产品(product)　　　　　产品整体(product whole)
品种(variety)　　　　　　产品生命周期(product lifecycle)
品牌(brand)　　　　　　产品组合(product combination)
产品项目(product project)　产品策略(product strategy)
产品开发(product development)　品牌策略(brand strategy)
品牌定位(brand positioning)　品牌推广(brand promotion)

复 习 思 考 题

一、问答题
1. 产品的核心层、形式层和延伸层的内在关系是什么?
2. 请举例说明产品组合策略的不同表现。
3. 请简述旅游产品的生命周期状况。
4. 请举例说明新产品开发的主要方式。
5. 请简述品牌与商标的区别与联系。

二、不定项选择题
1. 形式产品是指(　　)借以实现的形式或目标市场对某一需求的特定满足形式。
　A. 期望产品　　　B. 延伸产品　　　C. 核心产品　　　D. 潜在产品
2. 导入期选择快速掠取策略是针对目标顾客的(　　)。
　A. 求名心理　　　B. 求实心理　　　C. 求新心理　　　D. 求美心理
3. 处于市场不景气或原料、能源供应紧张时期,(　　)产品线反而能使总利润上升。

A. 增加　　　　　B. 扩充　　　　　C. 延伸　　　　　D. 缩减

4. 品牌最基本的含义是品牌代表着特定的（　　）。
A. 消费者类型　　B. 文化　　　　　C. 利益　　　　　D. 商品属性

5. 除了提供质量合格的产品，还必须提供相应的附加服务，如保养、售后服务等，这对制造商来说（　　）。

A. 这是零售商的事，制造商可不必理会

B. 这是产品整体概念的一部分，是必要的

C. 优质产品有没有售后服务无所谓

D. 产品卖出即可，不必多此一举

三、实训练习

目前，很多家电生产企业会将产品进行拆件销售或者配送，如消费者购买了一台 LED 电视机，拿到电视机产品的时候，发现没有机座，只有机体，请用产品整体概念来分析家电企业这一销售方式是否合理。

四、案例分析

盲盒玩具的吸引力

1. 盲盒是什么

盲盒最初诞生于日本，最初名字叫 minifigures，流行欧美后也开始被称作 blind box，是在一个小的纸盒子里面装着不同样式的玩偶手办。之所以称之为盲盒，是因为盒子是不透明的，只有打开才会知道，用户抽到什么全凭运气。盲盒的单价不高，一般在 30 元到 80 元之间。

目前，闲鱼上的盲盒交易已经是一个千万级的市场。购买盲盒的主要是 90 后的白领，月收入多在 8000 元以上。过去一年，闲鱼、天猫上有 30 万以上的消费者每年花费 2 万多元在盲盒上，甚至有人一年耗资上百万元。有的热门盲盒，比如泡泡玛特原价 59 元的隐藏款潘神天使洛丽，被抬升至 2400 元，涨到 40 倍。

2. 盲盒为何令人着迷

盲盒充满不确定性的刺激感是吸引消费者的关键。有位用户说过："因为不知道下一个会抽到什么，所以很期待，抽了一个，就想着要不再抽一个看看能抽到什么，结果最后越抽越多。"

此外，收集属性也成为盲盒备受消费者喜爱的原因之一，比如泡泡玛特每个季度推出一个系列，包括 12 个娃娃，很多玩家会想法集齐每一款娃娃，然后珍藏起来。很多年轻人把这些玩偶当作情感的承载物，以此来缓解自己现实中的工作或学习压力。

3. 商家的套路

(1) 利用消费者的收藏欲望，不断推出新品系列。

收集是铭刻在人类基因里的天性，商家每个季度都推出新品系列，而一个系列又有十几个款式，每个款式中的人设动作、表情、服装上都有细节变动，消费者很容易陷入不断购买的陷阱中，在不断购买、收集的过程中获得满足感。

(2) 饥饿营销，推出数量极少的隐藏款、限量款。

除了固定系列之外，商家还会不定期推出隐藏款、限量款，这些款式被抽中的概率极低，而消费者都想试试自己的运气，一旦抽中隐藏款，在闲鱼上的交易价就能上涨几十倍。

(3) 签约知名设计师、热门 IP 跨界合作，借此招揽更多潜在消费者。

Molly盲盒与知名设计师Kenny Wong合作每一季度推出一套新品,与文创界网红故宫共同推出了联名款,与知名设计师毕奇共同打造Pucky精灵系列,都是上线即火的爆品。

这样做不但提高了盲盒的设计质量,而且也成功吸引了艺术爱好者以及追星族的青睐。

(4)引导消费者到社交平台交易、炫耀及交流。

由于限量款、隐藏款得来不易,消费者乐于在微博、B站等社交平台分享炫耀,甚至进行交易,这样既对产品进行了免费的推广,无形中又壮大了消费群体。

盲盒其实只是一个娱乐化的消费品,是用工业制造的方式完成,而且盲盒娃娃的生产量完全受到企业操控,并不具有天然收藏品的自然美感或艺术大师加工的价值提升,收藏的意义并不大,很多时候价格上涨只是炒作的结果。因此,对于盲盒的消费者而言,千万不要抱着赌徒心理幻想"一夜暴富",而应该理性消费、量力而行,别让盲盒像炒鞋、炒币一样充满风险,最终给自己造成不可挽回的损失。

资料来源:快资讯,2019-12-18,有改动。

> 课外视野　盲盒经济,快乐消费还是市场炒作?
> 视频来源　腾讯视频

1. 试分析盲盒为什么会在市场上存在,它利用了消费者何种消费心理?
2. 你如何看待盲盒经济?盲盒是怎么改变新零售市场的?
3. 你觉得抽盲盒是赌博或是投机吗?试说明理由。

本章习题库

第九章

价格策略

> **学习目的及要求**

通过本章的学习,主要了解定价的目标、影响定价的因素;理解成本导向定价法、竞争导向定价法、顾客导向定价法的具体表现形式及适用条件;掌握新产品定价策略、产品组合定价策略的内容和运用;了解企业价格调整策略。

【引例】

史上最贵 iPhone 定价策略背后的心理学原因

苹果发布了 10 周年特别版 iPhone X,价格定在 999 美元至 1149 美元,消息一经发布便成为各大媒体的头条。这一价格之所以吸引大众的关注,原因在于其定价明显高于同期发布的另两款手机——iPhone 8(699 美元)、iPhone 8 Plus(799 美元)。还有个原因是,它接近甚至打破了 1000 美元的关键门槛。手机价格提高到四位数,这对消费者来说是一个重要的心理障碍。

为什么苹果要将这备受期待的产品价格推至极限?其中一个关键的原因就是,利用高价格来在消费者头脑中设置卓越的心理预期。苹果公司希望在消费者心中树立一种无可匹敌的伟大期望。在发布 iPhone X 的价格声明中,苹果 CEO 提姆·库克宣布,"这是自第一代 iPhone 以来最大的飞跃"。大胆的市场宣言非常好,但是消费者却经常被各种泡沫言论轰炸,而且这些言论常常让他们失望。这导致,我们能轻易过滤出这些说辞的可信度。设定个高价,就像看着你的眼睛做出具体的承诺:"这虽然会花费你一大笔钱,但是值得。"

苹果错过了更深入地利用价格传达自信的机会。特别是,它本该在 iPhone X 定价上终止"以 9 结尾"的把戏,这种以 9 结尾的定价通常都会让消费者觉得比以 0 结尾要便宜一些(99 美分对比 1 美元,99 美元对比 100 美元,999 美元对比 1000 美元)。如果 iPhone X 真的如库克宣称的具有革命性价值,他应该自信地说,"我们不玩价格游戏,它的价格就是 1000 美元"。

定价远不止简单地按照供需关系来定,它有很多细微差别。媒体对 iPhone X 的高定价议论纷纷。最著名的苹果分析师之一 Gene Munster 预测大概会有 30%～40% 的苹果顾客愿意花 999 美元去购买新的 iPhone。现在就等着看结果吧,看看媒体和顾客的评价是否如预期所料,而苹果能否继续维持其明星地位。

资料来源:拉菲·穆罕默德.哈佛商业评论,2017-10-15,有改动.

第一节 定价的目标与影响因素

一、价格的概念与构成

(一)价格的概念

从狭义的角度来看,价格是对一种产品或服务的标价;从广义的角度来看,价格是消费者在交换中所获得的产品或服务的价值。历史上,价格是通过买卖双方的协商来确定的。价格并非一个数字或一种术语,它可以用许多名目出现。价格大致可以分为商品的价格和服务的价格两大类。商品价格是各类有形产品和无形产品的价格,货物贸易中的商品价格称为价格;服务价格是各类有偿服务的收费,服务贸易中的商品价格称为费,如运输费或交通费、保险费、利息、学费、服务费、租金、特殊收费、贿赂、薪金、佣金、工资等。

(二)价格的构成

价格的构成是指商品价格的形成要素及其组合,亦称价格组成。它反映商品在生产和流通过程中物质耗费的补偿,以及新创造价值的分配,一般包括生产成本、流通费用、税金和利润四个部分(价格=生产成本+流通费用+税金+利润)。

生产成本和流通费用构成商品生产和销售中所耗费用的总和,即成本。这是商品价格的最低界限,是商品生产经营活动得以正常进行的必要条件。生产成本是商品价格的主要组成部分。构成商品价格的生产成本,不是个别企业的成本,而是行业(部门)的平均成本,即社会成本。流通费用包括生产单位支出的销售费用和商业部门支出的商业费用。商品价格中的流通费用是以商品在正常经营条件下的平均费用为标准计算的。

税金和利润是构成商品价格中盈利的两个部分。税金是国家通过税法,按照一定标准,强制地向商品的生产经营者征收的预算缴款。税金按照是否计入商品价格,可以分为价内税和价外税。利润是商品价格减去生产成本、流通费用和税金后的余额,按照商品生产经营的流通环节,可以分为生产利润和商业利润。

不同类型的价格,其构成的要素及其组合状态也不完全相同。例如,工业品出厂价格是由产品的生产成本加利润、税金构成;工业品零售价格由工业品批发价格加零售企业的流通费用、利润、销售税金构成。这两种价格的各个要素所占的比重也略有不同,如工业品出厂价格中利润所占的比重一般要高于工业品零售价格中的利润比重。

二、定价的目标

定价目标是企业在对其生产或经营的产品制定价格时,有意识地要求达到的目的和标准,它是指导企业进行价格决策的主要因素。定价目标取决于企业的总体目标,主要有以下几个方面。

(一)利润最大化目标

利润是企业生存和发展的必要条件,如果一个企业长期出现亏损,势必会导致资不抵债,从而使企业陷入破产、倒闭的困境。所以,从生存和发展出发,企业必须以获取最大利润为主要定价目标。但追求最大利润并不意味着将企业产品价格定得最高,它往往取决于合理价格以及由此而推动的市场需求量。从长远看,短期的亏损是不可避免的,它是为日后长期获取最大利润服务的。

(二)市场扩大目标

市场扩大目标是为企业利润最大化目标服务的。任何一个企业为了保证其生存和发展,都必须使其产品在市场上占有优势。市场份额直接关系到企业产销量和利润额。因此,市场扩大目标也是企业定价目标的内容之一,主要包括销售量的扩大和市场占有率的提高。扩大销售量必然会使企业获取更多的利润,但销售量的扩大,往往是通过降低单位产品的市场价格来实现的。只有"薄利"才能"多销";反过来,"多销"又为"薄利"提供了更大的可能。同时,"薄利多销"本身又是提高市场占有率的重要手段,只有当本企业销售量的扩大快于同行业竞争对手销售量的扩大时,才有可能提高市场占有率,从而使企业获得更多的发展机会和利润。

> **案　例**

京东、当当价格战

　　价格战一般是指企业之间通过竞相降低商品的市场价格展开的一种商业竞争行为,其主要内部动力有市场拉动、成本推动和技术推动,目的是打压竞争对手,占领更多的市场份额,消化库存等。几年前,京东商城、当当网两家国内大型网购平台,就图书展开了价格战。这场图书价格战的源头,据透露是当当在图书供应商对京东的封杀。与此同时,京东宣布图书"确保便宜20%以上,直至价格降到零"。随后当当斥资4000万元进行3C、百货、图书等产品的大幅降价,数小时后京东则宣布开展8000万元的促销。京东主打电子产品,为什么开始要做图书呢? 原来京东希望通过此举对外表明其向综合性平台发力的野心,同时增加购物频次、提升用户黏度。毕竟一年可能在京东上买一台彩电,但是买书可以买几次。所以京东的目标应该是狙击当当发力百货和电器。尽管当当的涉足,不会对京东在3C领域上的霸主地位产生影响,但是会干扰它其他的市场份额。

　　想一想:查阅相关资料,试分析京东、当当的图书价格战的利弊影响各表现在哪些方面。

(三)稳定价格的目标

　　在市场经济体制下,商品的价格受供求关系的影响会经常发生波动,这就要求任何一个具有竞争能力的企业,都需要制定一个稳定的价格来促进市场的稳定。这样,不仅可以使价格稳定在一定的水平上,保证企业在经营中获取稳定的利润,同时也避免了在竞争中的价格战给企业带来的经营风险和财务风险。

(四)竞争目标

　　竞争是市场的核心,它无情地执行着优胜劣汰的原则。企业在市场中凭自己产品的优劣及价格是否合理展开竞争,这既为企业提供了种种机会,也对企业造成了种种威胁。这就要求企业经营者一方面要善于抓住机遇,具有应付挑战的能力;另一方面还要能够在激烈的竞争中,通过扬长避短、趋利避害,来达到在市场上占有优势的目标。可见,从长远考虑,企业在竞争中不是靠展开短暂的价格战获胜,而是凭优质的产品和合理的价格取胜的。

三、影响定价的因素

　　影响产品定价的因素很多,有企业内部因素,也有企业外部因素;有主观的因素,也有客观的因素。概括起来,大体上有产品成本、市场需求、市场竞争和其他因素四个方面。

(一)产品成本

　　成本是企业能够为其产品设定的底价。企业想设定一种价格,既能够补偿所有生产、分销和直销产品的成本,又能够带来可观的效益和风险收益率。许多企业努力奋斗,为的是成为本行业中的低成本生产商。低成本的企业能设定较低的价格,从而取得较高的销售量和利润额。在实际工作中,产品的价格是按成本、利润和税金三部分来制定的。成本又可分解为固定成本和变动成本。产品的价格有时是由总成本决定的,有时又仅由变动成本决定。成本有时又分为社会平均成本和企业个别成本。就社会同类产品市场价格而言,主要受社会平均成本影响。在竞争很充分的情况下,企业个别成本高于或低于社会平均成本,对产品价格的影响不大。企业定价时，不应将成本孤立地对待，而应同产量、销量、资金周转以及影响价格的其他因素综合起来考虑。

(二) 市场需求

产品价格除受成本影响外，还受市场需求的影响，即受商品供给与需求的相互关系的影响。当商品的市场需求大于供给时，价格应高一些；当商品的市场需求小于供给时，价格应低一些。反过来，价格变动影响市场需求总量，从而影响销售量，进而影响企业目标的实现。因此，企业制定价格就必须了解价格变动对市场需求的影响程度。反映这种影响程度的一个指标就是商品的需求价格弹性系数。所谓需求价格弹性系数，是指由于价格的相对变动，而引起的需求相对变动的程度，通常可用下式表示：

$$需求价格弹性系数 = 需求量变动百分比 \div 价格变动百分比$$

如果我们将成本因素和需求因素综合起来考虑，并做出适当的假设，可形成下面的关于定价的理论模式。

计算题 1 某商品根据市场调查可获得需求函数为 $Q=800-4P$，式中，Q 表示总需求量，P 表示单价。又该企业此产品的成本函数为 $C=1200+50Q$，式中，C 为总成本。如果该企业的目标是利润最大化，那么，价格应定为多少？

解 根据已知条件，可得销售收入为：

$$S = PQ$$

利润：

$$Z = S - C$$

将条件代入可得：

$$Z = -4P^2 + 1000P - 41\,200$$

解得当 $P=125$ 元时，利润有极大值，其为 $Z_{\max}=21\,300$ 元。

(三) 市场竞争

市场竞争也是影响价格制定的重要因素。根据竞争的程度不同，企业定价策略会有所不同。市场竞争按照程度可以分为完全竞争、垄断竞争、寡头垄断与完全垄断四种情况。

1. 完全竞争

完全竞争也称自由竞争，它是一种理想化了的极端情况。在完全竞争条件下，买者和卖者都大量存在，产品都是同质的，不存在质量与功能上的差异，企业自由地选择产品生产，买卖双方能充分地获得市场情报。在这种情况下，无论是买方还是卖方都不能对产品价格产生影响，只能在市场既定价格下从事生产和交易。在完全竞争的市场中，市场营销调研、产品开发、定价、广告及促销活动几乎没有什么作用或者根本不发挥作用。因此，在这种市场中的销售者没有必要在营销战略上花许多时间。

2. 垄断竞争

垄断竞争市场是由众多按照系列价格而不是单一市场价格进行交易的购买者和销售者组成。系列价格产生的原因是购买者看到销售者产品之间的差异，并且愿意为这些差异支付不同的价格。销售者努力地开发不同的市场供应，以便适合不同顾客细分市场的需要。除了价格之外，销售者还广泛地采用品牌、广告和直销来使他们的市场供应相互区分开来。由于存在众多的竞争对手，因此和少数几个制造商控制的市场相比，在垄断竞争市场中，企业较少受到竞争对手营销战略的影响。

3. 寡头垄断

寡头垄断市场由几个对彼此的定价和营销战略高度敏感的销售者组成。市场中销售者很少,因为新的销售者很难进入。每个销售者对竞争对手的战略和行动都很警觉。如果一家钢铁公司将价格砍掉10%,购买者很快便会转向这位供应商。其他钢铁生产者必须以降低价格或增加服务来做出反应。寡头垄断者从来也不能确定通过降价能得到哪些永久性的东西。相反,当一个寡头垄断者抬高价格时它的竞争对手或许并不会跟着抬高价格,该寡头垄断者于是不得不取消涨价,否则便会面临把顾客丢失给竞争对手的风险。

4. 完全垄断

市场只存在一个销售者。销售者可以是政府垄断者,或私人受控垄断者(如能源公司),或私人非控垄断者(如在开发尼龙时期的杜邦公司)。这三种情况下的定价各不相同。政府垄断者可以有各种定价目标。它可以设定低于成本的价格,因为该产品对于无力支付整个成本的购买者很重要,如我国的经济适用房价格。或者设定的价格只用来抵补成本,或者用来创造良好的收益,甚至还可以抬高价格来减少消费。

情境模拟

你会打"价格战"吗?

根据班上同学的数量,将大家分成六组。

规则一:每个小组代表一家航空公司,面对航空领域激烈的价格大战,大家自由讨论如何解决这个问题。注意不要向其他小组泄露情报。

规则二:如果六家航空公司都不降价,每家公司的回报率都是9%。如果有一家或两家航空公司降价,降价的航空公司回报率上升到12%,不降价的航空公司回报率下跌到6%;但超过三家航空公司降价,所有公司的回报率都降到6%。

规则三:讨论20分钟后,请每家航空公司将自己的结论写在一张纸上,由老师宣布结果。

想一想:你们小组会降价吗?为什么?

(四)其他因素

企业的定价策略除受成本、需求以及竞争状况的影响外,还受到其他多种因素的影响。这些因素包括政府或行业组织的干预、消费者心理和习惯、企业或产品的形象等。

1. 政府或行业组织的干预

政府为了维持经济秩序,或为了其他目的,可能通过立法或者其他途径对企业的价格策略进行干预。政府的干预包括规定毛利率,规定最高、最低限价,限制价格的浮动幅度或者规定价格变动的审批手续,实行价格补贴等。例如,美国某些州政府通过租金控制法将房租控制在较低的水平上,将牛奶价格控制在较高的水平上;法国政府将宝石的价格控制在低水平,将面包价格控制在高水平;我国某些地方为反暴利对商业毛利率进行限制等。一些贸易协会或行业性垄断组织也会对企业的价格策略进行干预。

2. 消费者心理和习惯

消费者心理上对价格的制定和变动的反应也是价格策略必须考虑的因素。在现实生活中,很多消费者存在"一分钱一分货"的观念。面对不太熟悉的商品,消费者常常从价格上判断商品的好坏,从经验上把价格同商品的使用价值挂钩。消费者心理和习惯上的反应是很复杂的,某些情况下会出现完全相反的反应。例如,在一般情况下,涨价会减少购买,但有时涨价会引起抢购,反而会增加购买,如国人"买涨不买跌"的心理。因此,在研究消费者心理对定价的影响时,要持谨慎态度,要仔细了解消费者心理及其变化规律。

3. 企业或产品的形象

有时企业根据企业理念和企业形象设计的要求,需要对产品价格做出限制。例如,企业为了树立热心公益事业的形象,会将某些有关公益事业的产品价格定得较低;为了形成高贵的企业形象,将某些产品价格定得较高,等等。

第二节 定价方法

定价方法是企业在特定的定价目标指导下,对成本、需求及竞争状况等进行研究,运用价格决策理论,对产品价格进行计算的具体方法。定价方法主要包括成本导向、竞争导向和顾客导向等三种类型。

一、成本导向定价法

成本导向定价法是企业定价首先需要考虑的方法。成本是企业生产经营过程中所发生的实际耗费,客观上要求通过商品的销售而得到补偿,并且要获得大于其支出的收入,超出的部分表现为企业利润。以产品单位成本为基本依据,再加上预期利润来确定价格的成本导向定价法,是中外企业最常用、最基本的定价方法。成本导向定价法又衍生出了总成本加成定价法、目标收益定价法、边际成本定价法、盈亏平衡定价法等几种具体的定价方法。

(一)总成本加成定价法

总成本加成定价法是指按照单位成本加上一定百分比的加成来制定产品的销售价格,即把所有为生产某种产品而发生的耗费均计入成本的范围,计算单位产品的变动成本,合理分摊相应的固定成本,再按一定的目标利润率来决定价格。其计算公式为:

$$单位产品价格 = 单位产品总成本 \times (1 + 目标利润率)$$

计算题 2 某汽车发动机厂每月生产 2000 台汽车发动机,总固定成本为 600 万元,每台发动机的变动成本为 1000 元,确定目标利润率为 25%,则采用总成本加成定价法确定价格的过程如下。

单位产品固定成本为:

$$6\,000\,000 \div 2000\,元 = 3000\,元$$

$$单位产品总成本 = 单位产品固定成本 + 单位产品变动成本 = 4000\,元$$

$$单位产品价格 = 4000 \times (1 + 25\%)\,元 = 5000\,元$$

采用总成本加成定价法,确定合理的目标利润率是一个关键问题,而目标利润率的确定,必须考虑市场环境、行业特点等多种因素。某一行业的某一产品在特定市场以相同的价格出售时,成本低的企业能够获得较高的利润率,并且在进行价格竞争时可以拥有更大的回旋空间。

在用总成本加成方式计算价格时,对成本的确定是在假设销售量达到某一水平的基础上进行的。因此,若产品销售出现困难,则预期利润很难实现,甚至成本补偿也变得不现实。但是,这种方法也有一些优点:首先,这种方法简化了定价工作,便于企业开展经济核算;其次,若某个行业的所有企业都使用这种定价方法,它们的价格就会趋于相似,因而价格竞争就会减到最少。最后,在总成本加成的基础上制定出来的价格对买方和卖方来说都比较公平,卖方能得到正常的利润,买方也不会觉得受到了额外的剥削。总成本加成定价法一般在租赁业、建筑业、服务业、科研项目投资以及批发零售企业中得到广泛的应用。即使不用这种方法定价,许多企业也把用此法制定的价格作为参考价格。

(二)目标收益定价法

目标收益定价法又称投资收益率定价法,是根据企业的投资总额、预期销量和投资回收期等因素来确定价格。假设计算题 2 中建设汽车发动机厂的总投资额为 800 万元,投资回收期为 5 年,则采用目标收益定价法确定价格的基本步骤如下。

(1)确定目标收益率:

$$目标收益率 = 1 \div 投资回收期 \times 100\% = 1 \div 5 \times 100\% = 20\%$$

(2)确定单位产品目标利润额:

$$单位产品目标利润额 = 总投资额 \times 目标收益率 \div 预期销量$$
$$= 8\,000\,000 \times 20\% \div 2000\ 元 = 800\ 元$$

(3)计算单位产品价格:

$$单位产品价格 = 企业固定成本 \div 预期销量 + 单位产品变动成本 + 单位产品目标利润额$$
$$= (6\,000\,000 \div 2000 + 1000 + 800)\ 元 = 4800\ 元$$

与总成本加成定价法相类似,目标收益定价法也是一种生产者导向的产物,很少考虑到市场竞争和需求的实际情况,只是从保证生产者的利益出发制定价格。另外,先确定产品销量,再计算产品价格的做法完全颠倒了价格与销量的因果关系,把销量看成是价格的决定因素,在实际上很难行得通。尤其是对于那些需求价格弹性较大的产品,用这种方法制定出来的价格,无法保证销量的必然实现,那么,预期的投资回收期、目标收益等也就只能成为一句空话。不过,对于需求比较稳定的大型制造业,供不应求且需求价格弹性小的商品,市场占有率高、具有垄断性的商品,以及大型的公用事业、劳务工程和服务项目等,在科学预测价格、销量、成本和利润四要素的基础上,目标收益法仍不失为一种有效的定价方法。

(三)边际成本定价法

边际成本是指每增加或减少单位产品所引起的总成本的变化量。由于边际成本与变动成本比较接近,而变动成本的计算更容易一些,所以在实际定价中多用变动成本代替边际成本,而将边际成本定价法称为变动成本定价法。

采用边际成本定价法时是以单位产品变动成本作为定价依据和可接受价格的最低界限。在价格高于变动成本的情况下,企业出售产品的收入除完全补偿变动成本外,尚可用来补偿一部分固定成本,甚至可能提供利润。

计算题 3 某制袜厂在一定时期内发生固定成本 80\,000 元,单位产品变动成本为 0.7 元,预计销量为 100\,000 双。在当时市场条件下,同类产品的价格为 1 元/双。那么,企业是否应该继续生产呢?其决策过程应该是这样的:

$$变动成本 = 0.7 \times 100\,000\ 元 = 70\,000\ 元$$

销售收入＝1×100 000元＝100 000元

企业盈亏＝(100 000－70 000－80 000)元＝－50 000元

按照变动成本定价,企业出现了 50 000 元的亏损,但是作为已经发生的固定成本,在不生产的情况下,已支出了 80 000 元,这说明按变动成本定价可减少 30 000 元固定成本的损失,并补偿了全部变动成本 70 000 元。若低于变动成本定价,如市场价格降为 0.7 元/双以下,则企业应该停产,因为此时的销售收入不仅不能补偿固定成本,连变动成本也不能补偿,生产得越多,亏损便越多,企业的生产活动便变得毫无意义。

边际成本定价法改变了售价低于总成本便拒绝交易的传统做法,在竞争激烈的市场条件下具有极大的定价灵活性,对于有效地对付竞争者,对于开拓新市场,调节需求的季节差异,形成最优产品组合可以发挥巨大的作用。但是,过低的价格有可能被指控为从事不正当竞争,并招致竞争者的报复,在国际市场则易被进口国认定为"倾销",产品价格会因"反倾销税"的征收而畸形上升,失去其最初的意义。

(四)盈亏平衡定价法

在销量既定的条件下,企业产品的价格必须达到一定的水平才能做到盈亏平衡、收支相抵。既定的销量就称为盈亏平衡点,这种制定价格的方法就称为盈亏平衡定价法。科学地预测销量和已知固定成本、变动成本是盈亏平衡定价的前提。

在此方法下,为了确定价格可利用如下公式:

盈亏平衡点价格(P)＝固定总成本(F_C)÷销量(Q)＋单位产品变动成本(V_C)

计算题 4 某企业年固定成本为 100 000 元,单位产品变动成本为 30 元,年产量为 2000 件,则该企业盈亏平衡点价格为:(100 000÷2000＋30)元＝80 元。

以盈亏平衡点确定的价格只能使企业的生产耗费得以补偿,而不能得到收益。因此,在实际中均将盈亏平衡点价格作为价格的最低限度,通常在加上单位产品目标利润后才作为最终市场价格。有时,为了开展价格竞争或应付供过于求的市场格局,企业采用这种定价方式以取得市场竞争的主动权。

从本质上说,成本导向定价法是一种卖方定价导向。它忽视了市场需求、竞争和价格水平的变化,在有些时候与定价目标脱节,不能与之很好地配合。此外,运用这一方法制定的价格均是建立在对销量主观预测的基础上,从而降低了价格制定的科学性。因此,在采用成本导向定价法时,还需要充分考虑需求和竞争状况,来确定最终的市场价格水平。

二、竞争导向定价法

在竞争十分激烈的市场上,企业通过研究竞争对手的生产条件、服务状况、价格水平等因素,依据自身的竞争实力,参考成本和供求状况来确定商品价格,这种定价方法就是通常所说的竞争导向定价法。其特点是:价格与商品成本和需求没有直接关系,商品成本或市场需求变化了,但竞争者的价格未变,就应维持原价;反之,虽然成本或需求都没有变动,但竞争者的价格变动了,则相应地调整其商品价格。竞争导向定价主要包括以下几种定价方法。

(一)随行就市定价法

在垄断竞争和完全竞争的市场结构条件下,任何一家企业都无法凭借自己的实力而在市场上取得绝对的优势,为了避免竞争特别是价格竞争带来的损失,大多数企业都采用随行就市定价法,即将本企业某产品价格保持在市场平均价格水平上,利用这样的价格来获得平均报酬。此外,采用随行就市定价法,企业就不必去全面了解消费者对不同价差的反应,从而为营销、定价人员节约了很多时间。

采用随行就市定价法,最重要的就是确定目前的"行市"。在实践中,"行市"的形成有两种途径:第一种途径是在完全竞争的环境里,各个企业都无权决定价格,通过对市场的无数次试探,相互之间取得一种默契而将价格保持在一定的水准上;第二种途径是在垄断竞争的市场条件下,某一部门或行业的少数几个大企业首先定价,其他企业参考定价或追随定价。

(二)产品差别定价法

从根本上来说,随行就市定价法是一种防御性的定价方法,它在避免价格竞争的同时,也抛弃了价格这一竞争的"利器"。产品差别定价法则反其道而行之,它是指企业通过不同的营销努力,使同种同质的产品在消费者心目中树立起不同的产品形象,进而根据自身特点,选取低于或高于竞争者的价格作为本企业产品价格。因此,产品差别定价法是一种进攻性的定价方法。产品差别定价法的运用,首先要求企业必须具备一定的实力,在某一行业或某一区域市场占有较大的市场份额,消费者能够将企业产品与企业本身联系起来。其次,在质量大体相同的条件下实行差别定价是有限的,尤其对于定位为"质优价高"形象的企业来说,必须支付较大的广告、包装和售后服务方面的费用。因此,从长远来看,企业只有通过提高产品质量,才能真正赢得消费者的信任,才能在竞争中立于不败之地。

(三)密封投标定价法

在国内外,许多大宗商品、原材料、成套设备和建筑工程项目的买卖和承包,以及征招生产经营协作单位、出租出售小型企业等,往往采用发包人招标、承包人投标的方式来选择承包者,确定最终承包价格。一般来说,招标方只有一个,处于相对垄断地位,而投标方有多个,处于相互竞争地位。标的物的价格由参与投标的各个企业在相互独立的条件下来确定。在买方招标的所有投标者中,报价最低的投标者通常中标,它的报价就是承包价格。这样一种竞争性的定价方法就称为密封投标定价法。

三、顾客导向定价法

现代市场营销观念要求,企业的一切生产经营必须以消费者需求为中心,并在产品、价格、分销和促销等方面予以充分体现,只考虑产品成本,而不考虑竞争状况及顾客需求的定价,不符合现代市场营销观念。根据市场需求状况和消费者对产品的感觉差异来确定价格的方法叫作顾客导向定价法,又称市场导向定价法、需求导向定价法。其特点是灵活有效地运用价格差异,对平均成本相同的同一产品,价格随市场需求的变化而变化,不与成本因素产生直接关系。需求导向定价法主要包括理解价值定价法、需求差异定价法和逆向定价法。

(一)理解价值定价法

所谓理解价值,也称感受价值、认知价值,是指消费者对某种商品价值的主观评判。理解价值定价法是指企业以消费者对商品价值的理解度为定价依据,运用各种营销策略和手段,影响消费者对商品价值的认知,形成对企业有利的价值观念,再根据商品在消费者心目中的价值来制定价格。

理解价值定价法的关键和难点,是获得消费者对有关商品价值理解的准确资料。企业如果过高估计消费者的理解价值,其价格就可能过高,难以达到应有的销量;反之,若企业低估了消费者的理解价值,其定价就可能低于应有水平,使企业收入减少。因此,企业必须通过广泛的市场调研,了解消费者的需求偏好,根据产品的性能、用途、质量、品牌、服务等要素,判定消费者对商品的理解价值,制定商品的初始价格。然后,在初始价格条件下,预测可能的销量,分析目标成本和销售收入,在比较成本与收入、销量与价格的基础上,确定该定价方案的可行性,并制定最终价格。

(二)需求差异定价法

所谓需求差异定价法,是指产品价格的确定以需求为依据,首先强调适应消费者需求的不同特性,而将成本补偿只放在次要的地位。这种定价方法,对同一商品在同一市场上制定两个或两个以上的价格,或使不同商品价格之间的差额大于其成本之间的差额。其好处是可以使企业定价最大限度地符合市场需求,促进商品销售,有利于企业获取最佳的经济效益。

根据需求特性的不同,需求差异定价法通常有以下几种形式。

1. 以用户为基础的差别定价

它指对同一产品针对不同的用户或顾客,制定不同的价格。比如,对老客户和新客户、长期客户和短期客户、女性和男性、儿童和成人、残疾人和健康人、工业用户和居民用户等,分别采用不同的价格。

2. 以地点为基础的差别定价

它随着地点的不同而收取不同的价格,比较典型的例子是影剧院、体育场、飞机舱位等,其座位不同,票价也不一样。例如,体育场的前排可能收费较高。旅馆客房因楼层、朝向、方位的不同而收取不同的费用。这样做的目的是调节客户对不同地点的需求和偏好,平衡市场供求。

3. 以时间为基础的差别定价

同一种产品,成本相同,而价格随季节、日期甚至钟点的不同而变化。例如,供电局在用电高峰期和闲暇期制定不同的电费标准;电影院在白天和晚上的票价有别。对于某些时令商品,在销售旺季,人们愿意以稍高的价格购买;而一到淡季,则购买意愿明显减弱。所以,这类商品在定价之初就应考虑到淡、旺季的价格差别。

4. 以产品为基础的差别定价

不同外观、花色、型号、规格、用途的产品,也许成本有所不同,但它们在价格上的差异并不完全反映成本之间的差异,而主要区别在于需求的不同。例如,棉纺织品卖给纺织厂和卖给医院的价格不一样,工业用水、灌溉用水和居民用水的收费往往有别。对于同一型号而仅仅是颜色不同的产品,由于消费者偏好的不同,也可以制定不同的价格。

5. 以流转环节为基础的差别定价

企业产品出售给批发商、零售商和用户的价格往往不同,通过经销商、代销商和经纪人销售产品,因责任、义务和风险不同,佣金、折扣及价格等都不一样。

6. 以交易条件为基础的差别定价

交易条件主要指交易量大小、交易方式、购买频率、支付手段等。交易条件不同,企业可能对产品制定不同价格。比如,交易批量大的价格低,零星购买价格高;现金交易价格可适当降低,支票交易、分期付款、以物易物的价格适当提高;预付定金、连续购买的价格一般低于偶尔购买的价格。

由于需求差异定价法针对不同需求而采用不同的价格,实现顾客的不同满足感,能够为企业谋取更多的利润,因此在实践中得到广泛的运用。但是,也应该看到,实行需求差异定价必须具备一定的条件,否则,不仅达不到差异定价的目的,甚至会产生负作用。这些条件包括:

(1)从购买者方面来说,购买者对产品的需求有明显的差异,需求价格弹性不同,市场能够细分,不会因差异价格而导致顾客的反感。

(2)从企业方面来说,实行不同价格的总收入要高于同一价格的收入。因为差异定价不是目的,而是一种获取更高利润的手段,所以企业必须进行供求、成本和盈利分析。

(3)从产品方面来说,各个市场之间是分割的,低价市场的产品无法向高价市场转移。这种现象可能是由于交通运输状况造成的,也可能是由于产品本身特点造成的。如劳务项目难以通过市场转卖而获取差额利润,所以适宜采用差异定价方法。

(4)从竞争状况来说,无法在高价市场上进行价格竞争。这可能是本企业已垄断市场,竞争者极难进入;也可能是产品需求价格弹性小,低价不会对消费者需求产生较大的影响;还可能是消费者对本企业产品已产生偏好。

(三)逆向定价法

这种定价方法主要不是考虑产品成本,而是考虑需求状况。依据消费者能够接受的最终销售价格,逆向推算出中间商的批发价和生产企业的出厂价格。逆向定价法的特点是:价格能反映市场需求情况,有利于加强与中间商的良好关系,保证中间商的正常利润,使产品迅速向市场渗透,并可根据市场供求情况及时调整,定价比较灵活。

第三节 企业定价策略

一、新产品定价策略

新产品定价关系到新产品能否顺利进入市场,企业能否站稳脚跟,能否取得较大的经济效益。常见的新产品定价策略主要有三种,即撇脂定价策略、渗透定价策略和满意定价策略。

(一)撇脂定价策略

撇脂定价指新产品上市之初,将其价格定得较高,以便在短期内获取厚利,迅速收回投资,减少经营风险,待竞争者进入市场,再按正常价格水平定价。这一定价策略犹如从鲜奶中撇取其中所含的奶油一样,取其精华,所以称为"撇脂定价"策略。实行这种策略必须具有以下条件:第一,新产品与市场上现有产品相比较有显著的优点,能使消费者"一见倾心";第二,在产品初上市阶段,产品的需求价格弹性较小或者早期购买者对价格变动不敏感;第三,短时期内由于仿制等方面的困难,类似仿制产品出现的可能性小,竞争对手少。此策略的优点是达到短期最大利润目标,有利于企业的竞争地位的确定。但缺点也明显,即由于定价过高,有时渠道成员不支持或得不到消费者认可;同时,高价厚利会吸引众多的生产者和经营者转向此产品的生产和经营,加速市场竞争的白热化。

(二)渗透定价策略

渗透定价是与撇脂定价相反的一种定价策略,即企业在新产品上市之初将其价格定得较低,吸引大量的购买者,借以打开产品销路,提高市场占有率,谋求较长时期的市场领先地位。当新产品没有显著特色、竞争激烈、需求价格弹性较大时宜采用渗透定价法。其优点包括:低价可以使产品迅速为市场所接受,并借助大批量销售来降低成本,获得长期稳定的市场地位;微利可以阻止竞争对手的进入,减缓竞争,获得一定市场优势。其缺点是投资回收期较长,见效慢,风险大。利用渗透定价的前提条件有:新产品的需求价格弹性较大,新产品存在着规模经济效益。对于企业来说,采取撇脂定价还是渗透定价,需要综合考虑市场需求、竞争、供给、市场潜力、需求价格弹性、产品特性、企业发展战略等因素。

(三)满意定价策略

满意定价策略又称为适中定价策略,是一种介于撇脂定价与渗透定价之间的定价策略,以获取社会平均利润为目标。它既不是利用价格来获取高额利润,也不是让价格制约占领市场,而是尽量降低价格在营销手段中的地位,重视其他在产品市场中更有效的营销手段,是一种较为公平、正常的定价策略。当不存在适合采用撇脂定价或渗透定价的环境时,企业一般采取满意定价。其优点是:产品能较快为市场所接受且不会引起竞争对手的对抗;可以适当延长产品的生命周期;有利于企业树立信誉,稳步调价并使顾客满意。其缺点是虽然与撇脂定价或渗透定价相比,满意定价策略缺乏主动进攻性,但并不是说正确执行它就非常容易。满意定价没有必要将价格定得与竞争者一样或者接近平均水平。与撇脂价格和渗透价格类似,满意价格也是参考产品的经济价值决定的。当大多数潜在的购买者认为产品的价值与价格相当时,纵使价格很高也属适中价格。

二、产品组合定价策略

当产品只是某产品组合的一部分时,企业必须对定价方法进行调整,使整个产品组合的利润实现最大化。因为各种产品之间存在需求和成本的相互联系,而且会带来不同程度的竞争,所以定价十分困难。产品组合定价是指企业为了实现整个产品组合(或整体)利润最大化,在充分考虑不同产品之间的关系,以及个别产品定价高低对企业总利润的影响等因素基础上,系统地调整产品组合中相关产品的价格。主要的策略有:产品线定价、任选品定价、连带品定价、分级定价、副产品定价、产品捆绑定价。

(一)产品线定价

产品线定价(产品大类定价):企业为追求整体收益的最大化,为同一产品线中不同的产品确立不同的角色,制定高低不等的价格。如某品牌西服有300元、800元、1500元3种价格。若产品线中的两个前后连接的产品之间价格差额小,顾客就会购买先进的产品,此时若两个产品的成本差额小于价格差额,企业的利润就会增加;若价格差额大,顾客就会更多地购买较差的产品。产品线定价策略的关键在于合理确定价格差距。

(二)任选品定价

任选品是指那些与主要产品密切相关的可任意选择的产品。如饭菜是主要产品,酒水为任选品。不同的饭店定价策略不同,有的可能把酒水的价格定得高,把饭菜的价格定得低;有的把饭菜的价格定得高,把酒水的价格定得低。

(三)连带品定价

连带品(又称互补品)是指必须与主要产品一同使用的产品,如刮胡刀与刮胡刀片、隐形眼镜与消毒液、饮水机与桶装水等。许多企业往往是将主要产品（价值量高的产品）价格定得较低，连带品价格定得较高，这样有利于整体销量的增加，增加企业利润。

（四）分级定价

分级定价又称分部定价或两段定价。服务性企业经常收取一笔固定的费用，再加上可变的使用费。如在某些高档的餐厅用餐，除了要支付餐费外，还需要支付一定比例的服务费。

（五）副产品定价

在生产加工肉类、石油产品和其他化工产品的过程中，经常有副产品。如果副产品价格过低，处理费用昂贵，就会影响到主产品的定价。制造商确定的副产品价格必须能够弥补副产品的处理费用。如果副产品对某一顾客群有价值，就应该按其价值定价。副产品如果能带来收入，将有助于公司在迫于竞争压力时制定较低的价格。

（六）产品捆绑定价

产品捆绑定价又称组合产品定价。企业经常将一些产品组合在一起定价销售。在一个组合捆绑中，卖方经常比单件出售要少收很多钱，以此来推动顾客购买。如对于成套设备、服务性产品等，为鼓励顾客成套购买，以扩大企业销售，加快资金周转，可以使成套购买的价格低于单独购买其中每一产品的费用总和。最常见的就是在化妆品销售过程中，成套的化妆品中的某个产品价格比单买这个产品的价格要低得多。

三、折扣价格策略

折扣价格策略是企业为调动各方面积极性或鼓励顾客做出有利于企业的购买行为的常用策略。常用于生产厂家与批发企业之间、批发与批发之间以及批发与零售或批、零企业与消费者之间。常见的有以下四种：数量折扣、现金折扣、功能折扣与季节折扣。

（一）数量折扣

数量折扣指按购买数量的多少，分别给予不同的折扣，购买数量愈多，折扣愈大。其目的是给那些大量购买某种产品的顾客减价，鼓励大量购买或集中向本企业购买。数量折扣包括累计数量折扣和一次性数量折扣两种形式。数量折扣的优点是：促销作用非常明显，企业因单位产品利润减少而产生的损失完全可以从销量的增加中得到补偿；销售速度的加快，使企业资金周转次数增加，流通费用下降，产品成本降低，从而使企业总盈利水平上升。

（二）现金折扣

现金折扣是给予在规定的时间内提前付款或用现金付款者的一种价格折扣，其目的是鼓励顾客尽早付款，加速资金周转，降低销售费用，减少财务风险。采用现金折扣一般要考虑三个因素：折扣比例、给予折扣的时间限制与付清全部货款的期限。例如"2/10，n/30"，表示付款期是30天，但如果在成交后10天内付款，给予2%的现金折扣。许多行业习惯采用此法以加速资金周转，减少收账费用和坏账。

（三）功能折扣

功能折扣也叫贸易折扣或交易折扣，是指中间商在产品分销过程中所处的环节不同，其所承担的功能、责任和风险也不同，企业据此给予不同的折扣，即制造商给某些批发商或零售商的一种额外折扣，促使其执行某种市场营销功能，如推销、储存、服务等。其目的是：鼓励中间商大批量订货,扩大销售,争取顾客,并与生产企业建立长期、稳定、良好的合作关系;对中间商经营有关产品的成本和费用进行补偿,并让中间商有一定的盈利。功能折扣的比例,主要考虑中间商在分销渠道中的地位、对生产企业产品销售的重要性、购买批量、完成的促销功能、承担的风险、服务水平、履行的商业责任,以及产品在分销中所经历的层次和在市场上的最终售价等。

(四)季节折扣

季节折扣是企业鼓励顾客淡季购买的一种减让,以使企业的生产和销售一年四季能保持相对稳定。有些商品的生产是连续的,而其消费却具有明显的季节性。为了调节供需矛盾,生产企业对在淡季购买商品的顾客给予一定的优惠。例如,空调生产厂家对在冬季进货的商业单位给予大幅度让利,保暖内衣生产企业则为夏季购买其产品的顾客提供折扣,旅馆和航空公司在它们的经营淡季也提供优惠。季节折扣比例的确定,应考虑成本、储存费用、基价和资金利息等因素。季节折扣有利于减轻库存,加速商品流通,迅速收回资金,促进企业均衡生产,充分发挥生产和销售潜力,避免因季节需求变化所带来的市场风险。

四、心理定价策略

心理定价是根据消费者不同的消费心理而制定相应的产品价格,以引导和刺激购买的价格策略。常用的心理定价策略有数字定价、声望定价、招徕定价、习惯定价等。

(一)数字定价策略

数字定价一般有三种,即尾数定价、整数定价和愿望数字定价。

尾数定价又称零数定价、奇数定价、非整数定价,指企业利用消费者求廉的心理,制定非整数价格,而且常常以零数作尾数。例如某种产品价格定为19.99元而不是20元。使用尾数定价,可以使价格在消费者心中产生三种特殊的效应——便宜、精确、中意,一般适合日常消费品等价格低廉的产品。

与尾数定价相反,整数定价针对的是消费者的求名、自豪心理,将产品价格有意定为整数。对于那些无法明确显示其内在质量的商品,消费者往往通过其价格的高低来判断其质量的好坏。但是,在整数定价方法下,价格的高并不是绝对的高,而只是凭借整数价格来给消费者造成高价的印象。整数定价常常以偶数,特别是"0"作尾数。整数定价策略适用于需求价格弹性小的中高档产品,如流行品、时尚品、奢侈品、礼品、星级宾馆、高级文化娱乐城等。整数定价的好处是:可以满足购买者显示地位、崇尚名牌、炫耀富有、购买精品的心理;利用高价效应,在顾客心目中树立高档、高价、优质的产品形象。

除此之外,还有愿望数字定价策略。由于民族习惯、社会风俗、文化传统和价值观念的影响,某些数字常常会被赋予一些独特的含义,企业在定价时如能加以巧用,则其产品将因之而得到消费者的偏爱。当然,某些为消费者所忌讳的数字,如西方国家的"13"、日本的"4",企业在定价时则应有意识地避开,以免引起消费者的厌恶和反感。

(二)声望定价策略

声望定价策略指根据产品在顾客心中的声望、信任度和社会地位来确定价格的一种定价策略。例如一些名牌产品,企业往往可以利用消费者仰慕名牌的心理而制定大大高于其他同类产品的价格,如国际著名的欧米茄手表,在我国市场上的售价从一万元到几十万元不等。消费者在购买这些名牌产品时,往往关注其品牌、标价所体现出的炫耀价值,目的是通过消费获得极大的心理满足。声望定价的目的：可以满足某些顾客的特殊欲望，如彰显地位、身份、财富、名望和自我形象；可以通过高价显示名贵优质。声望定价策略适用于一些知名度高、具有较大的市场影响力、深受市场欢迎的驰名商标的产品。

(三) 招徕定价策略

招徕定价又称特价商品定价，是指企业将某几种产品的价格定得非常之高，或者非常之低，在引起顾客的好奇心理和观望行为之后，带动其他产品的销售，加速资金周转。这一定价策略常为综合性百货商店、超级市场甚至高档商品的专卖店所采用。值得企业注意的是，用于招徕的降价品，应该与低劣、过时商品明显地区别开来，必须是品种新、质量优的适销产品，而不能是处理品。否则，不仅达不到招徕顾客的目的，反而可能使企业声誉受到影响。

(四) 习惯定价策略

习惯定价策略是指根据消费市场长期形成的习惯性价格定价的策略。对于经常性、重复性购买的商品，尤其是家庭生活日常用品，在消费者心理上已经"定格"，其价格已成为习惯性价格，并且消费者只愿付出这么大的代价。对于有些商品，消费者在长期的消费中，已在头脑中形成了一个参考价格水准，个别企业难于改变。降价易引起消费者对品质的怀疑，涨价则可能受到消费者的抵制。企业定价时常常要迎合消费者的这种习惯心理。

第四节 价格调整

一、削价及提价策略

企业为某种产品制定出价格以后，并不意味着大功告成。随着市场营销环境的变化，企业必须对现行价格予以适当的调整。调整价格可采用削价及提价策略。企业产品价格调整的动力既可能来自于内部，也可能来自于外部。倘若企业利用自身的产品或成本优势，主动地对价格予以调整，将价格作为竞争的利器，称为主动调整价格。有时，价格的调整出于应付竞争的需要，即竞争对手主动调整价格，而企业也相应地被动调整价格。无论是主动调整，还是被动调整，其形式不外乎是削价和提价两种。

(一) 削价策略

企业削价的原因很多，有企业外部需求及竞争等因素的变化，也有企业内部的战略转变、成本变化等，还有国家政策、法令的制约和干预等。这些原因具体表现在以下几个方面：

(1) 企业急需回笼大量现金。对现金产生迫切需求的原因既可能是其他产品销售不畅，也可能是筹集资金进行某些新活动，而资金借贷来源中断。此时，企业可以通过对某些需求价格弹性大的产品予以大幅度削价，从而增加销售额，获取现金。

(2) 企业通过削价来开拓新市场。一种产品的潜在顾客往往由于其消费水平的限制而阻碍了其转向现实顾客的可行性。在削价不会对原顾客产生影响的前提下，企业可以通过削价方式来扩大市场份额。不过，为了保证这一策略的成功，有时需要与产品改进策略相配合。

(3) 企业决策者决定排斥现有市场的边际生产者。对于某些产品来说，各个企业的生产条件、生产成本不同，最低价格也会有所差异。那些以目前价格销售产品仅能保本的企业，在别的企业主动削价以后,会因为价格的被迫降低而得不到利润,只好停止生产。这无疑有利于主动削价的企业。

(4)企业生产能力过剩,产品供过于求,但是企业又无法通过产品改进和加强促销等工作来扩大销售。在这种情况下,企业必须考虑削价。

(5)企业决策者预期削价会扩大销售,由此可望获得更大的生产规模。特别是进入成熟期的产品,削价可以大幅度增进销售,从而在价格和生产规模之间形成良性循环,为企业获取更多的市场份额奠定基础。

(6)由于成本降低、费用减少,企业削价成为可能。随着科学技术的进步和企业经营管理水平的提高,许多产品的单位产品成本和费用在不断下降,因此,企业拥有条件适当削价。

(7)企业决策者出于对中间商要求的考虑。以较低的价格购进货物不仅可以减少中间商的资金占用,而且为产品大量销售提供了一定的条件。因此,企业削价有利于同中间商建立较良好的关系。

(8)政治、法律环境及经济形势的变化,迫使企业降价。政府为了实现物价总水平的下调,保护需求,鼓励消费,遏制垄断利润,往往通过政策和法令,采用规定毛利率和最高价格、限制价格变化方式、参与市场竞争等形式,使企业的价格水平下调。在通货紧缩的经济形势下或者在市场疲软、经济萧条时期,由于币值上升,价格总水平下降,企业产品价格也应随之降低,以适应消费者的购买力水平。此外,消费者运动的兴起也往往迫使产品价格下调。削价最直截了当的方式是将企业产品的目录价格或标价绝对下降,但企业更多的是采用各种折扣形式来降低价格。

(二)提价策略

提价确实能够增加企业的利润率,但会引起竞争力下降、消费者不满、经销商抱怨,甚至还会受到政府的干预和同行的指责,从而对企业产生不利影响。虽然如此,在实际中仍然存在着较多的提价现象,其主要原因是:

(1)应付产品成本增加,减少成本压力。这是所有产品价格上涨的主要原因。成本的增加或者是由于原材料价格上涨,或者是由于生产或管理费用提高。企业为了保证利润率不致因此而降低,便采取提价策略。

(2)为了适应通货膨胀,减少企业损失。在通货膨胀条件下,即使企业仍能维持原价,但随着时间的推移,其利润的实际价值也呈下降趋势。为了减少损失,企业只好提价,将通货膨胀的压力转嫁给中间商和消费者。

(3)产品供不应求,遏制过度消费。对于某些产品来说,在需求旺盛而生产规模又不能及时扩大而出现供不应求的情况下,可以通过提价来遏制需求,同时又可以取得高额利润,在缓解市场压力、使供求趋于平衡的同时,为扩大生产准备了条件。

(4)利用顾客心理,创造优质效应。作为一种策略,企业可以利用涨价营造名牌形象,使消费者产生价高质优的心理定势,以提高企业知名度和产品声望。对于那些革新产品、贵重产品、生产规模受到限制而难以扩大的产品,这种效应表现得尤为明显。

至于价格调整的幅度,最重要的考虑因素是消费者的反应。因为调整产品价格是为了促进销售,实质上是要促使消费者购买产品。忽视了消费者反应,销售就会受挫,只有根据消费者的反应调价,才能收到好的效果。

二、消费者对价格变动的反应

不同市场的消费者对价格变动的反应是不同的,即使处在同一市场的消费者对价格变动的反应也可能不同。从理论上来说,可以通过需求价格弹性来分析消费者对价格变动的反应,弹性大表明反应强烈,弹性小表明反应微弱。但在实践中,需求价格弹性的统计和测定非常困难,其状况和准确度常常取决于消费者预期价格、价格原有水平、价格变化趋势、需求期限、竞争格局以及产品生命周期等多种复杂因素,并且会随着时间和地点的改变而处于不断的变化之中,企业难以分析、计算和把握。所以,研究消费者对调价的反应,多是注重分析消费者的价格意识。

价格意识是指消费者对商品价格高低强弱的感觉程度,直接表现为顾客对价格敏感性的强弱,包括知觉速度、清晰度、准确度和知觉内容的充实程度。它是掌握消费者态度的主要方面和重要依据,也是解释市场需求对价格变动反应的关键变量。

价格意识强弱的测定,往往以购买者对商品价格回忆的准确度为指标。研究表明,价格意识和收入呈负相关关系,即收入越低,价格意识越强,价格的变化直接影响购买量;收入越高,价格意识越弱,价格的一般调整不会对需求产生较大的影响。此外,由于广告常使消费者更加注意价格的合理性,同时也给价格对比提供了方便,因而广告对消费者的价格意识也起着促进作用,使他们对价格高低更为敏感。

消费者可接受的产品价格界限是由价格意识决定的。这一界限也就规定了企业调价的上下限度。在一定条件下,价格界限是相对稳定的,若条件发生变化,则价格界限也会相应改变,因而会影响企业的调价幅度。

依据上面介绍的基本原理,可以将消费者对价格变动的反应归纳为以下几种。

(1)在一定范围内的价格变动是可以被消费者接受的。提价至价格超过消费者可接受的上限,则会引起消费者不满,使消费者产生抵触情绪,而不愿购买企业产品;降价至低于下限,会导致消费者的种种疑虑,也对实际购买行为产生抑制作用。

(2)在产品知名度因广告而提高、收入增加、通货膨胀等条件下,消费者可接受价格上限会提高;在消费者对产品质量有明确认识、收入减少、价格连续下跌等条件下,下限会降低。

(3)消费者对某种产品削价的可能反应是:产品将马上因式样陈旧、质量低劣而被淘汰;企业遇到财务困难,很快将会停产或转产;价格还要进一步下降;产品成本降低了。而对于某种产品的提价则可能这样理解:很多人购买这种产品,我也应赶快购买,以免价格继续上涨;提价意味着产品质量的改进;企业将高价作为一种策略,以树立名牌形象;卖主想尽量取得更多利润;各种商品价格都在上涨,提价很正常。

三、竞争者对价格变动的反应

虽然透彻地了解竞争者对价格变动的反应几乎不可能,但为了保证调价策略的成功,主动调价的企业必须考虑竞争者的反应。没有估计竞争者反应的调价,往往难以成功,至少不会取得预期效果。

如果所有的竞争者行为相似,只要对一个典型竞争者做出分析就可以了。如果竞争者在规模、市场份额或政策及经营风格方面有关键性的差异,则各个竞争者将会做出不同的反应,这时,就应该对各个竞争者分别予以分析。分析的方法是尽可能地获得竞争者的决策程序及反应形式等重要情报,模仿竞争者的立场、观点、方法思考问题。最关键的问题是要弄清楚竞争者的营销目标;如果竞争者的目标是实现企业的长期最大利润,那么,本企业降价,它往往不会在价格上做相应反应,而在其他方面做出努力,如加强广告宣传、提高产品质量和服务水平等;如果竞争者的目标是提高市场占有率,它就可能跟随本企业的价格变动,而相应调整价格。

在实践中,为了减少因无法确知竞争者对价格变化的反应而带来的风险,企业在主动调价之前必须明确回答以下问题:

(1)本行业产品有何特点?本企业在行业中处于何种地位?

(2)主要竞争者是谁?竞争对手会怎样理解我方的价格调整?

(3)针对本企业的价格调整,竞争者会采取什么对策?这些对策是价格性的还是非价格性的?它们是否会联合做出反应?

(4)针对竞争者可能的反应,企业的对策又是什么?有无几种可行的应对方案?

在细致分析的基础上,企业方可确定价格调整的幅度和时机。

四、企业对策

竞争对手在实施价格调整策略之前,一般都要经过长时间深思得失,仔细权衡调价的利害,但是,一旦调价成为现实,则这个过程相当迅速,并且在调价之前大多要采取保密措施,以保证发动价格竞争的突然性。企业在这种情况下,贸然跟进或无动于衷都是不对的,正确的做法是迅速地对以下问题进行调查研究:一是竞争者调价的目的是什么;二是竞争者调价是长期的还是短期的;三是竞争者调价将对本企业的市场占有率、销售量、利润、声誉等方面有何影响;四是同行业的其他企业对竞争者调价行动有何反应;五是企业有几种反应方案,竞争者对企业每一个可能的反应又会有何反应。

在回答以上问题的基础上,企业还必须结合所经营的产品特性确定对策。一般来说,在同质产品市场上,如果竞争者削价,企业必须随之削价,否则大部分顾客将转向价格较低的竞争者;但是,面对竞争者的提价,本企业既可以跟进,也可以暂且观望。如果大多数企业都维持原价,则最终迫使竞争者把价格降低,使竞争者涨价失败。

在异质产品市场上,由于每个企业的产品在质量、品牌、服务、包装、消费者偏好等方面有着明显的不同,所以面对竞争者的调价策略,企业有着较大的选择余地。第一,价格不变,任其自然,任顾客随价格变化而变化,靠顾客对产品的偏爱和忠诚度来抵御竞争者的价格进攻,待市场环境发生变化或出现某种有利时机,企业再做行动。第二,价格不变,加强非价格竞争。比如,企业加强广告攻势,增加销售网点,强化售后服务,提高产品质量,或者在包装、功能、用途等方面对产品进行改进。第三,部分或完全跟随竞争者的价格变动,采取较稳妥的策略,维持原来的市场格局,巩固取得的市场地位,在价格上与竞争对手一较高低。第四,以优越于竞争者的价格跟进,并结合非价格手段进行反击。采取比竞争者更大的幅度削价,比竞争者小的幅度提价,强化非价格竞争,形成产品差异,利用较强的经济实力或优越的市场地位,居高临下,给竞争者以毁灭性的打击。

> 课外视野　电商大战便宜了谁?
> 视频来源　优酷网

本 章 小 结

从狭义的角度来看,价格是对一种产品或服务的标价;从广义的角度来看,价格是消费者在交换中所获得的产品或服务的价值。价格的构成是指商品价格的形成要素及其组合,亦称价格组成。它反映商品在生产和流通过程中物质耗费的补偿,以及新创造价值的分配,一般包括生产成本、流通费用、税金和利润四个部分。企业的定价目标主要有利润最大化目标、市场扩大目标、稳定价格的目标、竞争目标。影响产品定价的因素很多,大体上有产品成本、市场需求、市场竞争和其他因素四个方面。

定价方法是企业在特定的定价目标指导下,对成本、需求及竞争状况等进行研究,运用价格决策理论,对产品价格进行计算的具体方法。定价方法主要包括成本导向、竞争导向和顾客导向等三种类型。

产品组合定价是指企业为了实现整个产品组合(或整体)利润最大化,在充分考虑不同产品之间的关系,以及个别产品定价高低对企业总利润的影响等因素基础上,系统地调整产品组合中相关产品的价格。主要的策略有:产品线定价、任选品定价、连带品定价、分级定价、副产品定价、产品捆绑定价。

折扣价格策略是企业为调动各方面积极性或鼓励顾客做出有利于企业的购买行为的常用策略。常用于生产厂家与批发企业之间、批发与批发之间以及批发与零售或批、零企业与消费者之间。常见的有以下四种:数量折扣、现金折扣、功能折扣与季节折扣。

关 键 概 念

价格(price)　　　　　　　　　产品成本(product cost)
价格策略(price strategy)　　　　定价目标(fixed price goal)
定价(fixed price)　　　　　　　削价(cuts price)
定价方法(fixed price method)　　提价(raises price)
定价技巧(fixed price skill)　　　价格调整(price adjustment)

复 习 思 考 题

一、问答题
1.产品定价的目标有哪些?请结合身边的案例进行说明。
2.影响企业定价的因素有哪些?
3.成本导向定价法、顾客导向定价法、竞争导向定价法的具体表现形式及适用条件是什么?
4.新产品定价策略有哪三种?对新产品定价的三种策略进行区别与比较。
5.简述企业发动削价与提价策略的原因及影响。
6.假如你是企业的领导者,面对竞争者调整价格,你会采取什么措施应对?
二、不定项选择题
1.小摊贩在卖东西时,对于买主觉得价格太高、希望降价的要求常做这样的解释:"这货进价就高,赚不了几个钱。"如果此话可信,则可以推断小摊贩所用的定价方法是(　　)。
    A.随行就市法　　　　　　　　B.心理定价法
    C.理解价值法　　　　　　　　D.总成本加成定价法
2.在下列商品中,需求价格弹性较高的商品是(　　)。
    A.彩色电视机　　　　　　　　B.普通的衣服
    C.大米　　　　　　　　　　　D.食盐
3.沃尔玛在营销上体现的让顾客满意的表现为(　　)。
    A.快速、可靠　　　　　　　　B.永远低价
    C.永远解渴,永远凉爽　　　　D.难忘的体验
4.中国服装设计师李艳萍设计的女士服装以典雅、高贵享誉中外,在国际市场上,一件"李艳萍"牌中式旗袍售价高达一千美元,这种定价策略属于(　　)。
    A.声望定价　　　　　　　　　B.基点定价
    C.招徕定价　　　　　　　　　D.需求导向定价
5.在完全竞争情况下,企业只能采取(　　)定价法。
    A.总成本加成　　　　　　　　B.随行就市
    C.拍卖　　　　　　　　　　　D.边际成本

三、实训练习

1.讨论一个熟悉的企业某一新产品的定价全过程,学习企业定价的具体操作程序,掌握实际中定价的常用方法。

2.日本创意药房在将一瓶200元的补药以80元的超低价出售时,每天都有大量顾客涌进店里抢购补药,按说如此下去肯定赔本,但财务账目显示盈余逐月递增,其原因就在于没有人来店里只买一种药。人们看到补药便宜,就会联想到其他药也一定便宜,促成了盲目的购买行为。分析该药店采取的何种定价方法,以及该方法对药店发展的影响。

3.在现实生活中存在"因提价而畅销"的现象吗?试举例说明,并阐述为什么会出现这种有趣的现象。

四、案例分析

迪士尼为何"急着"涨价

发布堪称"史上最好成绩"的年报后不久,迪士尼就提前宣布了美国乐园涨价的消息。紧接着,高于往年水平的涨幅叠加缩短的涨价周期让不少人担心,国内的迪士尼是否也会应声而涨。在业内看来,由于迪士尼乐园普遍每年都保持着较快的更新、扩张速度,通过定期涨价摊薄成本无可厚非,从目前具有"标杆性"意义的美国园区涨价态势和2018年财报情况来看,未来全球迪士尼继续上调门票价格仍有空间。

1.摊薄成本压力

1月8日,有外媒报道,美国迪士尼乐园度假区宣布园区的单日票、年票和停车费价格从1月6日起全面上调,涨幅高达25%,明显高于往年水平。而且,与往年迪士尼普遍选择在2月涨价不同,本次美国乐园的涨价周期缩短至一年之内。这一消息出炉后,国内市场上立即传出预测称,我国的迪士尼可能也会"应声而涨"。不过,上海、香港迪士尼度假区相关负责人都在独

家回应北京商报记者时否认了这一说法。他们均表示园区目前没有涨价计划,每一家迪士尼乐园的票价调整计划都是独立制定的,不会相互影响。

迪士尼连年涨价甚至越涨幅度越大,首先是基于旺盛的市场需求,"只有游客人数不断增长,迪士尼才有提高门票售价的底气,这是很正常的经营思路"。更为重要的是,"永远建不完"是迪士尼乐园的一大特点,因此,每年都会新增大量修缮、更新、扩建投入的迪士尼,确实需要通过涨价来摊薄成本、增加新的项目。迪士尼的连年涨价与迪士尼保持的"三三制"经营原则有着密切的联系,根据这一原则,迪士尼乐园每年淘汰 1/3 的硬件设备、建设 1/3 的新概念项目。还有迪士尼相关负责人表示,价格调整的决定是基于游客人数屡创新高做出的,"迪士尼要保证每一位顾客都能玩得尽兴,并为此增加了很多游乐项目"。

2. 涨价与业绩的"间接关系"

门票涨价势必会促进迪士尼乐园营收增加,大量游客基数推高的门票收入势必还是十分"可观"的。近期刚刚扭亏为盈的香港迪士尼,自 2015 年起,其实是经历了销售利润连续三年下滑的。据统计,2017 年香港迪士尼亏损已经达到 3.4 亿港元。然而,在此期间,香港迪士尼乐园还是维持了连年涨价的动作。2017 年 12 月 15 日,香港迪士尼宣布即日起上调门票价格,平均涨幅为 5.8%,而这是香港迪士尼乐园连续第 5 年实施门票涨价策略。

对于此前被业界诟病的香港迪士尼园区相对较小、设施相对老旧等导致香港迪士尼游客吸引度下降、利润下滑的问题,1 月 8 日,香港迪士尼相关负责人也向北京商报记者明确表示,今年 3 月起,香港迪士尼将开启全新的"蚁人与黄蜂女:击战特攻"主题园区,而且目前香港迪士尼正在筹划第三个漫威主题的游乐设施。

就此有专家认为,从香港迪士尼的经营经验可以看出,整体来看,门票涨价对于迪士尼乐园收入增长虽有贡献,但从长久来看,让迪士尼能够实现收入、利润可持续增长的还是不断翻新的内容与项目,增加"回头客"的游园比例。

3. 涨价并无传导效应

虽然上海和香港迪士尼方都明确表示,不会受到美国园区涨价的影响而进行调整,但作为世界迪士尼"标杆"的美国园区,还是多多少少产生一定的带动效应,迪士尼除了需要靠上调票价覆盖一部分成本支出外,也需要通过涨价更合理地分散客流,并进一步刺激游客人均消费增加,减少服务和设施损耗成本。从目前国内迪士尼的主要目标顾客群来看,上海和香港迪士尼还是有涨价空间的,而上海迪士尼在开业不久后的那次涨价很可能就是一次试探性的调整,为未来继续或常规性的涨价铺路。

北京外国语大学文创产业研究中心研究员刘思敏认为,迪士尼在主题公园市场的高品牌价值使其像手机行业中的苹果一样,具有较强的不可替代性。两者不同之处在于,苹果手机的定价一步到位并且延续高价,而迪士尼的价格则是根据与其设施及项目的更新频率相匹配的速度以及市场反馈稳步提升。

资料来源:北京商报,2019-1-9,有改动.

课外视野　上海迪士尼涨价,门票最高 3000 元
视频来源　优酷网

1.查阅相关资料,试分析迪士尼采用何种定价策略,其价格组成包括哪几个方面?
2.迪士尼的价格策略与苹果手机的价格策略有什么异同之处?迪士尼为什么要定期涨价?
3.查阅世界上所有迪士尼乐园的门票价格,判断迪士尼门票价格调整是否具有传导效应并阐明原因。

本章习题库

第十章

分销渠道策略

学习目的及要求

通过本章的学习,了解分销渠道的定义与职能,分销渠道的流程、类型及其模式,熟悉各种中间商的区别,掌握分销渠道长度和宽度的设计,了解分销渠道决策和管理的基本方法,以及窜货问题的处理。

【引例】

小米的全渠道建设

小米的成功,营销仍是功不可没,在互联网到移动互联网发展过程中,很多企业快速发展壮大的根本原因,在于抓住网络时代发展的流量红利,聚合资源,迅速做大销售规模。通过九年的积累和摸索,小米最终形成了线上、线下融合的全渠道模式。

1. 小米早期的互联网渠道

小米早期通过米聊触达用户,积累早期用户,早期的100个梦想赞助商来自MIUI,小米通过线上(小米社区、新媒体、小米商城促销)方式,通过互联网电商发展粉丝,发展到上百万的粉丝。小米通过不同模式与用户连接,通过社群方式,建设忠诚的小米粉丝群体,销售达到数以千万部的手机。

2. 小米电商平台

在国内,小米主要与京东、苏宁合作,在世界其他地区,通过Flipkart及亚马逊等第三方电商销售。代理商直接购买小米的产品后向终端用户分销。小米线上直营通过小米商城,主打小米手机、平板等科技数码产品,也涉及周边生活商品。同时,小米在天猫开设旗舰店,进行小米产品的自营。2017年,小米推出小米有品,打造精品生活电商平台。小米有品采用了多品牌合作的模式,里面除了小米和米家的产品,也有第三方独立品牌。

3. 小米线下布局

小米线下布局基本分为这样几种类型:①小米之家,采用自建自营、线下直营,在一、二线城市,进驻大型商城,旗舰店1000~2000平方米,一般店250~300平方米,集形象展示、产品体验咨询和销售功能为一体。②小米专卖店,采用他建自营,在三、四线城市,150~200平方米,小米与各地优秀服务商、零售商合作,由小米直供产品、直接管理运营。③小米体验店,采用他建他营,小米指导,类似代理商模式,在四线以下城市主推。在产品SKU选取上因地制宜,对城市中心店和郊区店做出了区隔。④小米直供点,当作C端客户,店主在线申请即可获得销售资质,直接从小米小规模订货,店主可通过微信、电商、抖音等方式推广。

4. 小米社交电商

通过平台赋能模式,2019年小米有品有鱼开始推广社交电商,发展小米渠道的外部合作力量,开始大规模进入社交电商。小米有品是小米的精品购物开放平台,依托小米生态链体系,用小米模式做生活消费品,将来预计有超过20 000种商品,是众筹和筛选爆品的平台;小米商城有2000种商品,是小米生态链的产品;每个小米之家大约有200种商品。这三者共同组成小米自营全渠道的三层结构。小米建立了S2B2C的运营模式,平台为优质商家提供物流、客服、品控等全方位的支撑,小米与400余家行业头部企业达成合作。小米有品同时打造会员模式"有品推手",小米有品推手采用邀请制注册,新用户通过邀请码注册开通成为推手会员。小米推手会员享有自购省钱、推广赚钱的权益。

5.小米物流

全渠道建设,物流是全渠道策略成功实施的保障,小米在物流方面不断投入。2019年小米宣布与中国邮政建立战略合作,双方在北京小米科技园举行战略合作签约仪式,签署战略合作协议。在快递物流方面,小米集团将充分利用邮政优势资源,与中国邮政开展更广泛的业务交流与合作。中国邮政将为小米集团提供仓储、物流及快递配送和行政办公类文件、物品寄递等服务。中国商标局信息显示,小米 2019 年 6 月注册了"小米快递"商标,已经通过中国商标局审核。小米快递方面可以提供的服务包括:包裹投递、快递服务(信件或商品)、运载工具故障牵引服务、船运货物、旅行陪伴、贵重物品的保护运输、司机服务、运输、商品包装、导航、货物贮存等。

资料来源:赵桐,吴越舟.小米全渠道模式解读.销售与市场网,2019-11-14,有改动.

第一节 分销渠道概述

一、市场营销渠道与分销渠道

在市场营销理论中,经常会使用到两个与渠道有关的术语:市场营销渠道与分销渠道。

(一)市场营销渠道

市场营销渠道是所有配合生产、销售和消费某种产品和服务的企业和个人的统称。也就是说,市场营销渠道包括某种产品供、产、销过程中的所有企业和个人,如供应商、生产者、经销商、代理商、辅助商以及最终消费者或顾客。

(二)分销渠道

分销渠道是指产品或服务从生产商转移到消费者或使用者过程中所经过的通道,即某种产品和服务在从生产者向消费者转移过程中,取得这种产品或服务的所有权或帮助所有权转移的所有企业和个人。

在产品的流通过程中,生产者出售产品或服务是渠道的起点,消费者购进产品或服务是渠道的终点。因此,分销渠道包括取得所有权的经销商和帮助转移所有权的代理商,还包括处于渠道起点和终点的生产者和最终消费者。但是,分销渠道不包括供应商、辅助商。分销渠道是否得当,将直接影响企业营销目标的实现。分销主要包括以下两方面的内容。

1.商流

所谓商流,是指产品或服务的所有权的转移流程。所有权从生产者转到中间商,再转到顾客,最终实现商品的价值,而企业获得回报。

2.物流

所谓物流,是指产品或服务的实际移动流程。这种移动总是伴随着商流的发生而发生的,当然两者转移、流动的次数是不相等的。

二、分销渠道的职能与流程

(一)分销渠道的职能

分销渠道对产品从生产者转移到消费者所必须完成的工作进行组织,其真正目的就是消除

产品或服务与消费者之间在时间、地点和所有权上的分离。因而,分销渠道的职能可以概括为以下几个主要方面:

(1)促销:中间商的主要任务之一是制定并执行创意营销策划方案,对所销售的产品或者服务与消费者进行说服性沟通,以促进产品销售。

(2)接洽:中间商在研究、了解市场的基础上寻找消费者,当客户咨询时进行接待并沟通。

(3)配合:中间商要配合生产商,使所提供的产品或服务符合消费者的要求,同时还要配合生产商做好营销管理工作。

(4)谈判:为了销售并转移产品和服务的所有权或使用权,与客户就价格及其他有关事项进行谈判并达成最后协议,以达到锁定消费者、成交的目的。

(5)研究市场:中间商专业能力较强,比较了解市场需求变化及消费者的心理,因而,中间商不仅销售商品,还要研究市场,收集制定营销策略所必需的信息。

(6)融资:获得和使用资金,补偿分销渠道的成本。

(7)风险承担:承担与从事渠道工作有关的全部风险。

(8)实体分销:从事商品的运输、储存、配送等相关工作。

(二)分销渠道的流程

产品在从生产领域进入消费领域的过程中,只有经过销售这一环节之后,才能够完成实物及(或)其所有权的转移,这个转移过程就是渠道的流程。整个渠道流程工作是由不同角色的中间机构或个人承担的。为了使产品的这一转移过程能够顺利完成,在销售渠道中,通常有六大流程发生,即实体流程、所有权流程、付款流程、促销流程、信息流程及服务流程。

1. 实体流程

实体流程是指实体原料及成品从制造商转移到最终客户的过程,如图10.1所示。有些商品的实体如房地产是不能流动的,因此可能并不存在实物的流动等,这时的"实体"流程是指客户购买房地产之后从开发商手中直接或间接地接受"转移"的过程。

图 10.1 实体流程

2. 所有权流程

所有权流程是指商品的所有权从制造商或中间商手中直接或间接地转移到消费者手中的过程,如图10.2所示。

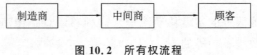

图 10.2 所有权流程

3. 付款流程

付款流程是指消费者购买某种商品的款项从消费者流向各个分销机构的过程,如图10.3所示。

图 10.3　付款流程

4. 促销流程

促销流程是指广告、公共关系、人员推销、宣传、促销等活动由商品制造商或中间商流向消费者的过程,如图 10.4 所示。

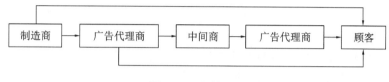

图 10.4　促销流程

5. 信息流程

信息流程包括两层含义:一是指制造商和中间商之间相互传递信息以及向消费者传递信息的过程;二是指消费者了解制造商和中间商的信誉和有关产品情况、价格水平、品牌等信息的过程。信息流程如图 10.5 所示。

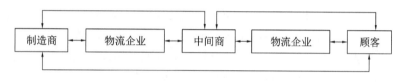

图 10.5　信息流程

6. 服务流程

服务流程是指制造商或中间商为了加快实体流程和所有权流程,而最大可能地为最终消费者提供一系列服务的过程,如图 10.6 所示,例如各种形式的售前、售中和售后服务等。服务流程可以说是实体流程和所有权流程的衍生。

图 10.6　服务流程

三、分销渠道的类型

(一)分销渠道的长度

分销渠道的长度是指在产品向最终消费者转移过程中所经过的中间环节数目。分销渠道按照商品在流通过程中是否有中间环节分为直接渠道和间接渠道;按照中间环节数目的多少分为零级渠道、一级渠道、二级渠道、三级渠道等,即不同长度的分销渠道。不同类型的商品采用的分销渠道长度往往具有差异。

1. 短渠道

短渠道指生产者自己直接销售产品或仅使用一个中间环节来销售产品的分销渠道。生产者自己直接销售产品给消费者,没有经过任何中间环节转手的渠道是最短的,即零级渠道或直接渠道。

一般销售批量大、市场比较集中或者技术性强的产品,需要较多相关服务的产品以及保鲜要求高的产品需要使用较短的分销渠道。如工业品、大型设备、专用工具及技术复杂需要提供专门服务的产品通常都是采取直接分销渠道。消费品也有部分商品采用直接分销渠道,如鲜活商品。目前,在消费品市场,直接分销渠道有逐渐增多的趋势,具体形式有企业直接销售、销售人员上门推销、邮购、电话销售、电视直销和网上销售等。

短渠道具有以下优点:第一,流通环节比较少,可以使商品迅速到达消费者手中,节约流通费用,减少商品使用价值的损失;第二,信息反馈迅速且准确,有利于生产者与中间商及消费者之间形成比较密切的联系;第三,有利于开展销售服务工作,提高企业信誉。

短渠道的不足之处是:第一,产品销售范围受到一定的限制,难于向市场大范围扩张,市场覆盖面积小;第二,渠道分担风险的能力下降,加大了生产者的风险。

2. 长渠道

长渠道是指产品从生产者转移到消费者手中经过两个或更多层级的中间商的分销渠道。显然,产品经过的环节、层次越多,销售渠道就越长。

一般销售量较大、销售范围广的产品宜采用长渠道,比如大多数消费品。具体来说,一级渠道包括一个中间商,在消费者市场,这个中介机构通常是零售商;而在工业市场,它常常是一个销售代理商或经销商。二级渠道包括两个中间商,在消费者市场,它们一般是一个批发商和一个零售商;在工业市场,它们可能是一个工业分销商和一些经销商。三级渠道包括三个中间商,通常由一个批发商、一个中转商(专业批发商)和一个零售商组成。

长渠道具有以下优点:第一,由于分销渠道长、分布比较广,能有效覆盖市场;第二,可以充分利用各类中间商的职能,发挥它们各自的优势,扩大销售。

长渠道的不足之处是:第一,销售环节多,流通费用的增加会使商品价格提高,价格策略选择余地变小;第二,信息反馈变慢且失真率增加,不利于企业进行正确的决策。

图 10.7 为常见的分销渠道模式,其中零级分销、一级分销为短渠道,二级分销、三级分销为长渠道。

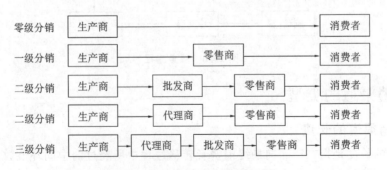

图 10.7 消费品分销渠道模式示意

(二)分销渠道的宽度

分销渠道的宽度是指产品流通过程中的每个层次使用的同种类型中间商的数目多少。分销渠道按宽度可分为宽渠道和窄渠道。生产者使用的同类中间商多即为宽渠道,产品在市场上的覆盖面广,比如毛巾、牙刷、水杯等日用消费品,常由多家批发商经销,又转卖给更多的零售商,容易与消费者接触,从而实现大批量的销售。反之则为窄渠道,一般适用于专业性强或贵重耐用的商品,多由一个中间商统包,再分成几家经销。

分销渠道的宽度与分销策略有关。企业的分销策略通常分为三种,即密集分销、选择分销和独家分销。

1. 密集分销

密集分销是指在一定的市场区域内,生产企业利用尽可能多的中间商来销售商品,只要它们具有起码的销售该商品的经营能力和经营意愿。采用密集分销渠道的着眼点就是提高销售渠道网点在目标市场上的覆盖密度,让商品最大限度地接近每一个顾客,方便顾客随时随地地进行购买。

密集分销的优点是:能够帮助生产企业很快打开广阔的产品销路,扩大销售。

密集分销的不足是:生产企业不易控制中间商,经常出现压价、倾销、窜货等扰乱市场秩序的经销行为,且中间商的忠诚度较低。

密集分销的适用范围:顾客购买频率高的商品、顾客购买前较少选择的商品、不宜长时间存放的商品。

2. 选择分销

选择分销是指制造商在某一地区只选择少数中间商推销产品的策略。采用选择分销渠道的基本目的是提高商品形象,强化推介力度,增加商品选购率。

选择分销的优点是:相对密集分销而言,能够取得经销商更大的支持;比独家分销能够给消费者带来更大的方便,在扩大商品销售的同时保持并提高商品的形象。

选择分销的不足是:较难确定区域经销商的重叠度。区域重叠度决定着在某一区域内选择分销与密集分销所接近的程度。高重叠度带给消费者方便的同时会造成经销商之间的一些冲突;低重叠度会提高经销商的忠诚度,却降低了消费者的方便性。

选择分销的适用范围:耐用品、同类产品质量差异较大的产品、具有较强实用性的新产品、档次和价格较高的产品、技术性强的产品。

3. 独家分销

独家分销是指制造商在一定地区只选择一家中间商销售其商品的策略。

独家分销的优点是:可以确保经销商的利益,能够充分调动其积极性,便于制造商的有效管理和控制经销商。

独家分销的不足是:缺乏竞争会导致经销商力量减弱,出现市场空白点,丧失大量销售机会;此外,如果市场掌握在经销商手中,可能会出现经销商反过来要挟制造商的情形。

独家分销的适用范围:高档消费品、特殊消费品。

四、分销渠道的模式及发展

随着市场经济的发展,分销渠道也不断发生各种各样的改变,新型的批发机构和零售机构不断涌现。在发达国家,一些渠道正在逐渐走向现代化和系统化,全新的渠道系统正在逐渐形成。根据分销渠道成员之间相互联系的紧密程度的不同,我们可以观察到各不相同的分销渠道模式,总体概括为传统分销渠道和分销渠道系统两大类。

(一)传统分销渠道

传统分销渠道模式是由众多独立的生产者、批发商和零售商组成的松散的分销组织形态。每个渠道成员都是作为一个独立企业实体,追求自身利润的最大化,即使它是以损害系统整体利益为代价也在所不惜。传统分销渠道模式中的任何一个渠道成员对于其他成员都不具有全部的或者足够的控制权。

传统分销渠道比较适合资金实力有限的小型企业,它们的产品类型和标准多处于不稳定的状态,渠道需要根据产品变化不断发生变革。对于小规模生产的企业,由于产品数量比较少,也适合采用传统分销渠道模式。

(二)分销渠道系统

分销渠道系统是指渠道成员为提升渠道竞争力,降低不必要的渠道开支费用,共同为顾客服务,实行纵向或横向联合,或利用多渠道联合形成分销渠道系统以达到同一目标市场,最终共同取得规模经济效益。联合组成的分销渠道系统主要有三种:垂直分销渠道系统、水平分销渠道系统和多渠道分销系统。

1. 垂直分销渠道系统

垂直分销渠道系统是由生产者、批发商和零售商所组成的一种统一的联合体。它是作为传统分销渠道的对立面而出现的,是近年来重大的渠道发展之一,这种系统的特征在于专业化管理和集中执行的网络组织,渠道成员有计划地取得规模经济和最佳市场效果。垂直分销渠道系统有利于控制渠道行动,消除渠道成员为追求各自利益而造成的冲突。它们能够通过其规模、谈判实力和重复服务的减少而获得效益。垂直分销渠道系统可分为以下三种类型:公司式、管理式和契约式。

(1)公司式垂直分销系统是指某一家公司拥有或统一管理多个工厂、批发商和零售商等,控制市场分销渠道的多个层次,甚至控制整个市场营销渠道,综合经营生产、批发和零售业务。

在公司式垂直分销系统中某一环节的渠道成员占主导地位,即是渠道领袖。渠道领袖可以凭借优势地位,联合或支配渠道其他成员共同开拓某种产品的产销通道;可以控制渠道中其他成员的行为,减少分销渠道的冲突,更好地协调产品流通。

(2)管理式垂直分销系统是指渠道中的成员凭借某方面的规模和权力来协调生产和销售两个连续阶段的渠道形式。如拥有优势品牌的生产商可以得到转卖中间商的强有力的合作和支持。例如,柯达、吉列和宝洁等公司能够在有关商品展销、货柜位置、促销活动和定价政策等方面取得其经销商的积极合作。

(3)契约式垂直分销系统是指不同层次的独立制造商和经销商为了获得单独经营达不到的经济利益而以契约为基础实行的分销渠道集合体。在这种渠道系统中,各个渠道成员之间的依赖关系是依靠合同建立的。契约式垂直分销系统近年来获得了很大的发展,成为经济生活中引人注目的发展之一。契约式垂直分销系统有三种形式:

①批发商自愿连锁组织。批发商组织多个独立的零售商成立自愿连锁组织,帮助它们和大型连锁组织抗衡。批发商制定一个方案,根据这一方案,使独立零售商的销售活动标准化,并获得采购方面的好处,这样就能使该群体有效地与其他连锁组织进行竞争。

②零售商合作组织。零售商合作组织是指由零售商自己带头组建的能够开展批发业务和其他可能的生产活动的合作组织。各个零售商成员通过合作组织进行集中采购,联合进行广告

宣传，有时还进行某些生产活动。利润按照成员的购买量进行分配，其他非成员零售商也可以通过零售商合作组织采购，但是不能分享利润。

③特许经营组织。特许经营是近年来发展最快和最令人感兴趣的零售形式。根据特许者和被特许者的不同，其方式可分为三种：第一种是制造商创办的零售特许经营系统，如福特公司特许经销商出售它的汽车，这些经销商都是独立的经销企业，但是遵守各项销售和服务的条件和规定；第二种是制造商创办的批发特许经营系统，如可口可乐饮料公司授权给各个市场上的装瓶商购买其浓缩饮料，然后由装瓶商充二氧化碳、装瓶，再把它们出售给本地市场的零售商；第三种是服务企业创办的零售特许经营系统，由一个服务企业组织整个系统，以便将其服务有效地提供给消费者，这种形式多数出现在出租汽车行业、快餐服务行业和旅馆行业。

2. 水平分销渠道系统

水平分销渠道系统是由两个或两个以上的相互无关联的企业自愿联合开拓新的分销机会的分销渠道模式。这些企业自身缺乏资本、技能、生产或分销资源来独自进行商业市场的进一步开拓，或发现与其他企业联合开发可以产生更佳的协同效果。企业之间的水平分销渠道系统可以是暂时性的，也可以是永久性的。

3. 多渠道分销系统

多渠道分销系统是指一个企业建立两条或更多的分销渠道以达到一个或更多的顾客细分市场。通过多渠道分销系统，企业可以获取更重要的利益：增加市场覆盖面，降低渠道成本，更趋向顾客化销售。如增加乡村代理商以达到人口稀少的地区农业顾客市场，或利用电话销售而不是人员访问客户，或利用技术型推销员销售较复杂的设备。

从某种意义上来说，渠道成员的利润，归根结底是通过渠道终端的产品销售才能实现的。虽然渠道成员之间存在事实上的买卖关系，但更重要的是大家都有共同的利益：使终端能够尽量多地将共同经营的产品销售出去。现在越来越多的企业认识到多渠道分销系统这一现代理念，并逐渐结成良好的合作伙伴关系，共同为顾客服务。

第二节 中 间 商

中间商是指在生产者与消费者之间参与商品交易业务，促使买卖行为发生和实现的具有法人资格的组织或个人。中间商是商品生产和流通社会化的必然产物，在商品流通过程中，中间商是生产者和消费者之间的纽带与桥梁。中间商按其是否拥有商品所有权可以分为经销商和代理商。

一、商人中间商

商人中间商又称经销商，是指从事商品交易业务，在商品买卖过程中拥有商品所有权的中间商。正是因为经销商拥有产品的所有权，因此它们在销售过程中要承担相应的经营风险。经销商按其在流通过程中所起的作用不同可以分为批发商和零售商。

(一) 批发商

所谓批发是指将一切物品或服务销售给为了转卖或者作为工业用途的组织或个人的活动。

批发商是指那些主要从事批发业务的公司,其与零售商的主要区别是它一端直接联系生产商,另一端联系众多的零售商,具有吞吐量大、地区分布广等特点。批发商主要有商人批发商、制造商的分销机构和销售办事处等。

1. 商人批发商

商人批发商是指自己进货,取得产品所有权后再批发出售的商业企业,也就是人们通常所说的独立批发商。商人批发商是批发商最主要的类型。

商人批发商按照所经营商品的范围可以分为以下三类:

(1)普通商品批发商。普通商品批发商经营普通货物,经营范围比较广泛,涉及的商品种类繁多,如家具家电、服装纺织品、药品、化妆品、汽车设备等。

(2)单一种类商品批发商。单一种类商品批发商经营的范围仅限于某一类商品及其关联商品,但具有此类商品的各个品种、花色、品牌等,非常齐全。如蜂蜜产品批发商通常不仅经营各种特色的蜂蜜,还经营蜂花、蜂胶等很多关联商品。

(3)专业批发商。专业批发商一般只经营某一类商品中的某种商品,如食品行业中的专业批发商专营糖类产品,或者专门经营杏仁、核桃等干货类产品,或专营进口零食等。

商人批发商按照职能和提供的服务是否完全可分为以下两种类型:

(1)完全服务批发商。这类批发商执行批发商业的全部职能,它们提供的服务包括保持存货、雇用固定的销售人员、提供信贷、货物配送和协助管理等。完全服务批发商按照销售对象的不同分为批发商人和工业分销商两种,前者主要是向零售商销售并提供广泛的服务,后者可向制造商而不是零售商销售产品。

(2)有限服务批发商。这类批发商为了减少成本费用、降低批发价格,在批发商业中只执行一部分服务职能。

2. 制造商的分销机构和销售办事处

制造商的分销机构和销售办事处是属于制造商所有、专门经营其产品批发销售业务的独立商业机构。分销机构和销售办事处有所不同,前者执行产品储存、销售、配送和服务等职能;后者没有仓储和产品库存,主要从事产品销售业务。

(二)零售商

零售是指所有向最终消费者个别地、直接地、重复地销售商品和服务,用于个人及非商业性用途的活动。零售商是指从事这种销售活动的组织和个人。随着社会经济的发展、城市的变迁以及人们消费行为习惯的变化,零售商的形式也发生了各种各样变革。目前,我国存在的零售商形式大体上可分为三种类型:有门市的零售商、无门市的零售商和零售机构。

1. 有门市的零售商

有门市的零售商,按照零售形式的不同可以分为以下几种类型:

(1)专用商品店。专用商品店经营的产品线比较狭窄,但是每种产品的品种、规格、颜色、式样等非常齐全,主要以经营此类商品为主。如体育用品商店、摄像器材店、鞋帽商店等。

(2)百货商店。百货商店经营的商品种类繁多且品种比较齐全,既有优质、高档、潮流的商品,也有低廉的日常生活必需品,通常是以较低的进货价格大量采购和销售,商品周转快,每年销售总额大。由于百货商店具有以上特点,其竞争力往往比较强。一般百货商店分为两类:其一是独家经营方式,没有下属门店,通常规模不大;其二是连锁经营方式,往往一家百货公司下设数个甚至数十个分支商店,规模比较大。

(3)超级市场。超级市场是指规模巨大、商品价格低廉、薄利多销、自动销售、一次结算、自我服务的经营机构。超级市场主要是采取连锁经营方式,总店下设多家分店,经营的商品逐渐向多品种、大型化方面发展,价格在中低水平,且商品包装比较讲究,以便于顾客挑选并吸引其购买。近年来,超级市场的发展越来越快,竞争愈加激烈,一些超级市场还专门建了自己的停车场,还有的为了树立品牌和信誉,定期推出各种特色的活动和服务,吸引顾客。

(4)便利店。便利店是设在居民区内及其附近的一种小型商店,经营周转率高的日用品且营业时间较长。它能够补充百货商店和超级市场的不足,可以在购买场所、购买时间、商品品种上为周边的顾客提供极大的方便,成为人们日常生活中不可缺少的一种购买形式。

(5)折扣店。折扣店是一种以低价销售标准化商品的商店,这对大多数消费者来说具有很大的吸引力。折扣店多位于租金便宜、交通便利的地段,以低价销售大量全国性品牌产品,且品种齐全,保证商品质量,它的经营以毛利低、费用节省、商品周转快而著称。近年来,折扣店已逐步从经营普通商品发展到经营专用商品,如体育用品折扣店、图书折扣店、电子产品折扣店等。

2. 无门市的零售商

无门市的零售指不经过店铺销售商品的零售形式,按照零售形式的不同可以分为以下几种类型:

(1)直接销售。直接销售是指生产者自己或通过直销员向消费者销售商品,简称直销。直销包括集市摆卖、上门推销、举办家庭销售会等。集市摆卖是我国和东南亚国家的农民及小工业生产者的传统自销方式。上门推销源于古代和中世纪时期,如今依然普遍使用,如雅芳公司通过雅芳小姐推广其"家庭主妇的良友、美容顾问"概念,在全世界约有100万名直销商,每年创造10亿美元以上的销售额,成为全世界最大的化妆品公司和头号直销商。

(2)邮寄销售。邮寄销售是指向特定的潜在顾客邮寄信函、折叠广告、商品目录甚至音像产品等宣传品,或通过报纸、杂志、电视、广播等媒介向顾客传达商品信息,顾客收到并做出购买决定后,可以通过公司设立的免费电话选购所需商品,公司派人送货上门或者通过邮局进行商品销售。

(3)网络销售。生产者通过计算机网络发布商品信息,顾客了解其宣传介绍后如果决定购买,即可在网上直接订购并付款,公司能实时获取有关订购信息,确认后即送货上门。网络销售过程中生产者使用生动的文字、丰富的图片并配合动画、声音等形式向顾客传达全面的商品信息并吸引购买。如戴尔(Dell)公司是国际个人计算机销售排名第一的公司,Dell公司除了门店直接销售 PC 外,最主要的营销方式就是网络销售。利用互联网,在近些年实现了大规模客户化加工,在本土不仅产量超过了其他产家,成为市场中的佼佼者,而且因此形成更好的客户集成从而获得了更高的产品利润。

(4)自动售货。自动售货即通过自动售货机销售商品和服务。自动售货机是第二次世界大战以后零售设施的一项重要发展,主要用于一些具有高度方便价值的购买品,如饮料、香烟、糖果、报纸、书籍、化妆品、唱片等,这种自动售货机在生活中随处可见,昼夜服务,为消费者带来了极大便利。不过由于销售成本较高,自动售货价格比一般商店价格高 15%~20%。近年来,自动售货机不仅在有形商品的零售中迅速发展,而且发展到服务行业,如自动洗衣机、自动取款机、自动缴费机及自动点唱机。

(5)购货服务。购货服务是一种专为某些特定的顾客服务的零售形式,通常由学校、医院、政府机关等大单位派采购人员参加购货服务组织,该组织选择一些零售商与之建立长期业务关系,对组织成员凭购货证给予价格优待。

二、代理中间商

代理中间商简称代理商,是指从事商品交易业务,接受生产者委托,但不具有商品所有权的中间商。它们从事代销、代购或提供信息、咨询服务等,促成商品交易的实现,从而获得一定的服务手续费或佣金。

(一)制造商的代理商

制造商的代理商是指受制造商委托签订销货协议,在一定区域内负责代理销售生产企业产品的中间商。制造商利用这种代理商推销机器设备、汽车产品、电子器材、家具家电、服装、食品等各种商品。

制造商的代理商通常和几个制造商签订长期代理合同,在一定地区按照这些制造商规定的销售价格或价格变动幅度及其他销售条件,替这些制造商代理全部或部分产品,而制造商按销售额的一定百分比付给佣金,以鼓励这种代理商积极扩大推销,获得最好的价格。制造商的代理商不需要提供资金,也不必承担任何风险,实际上类似于产品的初级推销员,可以使产品尽快地推向市场并进行市场开拓。

(二)销售代理商

销售代理商是受生产者委托,全权负责、独家代理生产者的全部产品的一种独立的中间商。销售代理商的销售范围不受地区限制,并拥有一定的售价决定权,双方关系已经确定,生产企业自身不能再直接进行相关销售活动。销售代理商要对生产企业承担较多的义务,在销售协议中,一般会规定一定期间内的推销数量,并为生产企业提供市场调查、预测的情报,负责进行商品宣传、促销等活动。纺织、木材、某些金属制品、食品或服装等行业的制造商以及一些不能为自己推销产品的小制造商较多地使用销售代理商。

(三)采购代理商

采购代理商一般与顾客有长期的关系,代顾客进行采购,往往负责为其收货、验货、储运,并将商品转移到顾客手中。采购代理商中比较常见的一种即服饰市场的常驻采购员,他们为大量服饰零售商采购畅销的服饰产品。采购代理商大多消息灵通,善于捕捉市场动态,可以向客户提供有价值的市场信息,而且还能以低廉的价格买到好的商品。

(四)经纪商

经纪商是指既不拥有产品所有权,也不控制产品实物价格以及销售条件,只是在买卖双方交易洽谈时起媒介作用的中间商。经纪商联系面广,与许多买主和卖家同时保持联系,了解不同的买主和卖家的需要,能够顺利地替买主寻找到卖家,或替卖家寻找到买主,把两者结合到一起,并介绍和促成双方买卖成交。交易达成后,由卖家直接把货物运给买主,而经纪商向委托人收取一定的佣金。

(五)佣金商

佣金商是指对委托销售的商品实体具有控制力并参与商品销售谈判的代理商。大多数佣金商从事农产品的委托代销业务,其与委托人的业务通常包括一个收获季节或一个销售季节。

佣金商通常备有仓库,可以替委托人储存、保管货物,还具有替委托人发现潜在买主、获得最好价格、分等、打包、送货、给委托人和购买者以商业信用(即预付货款和赊销)、提供市场信息等职能。佣金商对委托代销的货物通常有较大的经营权力,可以直接以自己的名义出售货物,以免经营的易腐品变质造成损失。佣金商卖出货物后扣除佣金和其他费用即将余款交给委托人。

> 课外视野　借鸡生蛋:好产品没有好的销售渠道怎么办?
> 视频来源　优酷网

第三节　分销渠道的设计与管理

一、中间商的选择

分销渠道从某种意义上来说是由中间商构成的。在任何一种分销渠道的设计方案中,都必须把中间商的选择放在首要和核心的位置。中间商的选择涉及使用哪些类型的中间商、使用多少个中间商以及对中间商的评价三个方面。

(一)中间商的类型

在上一节中对中间商的类型已经做了详细的介绍,企业在选择中间商类型时,需要深入分析如下几个问题:

(1)市场中的中间商的特性及其功能是什么;

(2)产品市场中存在多少种类型的中间商;

(3)哪几种中间商最能配合企业销售的需要;

(4)使用各种中间商的成本效益如何。

(二)中间商的数目

在确定了中间商的类型之后,需要进一步确定不同层次中间商的数目。各种不同类型的分销渠道所使用的中间商数目的多少,即分销渠道的宽度,应根据商品在市场中的地位和展露程度来决定。

分销渠道的宽度与分销策略有关,在本章第一节中对不同的分销策略已经做了介绍,密集分销、选择分销和独家分销这三种方法各有其优缺点和适用范围。

(三)对中间商的评价

生产制造企业对中间商的全面评价是选择中间商的中心环节,也是一项非常细致复杂的工作,一般可采用加权评分法对中间商进行评价。加权评分法就是对拟选择为渠道成员的各个中间商,按其从事商品分销的能力和条件进行加权打分评价,并按得分的多少进行取舍。下面结合华源电器制造公司的案例,说明运用加权评分法选择中间商的具体步骤。

案 例

华源电器制造公司的中间商选择

华源电器制造公司决定在 H 市选择一家电器批发企业为其渠道成员,经过考察,初步选出 A、B、C 三家比较合适的候选企业,公司希望从其中选出相对理想的一家企业作为渠道成员。按照加权评分法,具体步骤如下。

(1)选择中间商的评价因素。评价中间商的因素有很多方面,但主要有以下 8 个方面。

①市场覆盖范围。市场是选择中间商的关键。首先,要考虑所选中间商的经营范围所覆盖的地区与企业产品的预期销售地区是否一致;其次,中间商的销售对象是否与企业所希望的潜在顾客群存在重叠。

②信誉。在目前市场游戏规则不甚完善的情况下,中间商的信誉显得尤为重要。信誉不仅直接影响回款情况,还直接关系到市场的网络支持。一旦中间商中途有变,欲退不能,不得不放弃已经开发起来的市场,而重新开发,往往需要付出双倍甚至更高的代价。

③中间商的经验。许多企业在决定某中间商是否可以承担分销的重任时,往往会考察中间商的一贯表现和盈利记录,若中间商以往经营状况不佳,则将其纳为渠道成员可能会承受较大的风险。

一般来说,长期从事某种商品的经营,通常会积累比较丰富的专业知识和经验,因而在市场变化中能够掌握经营主动权,保持销售业绩稳定或趁机扩大销售量。此外,经营历史比较长的中间商已经拥有一定的市场影响力和一批忠实的顾客,往往是周边顾客的首选。

④合作意愿。中间商与企业合作得好会积极主动地推销企业的产品,这对双方都有利。有些中间商希望生产企业也参与促销,以扩大市场需求,它们认为这样会获得更高的利润。因此,生产企业应根据产品销售的需要,确定与中间商合作的具体方式,考察被选中的中间商对企业产品销售的重视程度和合作态度,然后再选择最理想的中间商进行合作。

⑤产品组合情况。在经销产品的组合关系中,一般认为如果中间商经营的产品与自己的产品是竞争产品,应避免选用;如果其产品组合存在较大的空档,或者自己产品的竞争优势非常明显,可以考虑选取。这需要依靠细致、翔实的市场考察才能掌握。

⑥中间商的财务状况。生产企业倾向于选择资金雄厚、财务状况良好的中间商,因为它们不但能保证及时回款,还可能在财务上向企业提供一些帮助,如分担一些销售费用,提供部分预付款或者直接向顾客提供某些资金融通,如允许顾客分期付款等,从而有助于扩大产品销售和生产发展。如果中间商财务状况不佳,则可能会拖欠货款。

⑦中间商的区位优势。理想的中间商的位置应该是顾客流量大的地点。对于批发商的选择则要考虑其所处的位置是否有利于产品的批量储存与运输,通常以交通枢纽为宜。

⑧中间商的促销能力。中间商推销产品的方式即运用促销手段的能力直接影响其销售规模。要考虑到中间商是否愿意承担一定的促销费用,有没有必要的物质、技术基础和相应的人才。选择中间商之前,必须对其所能完成某种产品销售的市场营销政策和技术的现实可能程度做出全面的评价。

(2)根据不同评价因素对分销渠道的功能建设的重要程度差异,分别赋予各评价因素一定的权重。如表10.1所示,"信誉"权重0.14,"合作意愿"0.07。

(3)按照不同的评价因素,对A、B、C三家候选中间商分别进行打分,并计算各评价因素的加权分(见表10.1)。

表10.1 加权评分法评价中间商

评价因素	权重	A 打分	A 加权分	B 打分	B 加权分	C 打分	C 加权分
市场覆盖范围	0.2	85	17	80	16	84	16.8
信誉	0.14	78	10.92	85	11.9	86	12.04
经验	0.16	90	14.4	90	14.4	74	11.84
合作意愿	0.07	76	5.32	74	5.18	92	6.44
产品组合情况	0.06	73	4.38	68	4.08	77	4.62
财务状况	0.18	77	13.86	66	11.88	86	15.48
区位优势	0.12	90	10.8	67	8.04	88	10.56
促销能力	0.07	74	5.18	82	5.74	78	5.46
总计	1	643	81.86	612	77.22	665	83.24

(4)计算总得分。按照不同的候选对象,将各评价因素的加权分汇总后即得各中间商的总分。

(5)比较总得分。C得分最高,所以华源电器制造公司应该首选C中间商作为其渠道成员。

二、分销渠道的设计

(一)分销渠道的长度设计

分销渠道的长度是由企业分销渠道中间环节(即中间商)数目的多少决定的。商品在分销中经过的环节越多,分销渠道就越长;反之则越短。关于分销渠道的各种不同的类型在本章第一节已经做过介绍。

在分析与选择分销渠道长度时,企业需要考虑许多影响因素,主要有市场、购买行为、产品、中间商及企业自身等方面。

1.市场因素对渠道长度的影响

分销渠道长短的选择受市场规模大小、顾客居住集中与分散等市场因素的影响。

市场规模大,适合选用较长的分销渠道;市场容量十分有限,厂商可选择较短的分销渠道,把产品直接出售给零售商或最终消费者。

顾客居住的高集中度形成了强聚集度,此时产品就有可能直接出售给他们,渠道具有短的特征。市场聚集度弱,意味着目标顾客居住分散,涉及的空间范围广,适合采取长渠道的方法,利用批发商、零售商、代理商来分销产品。

2.购买行为因素对渠道长度的影响

(1)顾客购买量。顾客购买量越大,单位分销成本越低,因此有条件将批量性产品直接出售给顾客。诸如一些办公用品与设备,常由厂商向各团体单位直接销售。

(2)顾客购买频率。顾客购买频率越高的产品,一次购买量越少,产品价值越低,因此越需要利用中间商进行分销。对于那些购买频率低的产品,可选择短渠道。例如,消费者几年才买一次家具,厂家就可以向他们直接销售。

(3)顾客购买季节性。顾客购买季节性强的产品,表明对产品的需求不是长年均衡的,厂商自己很难在短时间内达到一定的铺货率,因此适合选用较长的分销渠道,大多利用批发商和零售商出售,诸如夏冬季节商品、节日商品等。

(4)顾客购买探索度。顾客购买探索度有两个方面的内容,一是购买之前比较研究的程度;二是购买过程中付出精力的多少。对于日常生活用品,人们在购买之前较少进行分析比较,在购买时也不愿意花费很多时间跑很远的路,希望在家或工作地点附近完成购买,因此适合较长的分销渠道。而对于时装、电器、家具等产品,人们在购买之前要跑许多地方、看许多产品,进行比较选择,购买时不惜花费时间和跑较远的路,因此可选择较短的分销渠道。

3. 产品因素对渠道长度的影响

(1)技术性。产品的技术性越强,需要经常性或特殊的技术服务,应选择较短的分销渠道,如工业品、家用电器等;而技术性差的产品则需要长的渠道。

(2)耐用性。产品越耐用,应采用越短的渠道,如房地产、汽车等;不耐用的产品,则需要较长的渠道,如日用品。

(3)规格化。产品越是非规格化,渠道越短;规格化的产品则需要长渠道。

(4)重量。产品越重,分销渠道越短;产品越轻则渠道会越长。

(5)价值。产品价值越大,渠道越短;价值越小的产品则需要越长的渠道。

(6)易腐性。产品越易腐,分销渠道越短;不易腐烂的产品所需要的渠道长。

(7)生命周期。产品生命周期越短,分销渠道越短;而那些生命周期长的产品则需要比较长的渠道。

4. 中间商因素对渠道长度的影响

在确定渠道长度的时候,企业还应该考虑中间商的因素,中间商的可利用性以及选择该中间商时企业应付出的成本都是企业应该考虑的。

中间商愿意经销厂商的产品,同时不对厂商提出过多、过分的要求,会使企业更容易利用中间商,因此企业可选择长渠道的做法。越是市场紧俏畅销的产品,中间商参与的积极性就越高,反之就越低。有时,某类产品非常适合某些批发商或零售商经营,但这些中间商正经营着同类型的竞争产品,不愿意再多经营新的对抗性产品,那么厂商只好把产品直接出售给最终消费者。如雅芳公司的化妆品,当初就是因为打不过百货商品而被迫走上直销之路的。

中间商的成本太高,或是中间商压低采购价格,或是中间商要求的上架费太多,就应考虑采取较短的渠道。

中间商的功能就是帮助厂商把产品及时、准确、高效地送到消费者手中。厂商在选择分销渠道时,要对中间商的服务水平进行评价,具体内容包括是否有良好的信誉足以吸引客流,是否有较强的营销能力把产品销售出去,是否能为该产品提供广告、展览等方面的促销活动,是否可以及时结算货款等。如果能得到肯定的答案,就可以选择较长的渠道,否则将选择较短的渠道。

5. 企业因素对渠道长度的影响

企业自身也是渠道长度设计时的考量因素之一,具体而言需要考虑的有以下几个方面:

(1)财务能力。企业的财务能力会影响企业所选择渠道的长度。如厂商采用直接销售的方法，则需要有足够的资金支付市场调查、广告、推销人员工资和产品运输等方面的费用，因此必须有较强的财务能力。对于那些财务能力非常弱的企业来说，即使产品适合选用直接渠道，也不得不放弃这种思路，因为店铺投资额巨大。

(2)渠道管理水平。一般来说，假如厂商在销售管理、储存安排、零售运作等方面缺乏经验，人员素质不适合从事广告、推销、运输和储存等方面的工作，那么最好选择较长渠道。如果厂商熟悉分销运作，具有一定的产品销售经验，并具有较强的销售力量和储存能力，则可选择短渠道。

(3)渠道控制力度。企业渠道控制力度的强弱也影响渠道的长度。如厂商想对分销渠道进行高强度的控制，同时自身又有控制能力，一般采取较短渠道的做法。如果采用中间商，一方面会使厂商的渠道控制权力消除，市场调查、储存、运输、广告、零售的功能大多由中间商完成，极可能导致厂商受制于中间商；另一方面会使厂商分销受限制。

(二)分销渠道的宽度设计

在分析与选择分销渠道宽度时，企业需要考虑许多影响因素，主要有市场、购买行为、产品及企业自身等方面。

1. 市场因素对渠道宽度的影响

分销渠道宽窄的选择受市场规模大小、顾客居住集中与分散等市场因素的影响。首先，市场规模越大，渠道越宽；市场规模越小，渠道越窄。其次，市场聚集度越弱，渠道越宽；市场聚集度越强，渠道越窄。

2. 购买行为因素对渠道宽度的影响

(1)顾客购买量。顾客购买量越大，单位分销成本越低，因此有条件将批量性产品直接出售给顾客，可以考虑窄渠道。顾客一次购买量少，一般会利用更多的中间商，即使用宽渠道。

(2)顾客购买频率。顾客购买频率越高的产品，产品价值越低，因此越需要利用中间商进行分销，即宽渠道。否则可选择窄渠道。

(3)顾客购买季节性。顾客购买季节性越强的产品，厂商在应季时要求短时间内达到一定的铺货率，因此适合选用较宽的分销渠道，诸如夏冬季节商品、节日商品等。而对于那些季节性不强的商品，从时间上要求快速上市、快速销售，因此厂商有机会通过窄渠道向消费者出售产品。

(4)顾客购买探索度。人们在购买日常生活用品之前较少进行分析比较，在购买时也不愿意花费很多时间跑很远的路，希望在家或工作地点附近完成购买，因此适合较宽的分销渠道。而对于时装、电器、家具等产品，人们在购买之前要跑许多地方、看许多产品，进行比较选择，购买时不惜花费时间和跑较远的路，因此可选择较窄的分销渠道。

3. 产品因素对渠道宽度的影响

(1)技术性。产品技术性越强，渠道越窄；而技术性差的产品则需要宽的渠道。

(2)耐用性。耐用品一般适合较窄的渠道，如住房、汽车、家具以及一些家用电器等；非耐用品一般适合较宽的渠道，如日常生活用品和小商品。

(3)规格化。产品越是非规格化，渠道越窄；规格化的产品则需要宽渠道。

(4)重量。产品越重，分销渠道越窄；产品越轻则渠道会越宽。

(5)价值。产品价值越大,渠道越窄;价值越小的产品则需要越宽的渠道。

(6)易腐性。产品越易腐,分销渠道越窄;不易腐烂的产品则所需要的渠道较宽。

(7)生命周期。产品生命周期越短,分销渠道越窄;而那些生命周期长的产品则需要比较宽的渠道。

4. 企业因素对渠道宽度的影响

一般选择宽渠道的产品,市场需求广泛,产品辐射面大,与宽渠道的指征相吻合;而技术性强、需求专业化的产品适合较窄的渠道。

如果厂商想对分销渠道进行高强度控制,一般采取较窄渠道的做法;如果厂商不想或者没有能力对分销渠道进行高强度的控制,那么可以选择相对宽的分销渠道。

课堂讨论

水果和蔬菜是标准的易腐烂产品,按照常规的逻辑,越易腐烂,渠道就应该设计得越短,而事实上,现在市场上水果和蔬菜主要以长而宽的渠道为主。

想一想:

1. 这种现象背后的原因是什么?

2. 市场上水果和蔬菜的短渠道模式中有没有成功的代表?如果有,试举例说明,并分析它们成功的深层次原因是什么。

三、分销渠道的管理

(一)评估分销渠道成员

生产企业要定期评估分销渠道成员的经营业绩,包括销售配额完成情况、平均存货水平、与生产企业促销活动的配合情况,以及向顾客提供的服务如何,货款的支付是否及时等。如果某一中间商的经销状况不能令生产企业满意或者明显低于事先规定的标准线,则有必要帮其分析原因,并采取改进措施。

通过对分销渠道成员的评估,可以及时发现渠道中存在的问题,并适时加以修正和调整。

(二)激励分销渠道成员

激励分销渠道成员是指制造商激发渠道成员的动机,使其产生内在动力,朝着所期望的目标前进的活动过程,目的在于调动分销渠道成员的积极性。通常采用的激励分销渠道成员的方式有直接激励和间接激励两种。

1. 直接激励

直接激励是指通过给予中间商物质、资金的激励来激发其积极性,从而实现生产企业的销售目标,主要有返利和价格折扣两种形式。

(1)返利。

①返利的标准。生产企业制定返利的标准时要参考竞争对手的做法,并考虑现实的可能性,以及对抛售、倒货的防范,在此基础上,按照不同品种、数量和等级确定返利额度。

②返利的形式。可以现价返,或是货物返,也可以两者结合,一定要事先注明。如以货物返利,能否作为下一个计划期的任务数,也要事先注明。

③返利的周期。可以采用月返、季返或年返等周期,应根据产品特性、货物流转周期来

确定。

④返利的附带条件。为保证返利能促进销售且不产生负面影响,一定要注明返利的附带条件,如严禁跨区域销售、严禁擅自降价、严禁拖欠货款等,一经发现,取消返利。

(2)价格折扣。

根据不同情况,给予中间商一定的价格折扣,以鼓励中间商销售更多的产品。价格折扣包括数量折扣、现金折扣、季节折扣等。

2. 间接激励

间接激励是指通过帮助中间商获得更好的管理、销售的方法,从而提高销售绩效。间接激励通常有以下几种做法:

(1)帮助经销商建立进销存报表和安全库存数,做好先进先出库存管理。进销存报表的建立,可以帮助经销商了解某一周期的实际销售数量和利润;安全库存数的建立,可以帮助经销商合理安排进货;先进先出库存管理,可以减少即将过期产品的出现。

(2)帮助零售商进行零售终端管理。终端管理的内容包括铺货和商品陈列等。通过定期拜访,帮助零售商整理货架,设计商品陈列形式。

(3)帮助经销商管理其客户网。帮助经销商建立客户档案,如客户的名称、地址和电话等,根据客户的购买量进行分级,并告诉经销商对待不同等级的客户应采取不同的支持方式,从而更好地服务于不同性质的客户,提高客户的忠诚度。

(4)伙伴关系管理。从长远看,应该实施伙伴关系管理,也就是制造商和中间商结成合作伙伴,风险共担,利益共享。分销渠道的作用正在逐渐增强,渠道联盟、分销商合作、厂商合作等战略越来越普遍。

(三)分销渠道冲突的处理

分销渠道冲突是指分销渠道中的某一成员将另一成员视为敌人,且对其进行伤害、设法阻挠或者在损害该成员的基础上获得稀缺资源的情景。必须对渠道冲突加以重视,防止渠道关系恶化,甚至整个渠道体系的崩溃。当然,并非所有的冲突都会降低渠道效率,适当冲突的存在会增强渠道成员的忧患意识,刺激渠道成员的创新。所以,我们应该把渠道冲突控制在一个适当的范围之内,善加利用。同时,坚决制止会导致渠道成员关系破裂的高水平渠道冲突。处理分销渠道冲突可以采取如下主要对策。

1. 销售促进激励

要减少渠道成员的冲突,有时成员组织的领导者不得不对其政策、计划进行折中,对以前的贸易规则进行修改。这些折中和修改是为了对渠道成员进行激励,以物质利益刺激其求大同、存小异。如价格折扣、付款信贷、按业绩的奖励制度、分销成员的培训或旅游等。

2. 组织协商谈判

协商谈判是实现解决冲突目标进行的讨论沟通,是分销渠道管理中经常使用到的方法。成功的协商谈判能够将原本可能中断的渠道关系引向新的发展,某些对手也会因此成为长久的合作伙伴。所以在冲突发生时,协商谈判被认为是渠道成员自我保护和提高自身地位的有效手段。

3. 清理渠道成员

对于不遵守贸易规则、屡教不改的渠道成员,应该重新进行审查,若确认为不合格,则及时予以清除处理。如对那些肆意跨地区销售、打压价格进行恶性竞争的分销商,或长时间未实现规定销售目标的分销商,都可以采取清理的方法。

4. 使用法律手段

法律手段是指在渠道冲突发生时,一方渠道成员按照合同或协议的规定要求另一方进行既定行为的法律仲裁手段。比如在特许经营体系中,特许经营商认为特许总部不断新添加的加盟商侵蚀了它们的利益,违反了加盟合同中的地理区域限定,这时就会采取法律手段来解决这一纷争。

> **课堂讨论**

渠道冲突并不一定总是恶性的,有时候也存在提高渠道效率的良性冲突,试举例说明日常营销活动中渠道冲突如何提升效率。

(四)分销渠道窜货及整治

1. 窜货

窜货是指渠道成员为了自身利益,违反合同约定的经营区域而进行的越区销售。窜货是分销渠道冲突的一种典型的表现形式。

当然,有时窜货并非恶性的,比如相邻市场边界自然而然发生的跨区域销售现象;企业在市场开发初期,一些经销商跨区域将产品推向空白市场。只有那些为获取非正当利益,蓄意向自己辖区以外的市场倾销产品的行为,才是恶性窜货。恶性窜货会扰乱企业整个渠道网络的价格体系,引发价格战;使经销商对产品失去信心,丧失积极性,严重时会放弃产品的经销;混乱的价格也会导致消费者对企业的产品、品牌不信任。

2. 窜货的整治

(1)签订不窜货乱价协议。生产企业与经销商、代理商之间要签订不窜货乱价协议,在合同中注明"禁止跨区销售"的条款及违反此条款的惩处措施,为整治窜货问题提供法律依据。

(2)加强销售通路管理。销售管理人员具有销售通路管理的职责。规范销售通路应该做到以下几点:第一,积极主动,加强监控,特别要关注销售终端,关注零售市场信息;第二,要有一个畅通的平台能让窜货双方及时反馈信息,并进行沟通,以便及时掌控市场窜货状况;第三,公平处理问题,一旦确认窜货问题,应该根据规章制度予以惩罚,甚至取消代理资格等,决不姑息。

(3)外包装区域差异化。生产企业对销往不同地区的产品可以在外包装上进行区别,主要措施如下:

①给予不同编码。大件商品如汽车、摩托车、家电等都是一件商品一个编号,日用品采用批次编号。

②利用条形码。在销往不同地区的产品外包装上印刷不同的条形码。

③特殊的文字标识。当某种产品在某地区的销量达到一定程度,外包装又无法回收利用时,可在产品的外包装上印刷"专供××地区销售"。

④颜色各异的商标。在不同地区,对同种商品的商标,在保持其他标识不变的情况下采用不同颜色加以区别。

(4)建立合理的差价体系。

①价格政策要有一定的灵活性,要有调整的空间,并且每一级代理的利润设置不可过高或

过低。若过高容易引发降价竞争,造成倒货;若过低,则难以调动经销商的积极性。

②管好促销价。每个厂家都会做一些促销活动,促销期间价格一般较低,经销商要货较多。经销商可能将其产品以低价销往非促销地区,或在促销活动结束后低价销往其他地区形成窜货。所以对促销时间和促销货品的数量应严加控制。

本 章 小 结

分销渠道是指产品或服务从生产商转移到消费者或使用者过程中所经过的通道,其职能主要包括研究市场、促销、接洽、配合、谈判、融资、风险承担以及实体分销等。

在分销渠道中通常有六大流程发生,即实体流程、所有权流程、付款流程、促销流程、信息流程及服务流程。按照分销渠道的长度,即在产品向最终消费者转移过程中所经过的中间环节数目,可以将分销渠道划分为长渠道、短渠道;按分销渠道的宽度,即商品流通过程中的每个层次使用的同种类型中间商的数目多少,可以将分销渠道划分为宽渠道和窄渠道。

分销渠道的设计首先需要对中间商进行科学的评价,然后分别进行长度和宽度的设计,最后对若干方案进行评估和决策。分销渠道的管理包括对渠道成员的评估和激励,以及对分销渠道冲突的处理,其中特别提到窜货的发生及整治。

关 键 概 念

分销(distribution)　　　　　　　分销渠道(distribution channel)
渠道冲突(channel conflicts)　　　 渠道功能(channel functions)
渠道管理(channel management)　　渠道控制(channel control)
独家分销(exclusive distribution)　 密集分销(intensive distribution)
选择分销(selective distribution)　 中间商(intermediaries)
分销渠道决策(distribution channel decisions)
分销渠道设计(distribution channel designs)

复 习 思 考 题

一、问答题

1. 什么是分销渠道?分销渠道的职能是什么?
2. 分销渠道有哪几个流程?
3. 分销渠道分为哪些类型?常见的分销渠道模式有哪几种?
4. 什么是批发商和零售商?
5. 代理商有哪几种?
6. 分销渠道的设计包括哪些步骤?如何进行分销渠道方案的评估和决策?
7. 分销渠道的管理包括哪些方面?窜货的整治方法有哪些?

二、不定项选择题

1. 经销商与代理商的主要区别在于(　　)。

A. 是否拥有品牌　　　　　　　　　B. 是否独立核算
C. 是否拥有所有权　　　　　　　　D. 规模与实力的大小

2. 查阅相关资料,以下(　　)属于直销模式。
A. 安利　　　　B. 戴尔　　　　C. 玫琳凯　　　　D. 雅芳

3. 消费品中的耐用消费品、高档消费品等一般选择的分销渠道策略是(　　)。
A. 选择分销　　B. 独家分销　　C. 大量分销　　D. 密集分销

4. 以下属于水平渠道冲突的是(　　)。
A. 连锁店总公司与各分店之间的冲突
B. 某产品的制造商与零售商之间的冲突
C. 玩具批发商与制造商之间的冲突
D. 同一地区麦当劳各连锁分店之间的冲突

5. 分销渠道不包括(　　)。
A. 辅助商　　　B. 生产者　　　C. 代理中间商　　D. 商人中间商

三、实训练习

1. 将学生分为几组,选择某种日常生活用品(如热水瓶)或高档商品(如珠宝首饰)为分析对象,分别说明这些产品的分销渠道属于哪种类型和模式,以及选择该分销渠道的原因。

2. 将学生分为几组,利用所学习的分销渠道知识,结合周边市场的实际情况,为某种产品的销售设计分销渠道方案,说出每组所选中方案的思考过程以及选择该方案的原因,小组之间讨论各种分销渠道的利与弊。

四、案例分析

苏宁云商:全体系支撑,低端市场筑底

面临新时代的挑战,苏宁在战略与战术上加快了渠道变革。2010年,苏宁易购上线,打入三四线城市及县镇市场,以电子商务作为渠道变革的重点,打造了线上线下相互支持的开放性购物平台,并完善已有电子商务平台,提供多角度购物体验,增强客户的参与度。2013年,苏宁电器提出了"店商＋电商＋零售服务商"的新型零售模式,采用全渠道战略,公司名称随之变更为"苏宁云商集团股份有限公司"。此后一年,苏宁云商全力实施全渠道战略,通过整合优化线上线下的多种营销渠道,实现渠道间协调统一,开展全品类经营,推进营销及服务创新,并且开放平台服务,为消费者提供一体化的全渠道整合的购物体验。

1. 全体系支撑,下沉市场

线下,苏宁渠道不断下沉,扩大用户基数,提升影响力,为未来形成的品类结构升级、多业态并行格局建立强大的渠道基础。线上,苏宁建立会员生态,打通易购、金融、文创、体育超级会员,加强与主流门户网站、互联网视频媒体等的合作,通过丰富品类、建设高频SKU,有效提高苏宁会员活跃度与复购率。

2. 高效物流,运营加速

物流仓储网络完善,社会化业务持续推进,物流根基稳固,物流设施与网络完备。截止到2017年末,公司线下仓储物流相关面积达686万平方米,快递网点近2.09万个,物流网络覆盖全国352个地级市、2908个县区城市。利用效率提升,社会化物流推进。2017年社会化物流输入增速已经达到135.76%,社会化业务逐步提升。2018年Q1社会化物流同比增长84.84%。

3. 新零售升级,模式创新

苏宁通过开发新产品、创新采购模式、同步产品销售和售后服务、改善店铺环境等多种方式,进行零售价值链系统升级。

开发新产品。全渠道战略下,网店运营有助于零售企业开发新产品。苏宁通过线上销售数据的挖掘和分析进行新产品开发,网上销量高的产品能够很快被引进苏宁实体店。

创新采购模式。全渠道战略下,零售企业需要合并采购模式满足全渠道客户对产品的需求。苏宁在企业核心管理层设立专门的采购机构进行集中采购,创建了分别着重于家用电器、日用品和日本进口产品的三个采购中心,建成了一个比较和评估采购管理的系统。苏宁还与惠普达成战略采购联盟,进行采购模式的创新,直接向惠普中国工厂提货,采用直供模式,减少中间环节,让利给消费者。

同步产品销售与售后服务。全渠道要求零售商在多个渠道同步产品销售,苏宁全渠道战略下,充分利用互联网、物联网技术进行经营管理。苏宁在实体店服务中心提供全面、贴心的售后服务,包括商品自提、商品退换、维修咨询以及增值服务四大类。线上购买的客户也能到附近的实体店享受同样的售后服务。

改善店铺环境。苏宁全渠道战略推动基础设施建设创新,为顾客提供购物体验的平台。苏宁聘请顶尖商业设计公司美国 MG2 等,为 Expo 超级店打造全新的室内装潢设计,做到以客户体验为中心,将实体店朝着科技化、数字化进行改造,丰富消费者选购产品种类的同时,以消费者购买行为便捷化、简洁化为出发点,改进实体店内产品的陈列方案以及服务的提供方式,提升客户体验。

同时,苏宁基于全渠道战略,全面进行用户管理。苏宁通过全渠道数据挖掘分析,绘制包含消费者行为、购买模式及购买倾向的画像,苏宁通过不同平台集合用户数据,包括呼叫中心、在线客服、微博、微信、电子邮件、论坛以及实体店客服中心,进行全渠道大数据分析,得出顾客类型、购物偏好,从而为消费者提供更加定制化的服务,提升体验。

资料来源:赵桐,吴越舟.从渠道演进透视全渠道秘密.销售与市场网,2019-12-19,有改动.

1. 查阅相关资料,解释全渠道的概念,说明全渠道的特征,论述全渠道在新零售行业的作用。
2. 结合身边的案例,试说明你所了解的品牌全渠道的成功案例,并阐述其全渠道的做法。
3. 谈谈你对这句话的理解:全渠道模式下流量和转化率是核心。
4. 企业可以采取哪些方式有效触达消费者,影响消费者的购买决策行为?

本章习题库

第十一章

促销策略

学习目的及要求

通过本章的学习,了解促销的含义与重要作用,了解促销组合的内容和选择,掌握人员推销、广告、营业推广与公共关系四种促销方式的概念和基本内容,能正确地选择和灵活运用促销策略。

【引例】

小罐茶是怎样成功的?

"小罐茶,大师作",近两年小罐茶火了,成立仅2年销售额破10亿元。很多人把小罐茶的成功归功于营销传播。小罐茶的成功是否真如人们所说的那样?还是另有隐情?小罐茶在短时间内取得如此成就,其背后有着怎样的商业逻辑和秘密?

基于洞察,寻找茶真相

行业调查发现目前行业内没有真正的茶品牌,消费者对品牌的认知仅限于产地+品类的品牌,比如西湖龙井、云南普洱。茶叶市场过于分散,品牌集中度低,对于一个有着3600亿元份额的茶市场,没有一家茶企的销售额超过行业1%。最大的茶企天福茗茶年销售额15亿元,不足0.5%,前100家茶企的份额不到茶市场份额的10%。因此,"打造世界级的中国茶品牌"成为小罐茶企业愿景。

产品最终是要面向用户的,了解用户的需求、抓住用户痛点并予以有效解决是关键。经洞察发现:不是年轻人不爱中国茶,是中国茶真的老了;不是世界人民不爱中国茶,是中国茶没有跟上世界的变化。中国缺的不是好茶,缺的是好茶的认知标准。

科学思维,制定核心策略

如何解决用户的痛点?小罐茶的一个核心观点就是做减法,还原茶叶真相。让用户离真相更近,而不是让用户离真相更远。简单留给用户,复杂交给企业。

茶叶面对的是众多不懂茶的用户,给他更多的选择就是没有选择。小罐茶认为,茶文化一定要与时俱进,太多传统、复杂的东西要变得现代一些,并要把茶具变得现代一些,把茶文化变得更接地气一些,让它与人们的生活场景、生活方式做一个充分的结合。因此,小罐茶将其品牌定位为:现代派中国茶。其核心策略是:物质的茶标准化、文化的茶生活化、商业的茶品牌化。

深入设计,做极致产品

中国茶叶有上千种,主流只有八大名茶。小罐茶对整体份额比较高的品种做了筛选,最终筛选出普洱茶、大红袍、西湖龙井、铁观音、黄山毛峰、茉莉花茶、福鼎白茶、滇红八种具有代表性的茶,并用产地—工艺—包装—体验四大标准,缔造现代用茶。

每一罐茶都来自原产地核心产区,从源头保证茶叶品质。

每一罐茶都出自该品类的制茶大师之手,从制作技艺上保证茶叶品质。

每一罐茶都充氮保鲜,铝罐包装可以很好地保持茶的形状,便于存放、携带。

一罐一泡,手不再沾茶,喝起来方便卫生,也容易保存,更有颜值,体验感更好。小罐茶非常注重用户体验,不仅是一罐一泡,为了找到罐体与铝膜之间最舒服的撕拉力度,经过上万次的撕膜试验,最终确定每一撕18牛的力量。更多选择就是没有选择,统一标准,简化认知。统一的小罐、统一的重量、统一的品级、统一的大师、统一的价格,让用户闭着眼睛就能买到好茶。

除此之外,小罐茶根据喝茶的三个不同场景,设计出适合自饮、招待、差旅三种喝茶场景的三种茶具。茶具首次把金属和陶瓷做了结合。110毫升容量大概坚持5分钟,100摄氏度的水,5分钟左右温度大概下降到60摄氏度,茶还是热的,香气还在,体验感非常好!

终端标准形象打造

在终端方面,小罐茶聘请曾为苹果体验店进行设计的著名设计师Tim Kobe进行店面设计。在提升店面形象的同时也给消费者带来良好体验,提升品牌形象。

过去,茶企对用户是不了解的,它们只是站在茶的视角、专家的视角来做茶,没有去考虑用户在哪里,用户在选择时会有怎样的困惑。小罐茶的成功主要在于用专业能力替用户思考、做选择,通过洞察茶叶本质,洞悉用户的痛点,以产品+品牌+体验的方式,让茶文化与现代生活方式充分融合,突出茶的仪式感、现代感、时尚感,打造世界级的中国茶品牌。

资料来源:品牌玩家.搜狐网,2018-8-16,有改动.

第一节 促销组合

一、促销的含义与作用

(一)促销的含义

促销是促进产品销售的简称。从市场营销的角度看,促销是指企业通过人员和非人员的推销方式,沟通企业与消费者之间的信息,引发、刺激消费者的消费欲望和兴趣,使其产生购买行为。促销的方式可分为人员推销(直接促销)和非人员推销(间接促销)两类。非人员推销方式又可分为广告、营业推广和公共关系三种。

促销工作的核心是沟通信息,最终目的是刺激和引发消费者产生购买行为。在消费者可支配收入既定的条件下,消费者是否产生购买行为主要取决于其购买欲望,而消费者购买欲望又与外界的刺激和诱导密不可分。促销正是针对这一特点,通过各种传播方式把产品或劳务等有关信息传递给消费者,以激发其购买欲望,使其产生购买行为。

(二)促销的作用

促销在企业营销活动中是不可缺少的重要组成部分,具有以下几方面的作用。

1. 传递信息,提供情报

销售产品是市场营销活动的中心任务,信息传递是产品顺利销售的保证。信息传递有单向和双向之分。单向信息传递是指卖方发出信息,买方接收,它是间接促销的主要功能。双向信息传递是买卖双方互通信息,双方都是信息的发出者和接收者,直接促销方式有此功效。

2. 突出特点,诱导需求

企业通过促销活动,宣传、说明本企业产品有别于其他同类竞争产品之处,便于消费者了解本企业产品在哪些方面优于同类产品,使消费者认识到购买、消费本企业产品所带来的利益较大,消费者便乐于认购本企业的产品。

3. 指导消费,扩大销售

在促销活动中,营销者循循善诱地介绍产品知识,一定程度上对消费者起到了教育指导作用,从而有利于激发消费者的需求欲望,变潜在需求为现实需求,实现扩大销售之功效。

4. 形成偏爱,稳定销售

企业运用适当的促销方式,开展促销活动,可使较多的消费者对本企业的产品产生偏爱,进而稳住已经占领的市场,达到稳定销售的目的。对于消费者偏爱的品牌,即使该类商品需求下降,也可以通过一定形式的促销活动,促使对该品牌的需求得到一定程度的恢复和提高。

二、促销组合的内容

促销组合是指企业根据产品的特点和营销目标,综合各种影响因素,对各种促销方式的选择、编配和运用。促销组合是促销策略的前提,在促销组合的基础上,才能制定相应的促销策略。因此,促销策略也称促销组合策略。

促销策略从总的指导思想上可以分为推式策略和拉式策略两类。推式策略是指企业运用人员推销的方式,把产品推向市场,即从生产企业推向中间商,再由中间商推给消费者,故也称人员推销策略。推式策略一般适合于单位价值较高的产品,性能复杂、需要做示范的产品,根据用户需求特点设计的产品,流通环节较少、流通渠道较短的产品,市场比较集中的产品等。拉式策略也称非人员推销策略,是指企业运用非人员推销方式把顾客拉过来,使其对本企业的产品产生需求,以扩大销售。对单位价值较低的日常用品,流通环节较多、流通渠道较长的产品,市场范围较广、市场需求较大的产品,通常采用拉式策略。

三、促销组合的选择

促销组合的选择是指在各种不同的促销组合中确定最佳组合策略。企业在进行促销活动时,应在全面考虑促销目的、费用、产品的性质和市场生命周期、企业实力等因素的基础上,有针对性地选择灵活多样的促销方式及促销组合策略。一般情况下,企业选择最佳促销组合时,应综合考虑如下因素。

1. 促销目的

促销目的是指企业为实现整体营销战略目标而进行促销活动所要达到的目的。它是企业整体战略目标的一个重要组成部分,必须根据企业整体营销战略目标的要求来制定,如品牌认知、市场占有率等。

2. 产品性质

不同性质的产品在促销活动中要采用不同的促销方式与组合策略。一般情况下,生活消费品由于购买者多、面广、频率高等特点,广告宣传被认为是最重要的促销方式。而生产消费品由于具有技术性较强、用户少而集中等特点,人员推销是最重要的工具。

3. 产品生命周期所处的阶段

在产品生命周期的各个阶段,消费者对产品的了解和熟悉程度不同,因此企业的促销目标和重点也不一样,企业要适当地选择相应的促销方式和促销组合策略。产品生命周期各阶段的促销组合如表11.1所示。

表 11.1　产品生命周期阶段与促销组合

产品生命周期阶段	企业促销目标	促 销 组 合
导入期	认识、了解产品	广告、公共关系、营业推广
成长期	增进兴趣和偏爱	加强广告和公共关系,减少营业推广
成熟期	同上并保持忠诚	减少广告,加强营业推广
衰退期	逐渐减小促销规模	营业推广为主,辅以广告、减价
上述各阶段	消除不满意感	改变广告内容,利用公共关系

4. 市场状况

制定促销组合要考虑目标市场的性质。如市场规模小且相对集中,应以人员推销为主,这样既能发挥人员推销的优势,又能节约广告费用;市场范围广、潜在消费者数量多且较分散的市场,则应以广告、公共关系为主,辅以其他促销方式。

5. 企业的实力

企业的实力既包括资金实力,还包括企业运用促销方式的经验和能力。如果企业规模较小,实力有限,则应以人员推销为主;如企业规模大,产品数量多,实力雄厚,则应以广告促销为主,以适应扩大市场的要求。在运用促销组合时,企业应根据自身的实力和需要,全面衡量,综合比较,采用经济有效的促销组合方式。

第二节　人员推销

一、人员推销的概念与特点

人员推销是企业运用推销人员直接向顾客推销商品和劳务的一种促销活动。在人员推销活动中,推销人员、推销对象和推销商品是三个基本要素。其中,前两者是推销活动的主体,后者是推销活动的客体。通过推销人员与推销对象之间的接触、洽谈,将推销商品推销给推销对象,从而达成交易,实现既销售商品、又满足顾客需求的目的。

人员推销与非人员推销相比最大特点是具有直接性。无论是采取推销人员面对面地与顾客交谈的形式,还是采取推销人员通过电话访问顾客的形式,推销人员都在通过自己的声音、形象、动作或拥有的样品、宣传照片等直接向顾客展示、操作和说明,直接发生双向交流。人员推销的这种直接性的特点,决定了其在实施过程中既具有优于非人员推销的一面,也有劣于非人员推销的另一面。

人员推销的优点在于以下四个方面:

(1)信息传递双向性。

人员推销作为一种信息传递形式,具有双向性。在人员推销过程中,一方面,推销人员通过向顾客宣传介绍推销品的有关信息,如产品的质量、功能、使用、安装、维修、技术服务以及同类竞争产品的有关情况等,达到招徕顾客,促进产品销售的目的;另一方面,推销人员通过与顾客接触,能及时了解顾客对本企业产品或推销品的评价。通过观察和有意识的调查研究,能掌握推销品的市场生命周期及市场占有率等情况。这样不断地收集信息、反馈信息,为企业制定合理的营销策略提供依据。

(2)推销目的双重性。

一个目的是指激发需求与市场调研相结合,另一个目的是指推销商品与提供服务相结合。就后者而言,一方面,推销人员实施各种推销技巧,目的是推销商品;另一方面,推销人员与顾客直接接触,向顾客提供各种服务,是为了帮助顾客解决问题,满足顾客的需求。双重目的相互联系、相辅相成,推销人员只有做好顾客的参谋,更好地实现满足顾客需求这一目的,才有利于诱发顾客的购买欲望,促成购买,使商品推销效果达到最大化。

(3)推销过程灵活性。

由于推销人员与顾客直接联系,当面洽谈,可以通过交谈与观察了解顾客,进而根据不同顾客的特点和反应,有针对性地调整自己的工作方法,以适应顾客,诱导顾客购买;而且,还可以及时发现、答复和解决顾客提出的问题,消除顾客的疑虑和不满意感。

(4)友谊、协作长期性。

推销人员与顾客直接见面,长期接触,可以促使买卖双方建立友谊,密切企业与顾客之间的关系,易于使顾客对企业产品产生偏爱。如此,在长期保持友谊的基础上开展促销活动,有助于建立长期的买卖协作关系,稳定地销售产品。

人员推销的缺点主要表现在两个方面:

(1)支出较大,成本较高。

由于每个推销人员直接接触的顾客有限,销售面窄,特别是在市场范围较大的情况下,人员推销的开支较多,这就增加了产品的销售成本,一定程度上减弱了产品的竞争力。

(2)对推销人员要求较高。

人员推销的效果直接取决于推销人员的素质,并且,随着科学技术的发展,新产品层出不穷,对推销人员的素质要求越来越高。要求推销人员必须熟悉新产品的特点、功能、使用、保养和维修等知识与技术。要培养和选择出理想的胜任其职的推销人员比较困难,而且耗费也大。

二、人员推销的形式与对象

(一)人员推销的形式

一般来说,人员推销有以下三种基本形式。

1. 上门推销

上门推销是最常见的人员推销形式。它是由推销人员携带产品的样品、说明书和订单等走访顾客,推销产品。这种推销形式,可以针对顾客的需要提供有效的服务,方便顾客,故为顾客所广泛认可和接受。此种形式是一种积极主动的、名副其实的"正宗"推销形式。

2. 柜台推销

柜台推销又称门市推销,是指企业在适当地点设置固定的门市,由营业员接待门市的顾客,推销产品。门市的营业员是广义的推销人员。柜台推销与上门推销正好相反,它是等顾客上门式的推销方式。由于门市里面的产品种类齐全,能满足顾客多方面的购买要求,为顾客提供较多的购买方便,并且可以保证商品完好无损,故此,顾客比较乐于接受这种方式。柜台推销适合于零星小商品、贵重商品和容易损坏的商品。

3. 会议推销

会议推销指的是利用各种会议向与会人员宣传和介绍产品,开展推销活动。例如,在订货会、交易会、展览会、物资交流会等会议上推销产品均属会议推销。这种推销形式接触面广,推销集中,可以同时向多个推销对象推销产品,成交额较大,推销效果较好。

(二)人员推销的对象

推销对象是人员推销活动中接受推销的主体,是推销人员说服的对象。推销对象有消费者、生产用户和中间商三类。

1. 向消费者推销

推销人员向消费者推销产品,必须对消费者有所了解。为此,要掌握消费者的年龄、性别、民族、职业、宗教信仰等基本情况,进而了解消费者的购买欲望、购买能力、购买特点和习惯等,并且要注意消费者的心理反应。对不同的消费者,施以不同的推销技巧。

2. 向生产用户推销

将产品推向生产用户的必备条件是熟悉生产用户的有关情况,包括生产用户的生产规模、人员构成、经营管理水平、产品设计与制造过程以及资金情况等。在此前提下,推销人员还要善于准确而恰当地说明自己产品的优点,并能对生产用户使用该产品后所得到的效益做简要分析,以满足其需要。同时,推销人员还应帮助生产用户解决疑难问题,以取得用户信任。

3. 向中间商推销

与生产用户一样,中间商也对所购商品具有丰富的专门知识,其购买行为也属于理智型。这就需要推销人员具备相当的业务知识和较高的推销技巧。在向中间商推销产品时,首先要了解中间商的类型、业务特点、经营规模、经济实力以及它们在整个分销渠道中的地位;其次,应向中间商提供有关信息,给中间商提供帮助,建立友谊,扩大销售。

三、人员推销的程序

在人员推销活动过程中,完整的推销程序包括七个步骤:寻找顾客、接近准备、接近顾客、推销面谈、处理异议、达成交易、跟踪服务等。

(一)寻找顾客

寻找潜在的目标消费者是人员推销的第一步,也是最具基础性、关键性的一步。作为可能购买本企业产品的目标消费者,必须具备五个条件:对推销客体有需求;有购买能力;有购买决策权;有接近的可能性;有使用的能力。寻找潜在顾客的方法有很多,既可通过推销人员个人观察、访问、查阅资料等方法直接寻找,也可通过广告开拓,或利用朋友介绍、推销人员之间协作等方法间接寻找。推销人员要善于挖掘与识别不同的潜在顾客,并采取相应的应对措施,以提高人员推销的成功率。

(二)接近准备

接近准备是指推销人员在接触目标消费者之前进一步了解该顾客情况的过程,它有助于推销人员制订面谈计划并开展积极主动的推销活动。这一阶段的工作有搜集相关资料、制订访问计划、准备有关样品和物品等。

(三)接近顾客

接近顾客是指推销人员直接与目标消费者发生接触,以便成功地转入推销面谈。推销人员要善于巧妙地接近顾客,制造良好的推销开端。接近的方法有自我介绍、亲朋引见、利益接近、提问接近等。推销人员在接近顾客的过程中,应注重礼仪,稳重自信,不卑不亢,选好话题,把握消费者心理,引导、启发和刺激消费者。

(四)推销面谈

推销面谈是指推销人员运用各种技巧和方法说服顾客购买的过程,是整个促销活动的关键环节。推销人员要通过提示、演示来激发顾客的购买欲望,通过换位思考站在顾客的角度和立场来说服顾客。

(五)处理异议

异议是顾客对推销人员的说服提出的问题、反面意见和看法。推销人员只有处理好顾客异议,克服顾客为推销设置的障碍,才能取得推销成功。常见的异议有需求异议、产品异议、价格异议、权利异议、信用异议、财力异议、服务异议、购买时间异议等。推销人员首先必须认真分析顾客异议的类型及根源,然后有针对性地加以处理。处理消费者的异议常用的方法有直接否定法、迂回否定法、转化处理法、询问处理法、回避法及预防处理法等。

(六)达成交易

达成交易是消费者接受推销人员的建议,做出购买决定和行动的过程。在买卖双方的洽谈过程中,当顾客产生较强的购买欲望时,会或明或暗地通过语言信息或非语言信息表露出购买的意向。这时,推销人员要善于捕捉这些信息,抓住时机,促成交易。达成交易的主要方法有优点汇集法、假定法、优惠法和保证法。

(七)跟踪服务

达成交易并不意味着整个推销活动的结束,推销人员还必须为顾客提供各种售后服务,如安装、维修、退换货、定期访问等,以消除消费者的后顾之忧,树立信誉。因此,跟踪服务既是人员推销的最后一个环节,也是新一轮工作的起点,它能加深顾客对企业和产品的信赖,促成重复购买。同时,通过跟踪服务可获得各种信息,从而积累经验并为企业营销决策提供参考。

四、人员推销的技巧与考核

(一)人员推销的技巧

人员推销技巧是指推销人员在实施推销过程中,针对不同的推销对象或顾客所运用的方式、方法、技能和谋略等综合举措。

1. 寻找顾客的技巧

(1)地毯式访问推销法 指推销人员在不熟悉顾客的情况下,直接访问某一特定地区或某一特定行业的所有使用单位和经营单位,从中寻找目标购买者的商品推销方法。

(2)连锁介绍推销法 指请求现有目标购买者介绍未来可能的准目标购买者的商品推销方法。

(3)中心开花推销法 指在某一特定推销范围内发展一些有影响力的重点人物,并在这些人物的协助下把该范围的同类商品使用经营单位或个人变成准目标购买者的商品推销方法。

2. 接近顾客的技巧

(1)介绍接近推销法 指通过自我介绍或第三者的介绍而接近顾客以推销商品的推销

方法。

(2)商品接近推销法　指直接利用所推销的商品引起目标购买者的注意和兴趣,进而转入洽谈的商品推销方法。此法一般用于名优商品的推销。

(3)利益接近推销法　指利用所推销的商品本身能够给目标购买者带来的实惠而引起对方的注意和兴趣,进而转入交易洽谈的商品推销方法。

(4)提问接近推销法　指利用直接提问来引起目标购买者的注意和兴趣而进入洽谈的商品推销方法。

(5)调查接近推销法　指利用调查机会接近目标购买者以推销商品的推销方法。

3. 推销洽谈的技巧

(1)动意提示洽谈推销法　指建议目标顾客立即购买的洽谈方法。例如:"如果没有什么意见,请李经理现在就拍板订购吧。"

(2)直接提示洽谈推销法　指劝说目标顾客购买所推销商品的洽谈方法。例如:"李经理,请放心购买吧!如果您发现有问题,我们双倍返还货款。"

(3)相反提示洽谈推销法　指利用反提示原理来说服目标购买者购买所推销商品的洽谈方法。例如:"这批货数量这么大,您能做主吗?"注意在应用过程中,一定要讲究语言艺术,进行善意的刺激。

4. 推销成交的技巧

(1)请求成交推销法　指直接请求目标顾客成交以推销商品的推销方法。例如:"李经理,既然我们双方都无别的意见,我们就签字吧。"此法的应用一定要看准时机,避免给对方过多的压力,主动请求成交。

(2)假定成交推销法　指假定目标顾客已经接受推销建议而直接要求目标顾客成交以推销商品的推销方法。例如:"李经理,这次您要多少货?"这种方法要求推销者有充分的自信,掌握各种成交信号,创造有利于成交的氛围,切不可急于求成。

(二)人员推销的考核

为了加强对推销人员的管理,企业必须对推销人员的工作业绩进行科学而合理的考核与评价。推销人员业绩考评结果,既可以作为分配报酬的依据,又可以作为企业人事决策的重要参考指标。

绩效考评标准的确定,既要遵循基本标准的一致性,又要坚持推销人员在工作环境、区域市场、拓展潜力等方面的差异性,不能一概而论。当然,绩效考核的总体标准应与销售增长、利润增加和企业发展目标相一致。常用的推销人员绩效考核指标主要有:

(1)销售量　最常用的指标,用于衡量销售增长状况。

(2)毛利　用于衡量利润的潜力。

(3)访问率(每天的访问次数)　衡量推销人员的努力程度。

(4)访问成功率　衡量推销人员的工作效率。

(5)平均订单数目　此指标与每日平均订单数目一起来衡量、说明订单的规模和推销的效率。

(6)销售费用及费用率　用于衡量每次访问的成本及直接销售费用占销售额的比重。

(7)新客户数目　是衡量推销人员特别贡献的主要指标。

第三节 广告策略

一、广告的概念与种类

(一)广告的概念

广告(advertisement)一词来源于拉丁语,有"注意"、"诱导"和"广而告之"之意。广告作为一种传递信息的活动,它是企业在促销中普遍使用和重视的方式。市场营销学中探讨的广告,是一种经济广告(商业广告)。市场营销学中的广告是以促销为目的的,付出一定的费用,通过特定的媒体传播商品或劳务等有关经济信息的大众传播活动。

(二)广告的种类

根据划分的标准不同,广告可划分为不同的种类。

1. 按广告内容分类

(1)产品广告。这是企业为了推销产品而做的广告。它的内容主要是介绍产品,属于告知性的宣传方式。它并不是直接宣传企业的形象,而是通过产品的宣传介绍间接地使人感知生产该产品的企业。从这个意义上说,做好产品广告,不但可以推销产品,还可以帮助企业树立良好的形象。

(2)企业广告。企业形象就是企业的招牌,它构成了企业生存的基石。企业形象树立起来了,企业的产品自然也就不愁销路。企业广告是直接为树立企业形象服务的。

(3)服务广告。服务广告是以各种服务为内容的广告,如产品维修、人员培训以及其他各种服务活动等。

2. 按广告目标分类

(1)开拓性广告。这是一种以介绍为目标的广告,其目的在于诱导消费者产生初次需求,向消费者宣传新产品的质量、性能、花色、品种、用途、价格以及服务等情况,以解除消费者对企业生产和销售的产品的顾虑,加深消费者对这些产品的认识,促使消费者建立起购买这些产品的信心,使产品迅速占领目标市场。

(2)劝导性广告。这是一种竞争性广告,其目的是促使消费者建立起特定的需求,对本企业的某种商品产生偏好。劝导性广告应着重宣传产品用途,说明产品的特色,突出产品比其他牌号的同类产品优越之处,努力介绍产品的厂牌与商标,使消费者对某种牌号的产品产生偏好,以稳定产品的销售。

(3)提醒性广告。这是一种加强消费者对产品的认识和理解的强化性广告。提醒性广告着重宣传产品的市场定位,以引导消费者产生"回忆性"需求,使企业某一品牌产品在市场衰退期退出市场之前,仍能满足一部分老顾客的需求。

3. 按广告媒体分类

广告媒体是指传递广告信息的载体,广告按广告媒体可以分为以下几种:

(1)报纸广告。报纸是现代传播广告信息的重要手段。我国的报纸有中央级,也有省级及地方性的;有综合性的报纸,也有专业性报纸;有日报、周报,也有晨报、晚报等。由于各类报纸的读者对象不同,发行数量和范围不同,其广告效果也不同。因此,企业必须有选择地登载广告。报纸具有新闻性、可读性、指导性、知识性和记录性等显著特点,因此报纸广告的效果一般来说较好。

(2)杂志广告。杂志是一种比较受欢迎的读物,读者众多。不同杂志有不同的特点、不同的读者和不同的发行范围。因此,企业在选择杂志做广告媒体时必须进行认真研究和比较。

(3)电视广告。电视广告是声像两用媒介,它传递广告信息速度快、生动亲切,从而缩短了企业与消费者的距离。因此,它成了当代最有效的工具之一。

(4)广播广告。广播也是传递广告信息最迅速的工具之一。广播广告传播的空间范围广泛,次数多,传递迅速及时;形式多样,通俗易懂,富有吸引力;制作简便,价格比较低廉,经济实惠。广播广告适用于各类产品,尤其是以农村为目标市场的产品,文化层次较低,无线、有线广播较为普及,效果较好。

(5)互联网广告。互联网广告就是在网络上做的广告,利用网站上的广告横幅、文本链接、多媒体的方法,在互联网刊登或发布广告,通过网络传递到互联网用户的一种高科技广告运作方式。

除了以上五大广告媒体以外,还有橱窗广告、邮寄广告、路牌广告、车船广告、包装广告、霓虹灯广告等。

二、广告媒体的选择

广告媒体种类很多,各有优缺点,除了要分析各种广告媒体的特点外,还要研究如何正确地选择广告媒体,才能把商品或服务信息及时、有效地传递给消费者。

企业在合理选择广告媒体时应当综合考虑以下因素。

(一)商品的性能和特点

不同的商品其性能、特点各不相同,这种差别影响着广告媒体的选择。对于技术性强的工业品,一般较多采用报纸、专业杂志、产品说明书、信函等印刷媒体或者是专业性的网站、社区,可对企业商品做详细的说明介绍;对于一般的日用消费品、高档耐用消费品则宜采用广播或电视媒体,能形象逼真地介绍商品的功能、特点、外观,具有感染力和说服力。

(二)消费者接触媒体的习惯

对不同的广告媒体,消费者接触的习惯和偏好不同,企业应当选择目标消费者经常接触的媒体,以便有效地把信息传递给目标消费者,引导他们产生兴趣。如妇女报刊的读者主要是妇女,因而妇女用品的广告宜登在妇女杂志上。

(三)媒体传播范围

不同媒体传播范围有大有小,能接近的人有多有少。市场的地理范围关系到媒体的选择。因此,行销全国的产品,应选择全国性的媒体做广告;局部地区销售的产品,企业可根据所销产品的目标市场,选择地方性的媒体做广告宣传。

(四)媒体的影响力

报纸、杂志的发行量,广播、电视的听众、观众数量,网站的点击率等,是媒体影响力的标志。媒体的影响力应达到目标市场的每一角落,但超出目标市场则造成浪费。

(五)媒体的成本

广告宣传应考虑费用与效果的关系,既要使广告达到理想的效果,又要考虑企业的负担能力,应尽量争取以较低的成本达到最佳的宣传效果。

(六)竞争对手的广告策略

竞争对手的广告策略往往具有很强的针对性和对抗性。为了在市场竞争中取得竞争优势,企业在选择广告媒体时必须充分了解竞争对手的广告策略,以便有针对性地确定自身的广告策略,充分发挥自己的优势,克服劣势,达到最佳的广告效果。

三、广告策划

(一)广告策划的原则

广告策划是一门艺术,需要遵循一定的原则。

1. 智慧性

广告是智慧的结晶,是企业的一种独特的生存智慧。台湾有家新光人寿保险公司,1963年创立时,没有知名度,生意很难做。当时在电视台做一次广告,起码要一万台币,公司资金紧缺,拿不出这笔广告费。公司经理吴家录挖空心思,想出一招:每天晚上他都到各家卖座好的电影院去发"寻人启事",通过银幕找"新光人寿保险公司的某某人",每次只花0.5台币,就能使上千人知道新光人寿保险公司的存在。

2. 高度想象力

广告的竞争同时又是人们想象力的竞争,真正奇妙的广告总是颇具想象力的。1976年,美国一家公司为了将一种名叫"超级三号胶"的强效胶液打入法国市场,聘请巴黎的奥布尔雅和马瑟广告公司为其策划广告促销方案。广告设计师们绞尽脑汁,终于构思出一则令人叫绝的电视广告:他们请来一位马戏团的杂技演员,在他的鞋底上点上四滴"超级三号胶",然后将他倒粘在天花板上。这一广告播出6个月后,在法国销售"超级三号胶"50万支,成功地将这一新产品打入法国胶液市场。

3. 别出心裁

人们每天都看到众多的广告宣传,要想脱颖而出就应别出心裁。1983年,日本西铁城表商为在澳大利亚打开手表销路,竟用飞机在空中抛投手表,让手表落在指定的广场上,谁拾到就归谁。这一壮举使西铁城手表一举成名,销路大开。

4. 系列变化性

一种商品的推销必然是长期的,而广告也必须随之不断变化,必须具有系列变化性。广告宣传的主题不变,但广告宣传的形式是可变和多种多样的。"镇脑宁"药片经"刘大妈"一炮打响之时,企业为进一步树立其品牌形象,连续推出几则广告都点出这种疗效好的药品"是听刘大妈说的"。

5. 及时性

好的经营者一般都很注意将时事与广告联系起来,利用一切可能的机会宣传自己的产品。在海湾战争期间,许多公司就利用全世界人民关注战争的热情进行了一场海湾广告战。可口可乐公司的广告宣传就不失为一个很好的范例。海湾战争一开始,可口可乐立即修订了它的广告策略,免费提供产品给部队,大量的可口可乐被空运到海湾。每天清晨,士兵们就等待着地平线扬起尘土,接着装满战士们最需要的饮料可口可乐的卡车一路风尘急驶而来,卡车还未停稳,美国士兵们就排起了长队,他们在冰镇的可口可乐罐上看到一条醒目的广告语:"挡不住的诱惑"。当战士们贪婪地喝着可口可乐时,可口可乐公司已不费吹灰之力得到了极好的宣传效果,因为此时此刻全世界的眼睛都盯在那儿。

(二)广告策划的内容

广告策划的内容通常包括广告的标题、正文和画面三个方面。

1. 广告标题策划

广告标题是广告的名称,必须能够引起人们注意、别致、新颖、独特、醒目、富有创意,有助于唤起人们的消费意识,引起购买欲望。

2. 广告正文策划

广告正文是广告的主要部分和精髓,也是企业所要表达的内容所在。广告正文的表达形式多样,在竞争激烈的领域或产品打入市场阶段必须使用深入人心的广告语言,才能达到引人注意、好奇,推动消费者产生兴趣或强烈心理反应的目的。

3. 广告画面策划

广告画面是广告的重要组成部分,现代广告离不开画面的配合。优美的广告画面,不仅能在色彩等方面给人以强烈的视觉冲击和美的感受,而且能向受众清晰地传达企业的经营理念和意图。

经常应用的广告画面策略有以下几种形式:

(1)写实式手法,用清晰的画面将产品的整体或局部或使用产品时的情景表达出来;

(2)对比式手法,通过画面,将产品革新前后的情况加以对比,或将产品使用前后的情况加以比较;

(3)夸张式手法,把所要宣传的产品的功能通过艺术的手段加以夸大,给人留下深刻印象;

(4)寓意式手法,广告画面不直接表现广告主题,而是用人们熟知的事物,以象征性的手法来表现广告中产品的形象或特点;

(5)卡通式手法,利用广告画面中的小动物或其他形象,以拟人化的手法,通过滑稽、有趣的动作来对产品做一说明;

(6)悬念式手法,用新奇的画面和构思,给受众制造悬念,激发受众看个究竟;

(7)连续式手法,以企业产品为主体,以一定的故事情节进行串联,通过连环画的形式构成引人入胜的连环画面。

(三)广告策划的流程

一个成功的广告首先应从市场调查开始,进行广告市场定位。通过分析产品特性、竞争对手的状况、市场供求关系,确定目标市场,选择广告策略,制订广告计划与实施方案。广告策划工作可从以下几个环节展开。

1. 市场调查研究

要进行市场调查研究,全面分析同类产品的优点和缺陷,市场环境要清楚,目标市场要明确,以此为基础制订广告促销计划。

2. 明确广告目标

明确广告目标,即建立一个与营销策略相配合的广告目标。是鼓励原有消费者购买还是吸引潜在顾客购买,是巩固自己的市场地位还是从竞争者手中夺取市场,是宣传产品还是宣传企业,目标必须明确、单一。

3. 确定广告对象

在了解广告对象的性别、年龄、职业、文化程度、购买习惯、消费心理、收入状况和生活方式之后,确定广告内容,在有限时空及时、准确地传递信息,使之在消费者心目中留下深刻印象。

4. 确定广告媒体

以适合目标市场要求的广告媒体传播信息。

(四)广告效果的测定

广告的有效计划与控制,主要是基于广告效果的测定。所谓广告效果,通常指广告信息通过广告媒体传播后所产生的社会影响和效应。广告效果的测定主要包括传播效果的测定和销售效果的测定。

1. 广告传播效果的测定

广告传播效果的测定是指广告的收看、收听率,以及人们对广告的印象。其评价指标包括注意度、记忆度、理解度、行为度等。

2. 广告销售效果的测定

广告销售效果的大小以广告传播后商品销售量的增减为衡量标准,因此广告销售效果是把广告费用的增加与销售额的增加做比较,计算公式是:

$$广告效果比率 = (销售额增加率/广告费增加率) \times 100\%$$

销售额的增加受多种因素的影响,广告只是促销的诸因素之一,因此此法衡量广告效果不一定准确,只是作为研究广告效果的参考。在确定销售额增加率时,必须考虑的因素有:商品的质量、价格和数量,服务质量,社会购买力的变化,经济形势的变化等。

案 例

一颗互联网的橙子——褚橙广告策划

本来生活网的创立者均曾经是《南方周末》、《南方都市报》、《新京报》、网易等媒体的创业者,因此媒体人转型深谙传媒广告之道。本来生活网策划了"回家吃饭"等热门社会话题之后,"褚橙"是"本来生活网"广告策划的神来之笔。其策划有三大关键点:(1)褚橙——褚时健种的冰糖橙。"人生总有起落,精神终可传承",这句话在网上传播非常广泛。然后用一些数字来概括褚时健:85年跌宕人生,75岁再次创业,耕耘十载,结出24 000万累累橙果。(2)个性化包装。把包装作为核心传播的素材,并且包装上带着LOGO,图文被转发,LOGO一目了然。(3)十大青年励志微视频。后续广告又出效果:褚橙柳桃潘苹果。几番营销过后,本来生活网已经在全国100个城市拥有注册用户几百万,均是收入较高、素质高的文化界、白领人士和家庭用户,年龄为28~35岁,女性占55%。

想一想:褚橙广告策划成功的关键是什么?

第四节 营业推广

一、营业推广的含义与作用

营业推广,又称为特种推销,是指为刺激顾客的需求,吸引消费者购买而采取的特种促销手段。它是与人员推销、广告、公共关系并列的四大基本促销手段之一。

一般而言,营业推广有以下几种作用。

(1)通过营业推广,能够刺激购买行为,在短期内达成交易。当消费者对商场上的产品没有足够的了解,未能做出积极反应时,通过营业推广的一些促销方法,如发放优惠券等,能够引起消费者的兴趣,刺激他们的购买行为,在短期内促成交易。

(2)通过营业推广,企业向顾客提供一些特殊的优惠条件,可以有效地影响、抵御和击败竞争者。当竞争者大规模地发起促销活动时,营业推广往往是在市场竞争中抵御和反击竞争者的有效武器,如减价、试用等方式常常能增强企业经营的同类产品对顾客的吸引力,从而稳定和扩大自己的顾客队伍,抵御竞争者的介入。

(3)通过营业推广,可以有效地影响中间商,促进与中间商的中长期业务关系。生产企业在销售产品中同中间商保持良好的关系,取得它们的合作是非常重要的。生产企业常常通过营业推广的一些形式,如折扣、馈赠等劝诱中间商更多地购买并同厂商保持稳定的业务关系,从而有利于双方的中长期合作。

二、营业推广的方式

(一)以消费者为目标的营业推广方式

以消费者为目标进行营业推广,就是为了鼓励老顾客继续购买、使用本企业产品,激发新顾客试用本企业产品。

1. 赠送样品

赠送样品按发送方式不同,主要可以分为六种形式。

(1)直接邮寄。将样品通过邮寄的形式,送至消费者。不过新建小区、边远地区运用此种方式,可能难以及时服务到位,影响效果。

(2)逐户分送。将样品以专人方式直接送至消费者门外、信箱内,或是交给上门的消费者。不过为保障居民安全,某些国家的一些高级社区已严禁使用此种方式。事实上,这种方式更适用于人口密度较高的地区,大多委托专门的销售服务公司或学生进行分送。

(3)定点分送及展示。在一些人流汇集的公共场所设点,将样品直接送到消费者手中。与此同时,还对产品进行了有效的展示和宣传。

(4)媒体分送。由报纸、杂志等大众媒体将免费样品送给消费者,一般适用于体积小而且薄、可附在媒体里面发送的产品。

(5)联合发送。将具有相关性却非竞争产品的商品放在一个样品袋中送到消费者手中,使各品牌分摊费用,成本降低。样品袋组合精致,颇能获得消费者的喜爱。

(6)选择发送。将样品送给特定的目标消费者群体,比如军人、新娘、学生、母亲或其他一些特定群体。针对特定对象分送样品,可以直接接触目标顾客,又节省人力、物力、财力。

2. 付费赠送

付费赠送是指企业为吸引消费者而采取的只要消费者在购买某种特定商品的同时提供赠品的部分费用即可获得赠品的促销方式。这样既可以使顾客得到实惠,又可刺激顾客的购买行为。赠送的物品主要是一些能向消费者传递企业有关信息的精美小物品,如印有本企业名称、地址、电话号码、口号的台历、挂历、打火机、火柴、温度计等。赠送的形式也灵活多样,主要有:

(1)随货赠送。购买某一商品则得到相应赠品。

(2)批量购买赠送。顾客购买企业某产品数量达到既定批量,或顾客购买商店商品(不一定是同一品种)的金额达到"一定标准",可以免费得到赠品。

(3)随货中奖赠品。并非所有商品都是随货赠送物品,而是其中少数商品内装有赠品。

3. 赠券或印花

当消费者购买某一商品时,企业给予一定张数的交易赠券或印花,购买者将赠券或印花积累到一定数量时,可到指定地点换取这种商品、赠品或奖金。赠券或印花的实施,可以刺激消费者大量购买本企业的产品,扩大企业的市场占有率。但对小批量购买的消费者来说,吸引力不大。

4. 赠送优惠券

产品推销者事先通过多种方式将优惠券发到消费者手中,有此优惠券的消费者在购买本企业的商品时,可以得到一定的价格折扣。一般来说,优惠券的持有者通常是对企业有直接或间接贡献的消费者,或社会影响较大、与企业业务关系密切的长期客户,也有一部分是企业要争取的新顾客。无论是老顾客还是新顾客,享受折扣都是具有吸引力的。

5. 退费优待

企业根据顾客提供的购买某种商品的购物凭证,给予一定退费。退费优待有单一商品购买优待、同一商品重复购买优待、同一厂商多种产品购买优待、几种相关商品联合优待等几种形式。退费优待适用于各个行业,效果明显,尤其是在通货膨胀期间,更是颇受欢迎。不过高度个性化、经久耐用的商品比差异化小、再购率高的常用品反应要差一点。

6. 折价优待

折价优待是指企业调低特定时期内商品的售价,减少自身利润以回馈消费者。折价优待可以有效地与竞争者商品相抗衡,增加市场份额,而从长期来看,也扩大了利润。像一些公司利用节日、庆典纪念日等,推出折价、优惠的商品促销活动,在这一时期过后,商品价格复原。这样的活动即属于折价优待。折价优待一般有四种:

(1)标签上注明折价,即在商品的正式标签上运用旗形、锯齿形、三角形或其他创意图形,将折价优待的信息显著地告诉消费者。

(2)软质包装上注明折价,即将折价标识注明在软质包装物上。比如巧手洗衣粉、洗洁精在面市之初很长一段时间,就运用了这种促销方式。

(3)套式包装的运用,即将几种商品包装在一起,做联合折价促销,将折价金额标在套装上。

(4)买一赠一的运用,即在一个单位的商品内附赠一定数量的商品,在包装物上注明所赠送的数量。比如绿色装飘柔上市之初,就注明赠送60毫升,促进了销售。"买一送一""买二送一"

等折价促销,实际运用起来深受消费者喜爱。

7. 展销

展销是指通过展销会的形式,使消费者了解商品,增加销售的机会。常用的展销形式有:为适应消费者季节购买的特点而举办的"季节性商品展销";以名优产品为龙头的"名优产品展";为新产品打开销路的"新产品展销"等。

8. 服务促销

服务促销是指通过周到的服务使顾客得到实惠、开展交易。服务促销的形式多种多样,有售前、售中服务,保险服务,订购服务,邮寄服务等。在相互信任的基础上开展长期售后服务、培训服务、维修服务、保险服务、订购服务、邮寄服务等。

9. 消费信贷

消费信贷是指通过赊销方式向消费者推销商品。采用这种方式,消费者不用支付现金即可购买商品。消费信贷的形式有分期付款、信用卡、房屋按揭等。

10. 抽奖与竞赛

这是企业以特定奖品为诱因,吸引消费者积极参与购买以期中奖的一种销售促进活动。奖品的价值以及中奖概率都可大可小,根据实际情况做选择。抽奖与竞赛促销效果明显,因为它能给消费者提供一些获得惊喜奖品和收入的机会,比如出国旅游、耐用品、名牌汽车等,非常诱人。在我国20世纪90年代,"巨奖销售"曾风靡工厂、商店、金融界各个领域,但是我国的抽奖与竞赛在法律和制度上不完善,还存在许多问题,影响促销效果。今后,随着其使用方式的改进,可以吸引更多的顾客,将会被更多的企业采用。

(二)以中间商为目标的营业推广方式

以中间商为目标进行营业推广,目的是促使中间商积极经销本企业的产品。

1. 批量折扣

批量折扣是指中间商购货达到一定数量时,按计划金额给予一定的折扣。其基本形式有两种:

(1)明码标价,即按照购买批量分段标明价格,或者标明折扣率,购买批量越大,折扣率越大。

(2)只标明零售价,在交易谈判中根据实际情况灵活掌握批量与折扣之间的比例。

2. 凭发票扣抵补贴

限制在一定期间内,凭发票享受扣抵补贴。此促销优待着重于进货期间,不管数量。凡是在规定期间内均可凭发票获得补贴。它可以刺激中间商提前进货,以控制预计可能的竞争品牌的折价促销,还可以说服中间商在折价期间降价优待消费者。但有时也会造成中间商借机囤货,利用折价优待大量进货,以后再按原价销售获取丰厚利润。

3. 现金折扣

现金折扣是指在商业信用和消费信贷普遍使用的市场上,企业为鼓励顾客用现金购货,对现金购货的顾客给予一定的折扣。在正常的情况下,企业应该预测折扣率与资金周转速度、折扣率与利息支出变动的比例关系,寻找盈亏平衡点,在此基础上确定现金折扣率。

4. 经销补贴

经销补贴是指为促进中间商增购本企业产品,鼓励其对购进产品开展促销活动,给中间商一定的津贴,主要包括新产品津贴、清货津贴、广告津贴、单独货架津贴、大批展示津贴、降价津贴等。

5. 代销

企业的任何商品都可以代销,其中对新产品、进行市场渗透的产品、企业滞销产品的代销业务对企业利益最大。代销的基本形式有两种:一是企业寻找合适的代理商,促进商品销售,企业付给代理商手续费或佣金;二是企业委托经销商开展本企业商品销售的代理业务,商品销售完之后,企业给经销商一定的手续费。

6. 免费附赠补贴

免费附赠补贴是指企业为优待中间商,进货达到一定数量时,加赠"免费"产品。最常见的如买一箱送一个。免费附赠补贴有两种基本形式:一是有时间限制,不过通常不限于一次订购,只要是在一定时间内,都可累计以获优待;二是没有时间限制,即凡是订购的产品总计达到一定数量,即使时间相距很长,也可获得附赠补贴。免费附赠补贴可以激励中间商多购。因为多买多送,获赠越多,借赠品售出的商品越多,利润就越多。

此外,以中间商为目标的营业推广方式还有联营促销、特许经销等。

(三)以推销人员为目标的营业推广方式

以推销人员为目标进行营业推广,目的是培养推销人员进取的意识市场。

1. 培训机会

推销人员非常重视培训机会,因为获得培训证明他受到肯定、受到重视以及富有发展潜力。推销人员会为了获得培训机会而努力工作,创造更大的业绩。

2. 销售提成

根据推销人员的销售额给予一定的提成,可以激励推销人员更主动、积极地工作。

3. 销售竞赛

销售竞赛是激励推销人员争创业绩、激发销售潜力的有效措施。对于表现突出者给予特别推销奖或补助等。

第五节 公共关系

公共关系一词来自英文 public relations,简称公关或 PR。公共关系,又称公众关系,是指企业在从事市场营销活动中正确处理企业与社会公众的关系,以便树立企业的良好形象,从而促进产品销售的一种活动。

一、公共关系的特征

公共关系是一种社会关系,但又不同于一般社会关系,也不同于人际关系,因为它有独特的特征。公共关系的基本特征表现在以下几个方面。

(一)公共关系的对象是公众

公众关系涉及的范围相当广泛,既有企业外部的公众,包括消费者、供应商、中间商、营销中介、政府有关部门、新闻媒体组织、社会一般公众以及竞争者等;又有企业内部的公众,如企业员工和各个职能部门等。这些公众都对企业的生存与发展具有现实的或潜在的影响力。具体的公关对象不是一成不变的,一旦它们失去了对企业的影响力,便失去了企业公共对象的意义。

(二)公共关系是一种双向信息沟通活动

公共关系主要是利用信息沟通的原理与方法进行活动。一方面,企业向公众宣传企业的性质、经营目的、为社会所提供的产品和服务等情况,使公众了解自己,认识自己,理解和支持自己;另一方面,企业又收集和征求社会公众对本企业广泛的意见与要求,使企业了解社会公众所关心的利益或事业。企业通过信息双向沟通,增强与社会公众的感情融通,有利于改善企业的营销环境。

(三)公共关系注重长期效应

公共关系活动本身的重点不在于直接推销,而是通过积极参与社会各种有益活动,以宣传企业的营销宗旨,联络感情,扩大知名度,内求团结、外求发展,创造良好的社会关系环境,就能在以后相当长的时期内产生良好的促销效应。

(四)公共关系是一系列复杂细致而长期性的工作

企业首先要为社会提供优质服务,同时要通过长期的、有计划的、持续不断的努力,在与社会公众的经济、技术、社会交往过程中建立成功的人际关系、和谐的人事氛围、良好的社会舆论环境,以赢得社会各界的了解、信任与合作。

二、公共关系的结构

公共关系是由组织、公众、传播三要素构成的。公共关系的主体是社会组织,客体是社会公众,连接主体与客体的中间环节是信息传播。这三个要素构成了公共关系的基本范畴,公共关系的理论研究、实际操作都是围绕着这三者的关系层层展开的。

(一)公共关系的主体——社会组织

所谓公共关系的主体,是指在公共关系活动中处在主要地位的社会各级各类的组织机构,是公关活动的策划者、组织者和实施者。公共关系的主体是社会组织,是代表一级一类组织与公众发生关系,而不是个人与个人或个人与组织发生关系。尽管有些个人,如在竞选中的候选人、国家公务员、社会名流等,为了某种特殊利益也进行公关活动,但他们在从事公共关系活动时,不是以自然人的身份,而是以法人的面目出现的。

(二)公共关系的客体——公众

公共关系也称作公众关系,因为公共关系的工作对象就是公众。要做好公共关系工作,就必须了解和研究公众。公众一词,在公共关系中,它不是泛指社会生活中的所有人或大多数人,也不是泛指社会生活中的某一方面、某一领域的部分人,而应具体地称为"组织的公众",即公众特指与一个组织有着内在联系的、相互影响的社会群体或社会组织,是公共关系的客体。

(三)公共关系的中介——传播

当组织明确了公共关系目标,确定了目标公众,并有了公共关系活动的设想之后,便要考虑如何运用媒介把目标和设想变成行动。在公关活动中,传播是指社会组织运用传播媒介将自身的信息或观点有计划地与公众进行交流和沟通的活动。这种传播是双向性的信息交流与分享。公共关系的主体与客体之间正是通过这种双向信息交流而建立起相互信任、相互理解的关系的。

三、公共关系传播

公共关系传播的基本要素包括公共关系传播者、公共关系传播内容、公共关系传播渠道、目标公众以及公共关系传播效果。

(一)公共关系传播者

公共关系传播者是组织信息的采集、发布者，是代表组织行使传播职能的人。在我国政治组织中，该角色一般由党和国家的新闻发布机构、新闻发布人以及各级党和政府的新闻、宣传部门担任(在其他一些国家还包括政府中的公共关系人员)；在各种福利组织和盈利性组织中，该角色由组织内部的宣传部门、公共关系部门或宣传人员、公共关系人员担任。

公共关系传播者是公共关系的主体，因为它是构成传播过程的主导因素。在协调公众关系、改善周围环境的过程中，在树立自身形象、提高信誉的过程中，在沟通内外联系、谋求支持与合作的过程中，公共关系传播者居于主动地位，起着控制者与组织者的作用。它的任务，是将外部的信息传达给组织内部公众，将有关组织的信息发布出去，传递到目标公众那里。

(二)公共关系传播内容

公共关系传播内容是指传播者发出的有关组织的所有信息。它大体上可以分为如下两类：

一类是告知性内容，即向公众介绍有关组织的情况：它的目标、宗旨、方针、经营思想、产品和服务质量等。在信息传播过程中，告知性内容往往以动态消息或是专题报道的形式出现。前者是关于组织新近发生的某一事件的基本事实的描述，通常包括五个"W"，比如关于商店开业、展览会闭幕、新产品问世、超额完成产值等情况的报道。后者是对事件全景或某一侧面进行的放大式描述，它不但包含五个"W"，而且包括对基本事实具体情节的勾勒，例如介绍新产品的设计过程、制作工艺、用途、专家鉴定情况等。

另一类是劝导性内容，即号召公众响应一项决议，呼吁公众参与一项社会公益活动，或者劝说人们购买某一种牌子的商品。在利用大众传媒进行宣传的过程中，政党、政府及其他非盈利性组织发布的劝导性内容，往往以社论、评论、倡议书的形式出现，而盈利性组织发布的此类内容则多以商业广告的形式出现。

(三)公共关系传播渠道

所谓传播渠道，是指信息流通的载体，也称媒介或工具。人们通常把用于传播的工具统称为传播媒介，而把公共关系活动中使用的传播媒介称为公共关系媒介。可供公关人员利用的传播媒介有两种：一种是大众传播媒介，另一种是人际传播手段。具体来说，公共关系传播媒介是各种各样、丰富多彩的。常见的有语言媒介，像报纸与杂志、书籍与纪念刊、海报与传单、组织名片与函件等；有电子媒介，像广播、电视、录音、录相、幻灯片和电影等；有标识，像摄影与图片、商标与徽记、门面与包装、代表色等；此外还有非语言传播媒介，像表情、体态、目光等。我们也可以把公共关系传播媒介分为基本媒介和综合媒介两种。所谓基本媒介，主要包括人与人之间的传播、广播、电视、印刷品、摄影作品、电影等；综合媒介则包括与新闻界的联络、特别节目、展览、会议、互联网等。显然，所谓综合媒介是各种基本媒介的集大成。

(四)目标公众

目标公众(即组织外部公众)是指那些与组织有着某种利益关系的特定公众。它们是大众传播受传者中的一部分,是组织意欲影响的重点对象。这类公众的特点是:第一,目标公众是有一定范围的,是具体的、可知的,也是相对稳定的,即每个组织都有自己的特定公众。第二,公众是复杂的。尽管某些个人由于某种共同性构成了某一组织的公众,但他们之间还是有着明显的差异。第三,公众趋向集合。当组织与公众之间的利益关系变得突出时,原来松散的公众集合体就会趋于集中,显示出它特有的集体力量。第四,公众是变化的。当组织与公众之间的利益关系结束了,这一类公众就不复为该组织的公众。

组织要想有效地开展公关工作,分辨自己面对的公众是十分重要的。一般来说,辨认公众可分几个步骤,层层深入。比如,首先把组织面对的公众无一遗漏地罗列出来,然后按需要对它们进行分类。根据组织内外有别的原则,可以把公众分为内部公众和外部公众;根据公众对组织的影响程度,可以把它们分为潜在公众、知晓公众和行动公众;根据公众对组织重要性的不同,可以把它们分为主要公众和次要公众。当组织开展一项具体活动时,还可以对公众做出更进一步的分类,以便确定具体活动针对的目标公众。

(五)公共关系传播效果

公共关系传播效果,是指目标公众对信息传播的反应,也是公共关系人员对传播对象的影响程度。人们对传播效果的研究经历了半个多世纪的历程,先是提出"传播万能论",继而提出"有限效果论"(以"两级传播"为主要内容),后来又由"两级传播模式"发展为"多级传播模式"。传播效果理论的演变告诉我们,大众传播媒介固然能够改变受众原有的观念,但其效果不是无限的。在实际工作中,公共关系人员不能把大众传播媒介作为唯一的手段,而应当将它与人际传播、组织传播等多种方式结合起来,以便收到更好的效果。同时,受众的被动地位是相对的,他们对信息的注意、理解和记忆都是有选择的。公共关系人员可以通过各种调查手段(如观察、访问、文献分析、抽样调查等)了解公众对信息的接受程度,知己知彼,百战不殆。此外,在信息传播过程中,还要重视专家、学者、社会名流等"意见领袖"的中转作用,设法通过他们影响公众。

本 章 小 结

促销是促进产品销售的简称。从市场营销的角度看,促销是指企业通过人员和非人员的推销方式,沟通企业与消费者之间的信息,引发、刺激消费者的消费欲望和兴趣,使其产生购买行为。促销的方式可分为人员推销(直接促销)和非人员推销(间接促销)两大类。非人员推销方式又可分为广告、营业推广和公共关系三种。促销方式的选择运用,是确定促销策略过程中需要认真考虑的重要问题。促销策略的实施,事实上也是各种促销方式的具体运作。

人员推销是企业运用推销人员直接向顾客推销商品和劳务的一种促销活动。在人员推销活动中,推销人员、推销对象和推销商品是三个基本要素。通过推销人员与推销对象之间的接触、洽谈,将推销商品推销给推销对象,从而达成交易,实现既销售商品、又满足顾客需求的目的。

广告作为一种传递信息的活动,它是企业在促销中普遍使用和重视的方式。广告的目的是促进商品销售,进而获得较好的经济效益。

营业推广,又称为特种推销,是指为刺激顾客的需求,吸引消费者购买而采取的特种促销手段。营业推广是对广告和人员推销的一种辅助,人员推销和广告是持续的、常规的促销活动,而营业推广则是不经常、无规则的促销活动。

公共关系，又称公众关系，是指企业在从事市场营销活动中正确处理企业与社会公众的关系，以便树立企业的良好形象，从而促进产品销售的一种活动。

关 键 概 念

促销(promotion)　　　　　　　　　　促销组合(promotion mix)
促销策略(promotion policies)　　　　　人员推销(personal selling)
广告策略(advertising strategy)　　　　公共关系(public relation)
营业推广(business promoting)

复习思考题

一、问答题

1. 什么是促销组合？几种主要促销方式的优缺点是什么？
2. 什么是人员推销？你认为推销人员应该具备什么素质？
3. 广告的媒体有哪些？选择广告媒体受哪些因素影响？
4. 什么是营业推广？营业推广的方式有哪些？
5. 什么是公共关系？
6. 公共关系传播的基本要素有哪些？

二、不定项选择题

1. 凡是利用大众传媒来传播企业的产品或服务的信息，并刺激顾客购买的都是(　　)。
   A. 广告　　　　　B. 公共关系　　　　C. 公共宣传　　　　D. 销售促进
2. 生产制造商向最终顾客进行营销刺激，由此带动渠道成员向生产制造商多购买产品的促销做法，称为(　　)战略。
   A. 推式　　　　　B. 拉式　　　　　　C. 整体　　　　　　D. 顾客
3. 能培养友谊是(　　)比广告这种促销工具更具长处的地方。
   A. 公关　　　　　　　　　　　　　　B. 新闻报道
   C. 橱窗展示　　　　　　　　　　　　D. 人员推销
4. 广告目标要由(　　)来设定。
   A. 营销战略目标　B. 目标市场特点　　C. 市场定位
   D. 营销组合　　　E. 每阶段的传播任务　F. 市场距离
5. 人员推销的优势在于(　　)。
   A. 费用低廉　　　　　　　　　　　　B. 面对面接触
   C. 接近顾客　　　　　　　　　　　　D. 互动性强

三、实训练习

1. 将学生分为几组，以某公司周年庆为内容，策划扩大影响、增加销售的促销组合方案。
2. 将学生分为几组，利用所学习的促销知识，结合当地的市场实际情况，为某一产品的市场导入设计促销组合方案，并组织实施。

四、案例分析

良品铺子：实体零售创新转型的引领者

"新零售"模式有三个核心点：一是线上线下趋于统一，实体和电商融合发展；二是体验式消费、个性化服务融入消费者生活；三是企业生产智能化、科技化。从这三个角度来看，零食品牌良品铺子正是实体零售创新转型的引领者。

1. 全渠道布局是命脉所在

电商和实体零售互掐多年，但最终发现无论是线上电商还是线下门店，单一的渠道正在成为死穴，从这一点来看，"新零售"概念的核心是渠道整合，其本质其实是线上线下的跨界、效率的提升、覆盖面的扩大。良品铺子作为一家零食企业，直接整合门店、电商、第三方平台和移动端以及社交电商这五大渠道，这种做法可以说适应了多个消费场景。

良品铺子开辟的渠道有：2100多家实体门店；天猫、京东等线上电商平台；本地生活平台，如饿了么、美团外卖、口碑外卖、百度外卖等；良品铺子的APP；微信、QQ空间、百度贴吧等社交电商。

零售的目的不是单纯追求线上或单纯追求线下。对于不同年龄段、不同区域的用户而言，购买零食的习惯各异。大城市的年轻人可能喜欢在线上电商平台购买零食，三、四线城市的父母喜欢在线下帮孩子挑选零食；女生在逛街时看到果脯在门店摆着，很可能这就会勾起她的食欲，女生更加注重体验式的消费。多个渠道全面覆盖的做法才能真正满足不同用户的需求。

2. 高品质的零食才是躯干

零食企业渠道做得再好，零食品质不好、味道不好都枉然。零食好吃、品质高，对于一家零食厂商来说，才是王道。知乎上曾有这样一个问题："为什么良品铺子的东西那么贵？"当时这个问题下面有很多回答，比如说良品铺子的食品大多是经过精挑细选而来的，比如说口味好质量赞，但一个最让人印象深刻的回答是这样的：作为同行来看，只能说一分钱一分货。同样的工厂但是标准要求不一样，生产线不一样，做出来的东西就会天差地别。刚接触糕点行业时，代工厂的人说某个牌子要求鸡蛋含量18%就行，但是良品铺子那边说没达到标准，送过去的货全部退货。

对于很多人来说，总认为零食这种东西只不过是用来消闲，但是人的味蕾是不会欺骗自己的。良品铺子创始人曾说："零食没有性价比这一说。"中国的经济在高速发展，人们对零食的想法已经发生变化，内心不是怕贵，而是怕不好或者不值。零食品类有一个特点，很多东西都是农产品加工，与原料品质有很大的关系，而且会受当年天气的影响；原材料不新鲜、不标准化，味道就会出现很大的偏差。

"零食"这个词在很多"80后""90后"心中存在阴影，因为当年儿时父母总说零食是垃圾食品。确实，当时很多零食吃着爽，但是其中高油、高盐，一些食品添加剂对于健康损害很大。不过良品铺子的思路却不一样，更加关注健康和营养。对于"95后""00后"这一代更注重生活品质的年轻群体来说，良品铺子显然是成功的。

3. 数字化运营是大脑神经

全渠道运营、高品质产品这些都非常重要，但对于未来来说，数字化运营在新零售推进中会越来越重要。马云曾经不止一次谈到，人类社会正在从IT时代走向DT时代。所谓DT时代，正是data technology的时代。DT时代这个说法还是在2014年提出的，当时几乎没有人对这个新词有概念,但在2016年"双十二",马云把它融汇在零售业务之中,让人们看到了数据的威力:去年"双十二"支付宝、口碑和线下商场合作,通过对用户画像的分析,了解用户的消费习惯、消费频次,通过活动营销的方式定向地引到某一个门店或者某一个业态,帮助线下商家实现精细化管理。

其实良品铺子看得更早,在DT时代这个概念刚刚提出的2014年,良品铺子从2014年下半年开始,与IBM和SAP进行全渠道整合。这个系统的核心意义在于把良品铺子的会员、商品、促销、物流、订单全部进行打通,把数据收集起来,并且对一开始的非结构化数据进行清洗、整合、建模,让其成为结构化的数据。用良品铺子创始人的话来说,经营的核心环节将是数字化,所有跟良品铺子发生交易和互动的顾客的行为和环节,全部都会被记录下来;商品卖给了谁,他为什么感兴趣,回头率有多少,有多少利润贡献,包括核心会员对美食的评论、对健康的评论、对旅游的评论,良品铺子的系统都会记录,抓取数据,进行精准分析。

目前,良品铺子线上线下的会员达到3000万。3000万会员积累起的消费数据以及用户画像非常可观,这是一个数据富矿。这种用全渠道的模式挖掘会员价值的方式正在为打通会员、商品、促销、物流、订单等打下基础,对于未来的精准营销、智慧物流、门店选址甚至是新口味零食的开发都会有着非常重要的作用。

资料来源:销售与市场网,2017-10-13,有改动.

1. 结合案例内容,试分析良品铺子如何建立新零售的全渠道。
2. 查阅相关资料,论述在线下和线上销售会对企业造成何种影响,以及这种影响的差异在哪里。
3. 请举例说明电商平台除了在价格上竞争,还可以通过哪些措施赢得客户。

本章习题库